盎格鲁－撒克逊

王权与教会关系研究

唐秋香　著

社会科学文献出版社

SOCIAL SCIENCES ACADEMIC PRESS (CHINA)

序

　　该书以翔实的资料、清晰的思路揭示了盎格鲁－撒克逊王权与基督教会的关系，对于作为英国早期史的盎格鲁－撒克逊史和基督教会早期史的学术研究都具有推进意义。应该说，这是一部很具可读性的专著，作为作者的老师，我为该书的出版感到高兴！

　　该书的选题比较新颖。关于盎格鲁－撒克逊王权与教会的关系，在国外特别是英国本土，已多有研究。但在国内，近年学术界对西方基督教的研究成果虽说也有显著增长，关于盎格鲁－撒克逊时期的王权与基督教会关系的研究却不多见。而且，成果主要是硕士论文，正式出版的成果虽有涉及，但大多点到为止，范围有限。就世界史博士论文而言，如果选题能够填补国际学术界的研究空白，那当然最为理想，但这种情况极为少见。所以，还是主要看国内有没有研究。国外已有研究或多有研究，并不妨碍我们进行自己的研究，因为基于不同的文化背景、观念意识和价值尺度，我们的研究可以提出不同于国外以及本土研究的观点。而就国内学术界而言，选题如无研究或研究不多，就可以填补其空白或不足。从这个意义上讲，作者的选题是值得肯定的。

　　该书以盎格鲁－撒克逊政治史与教会史发展为基础，考察了王权对基督教在英格兰传播和发展的意义。盎格鲁－撒克逊人对基督教的皈依推动了修道主义在英格兰的兴起，且促进了教会的财富积累。但是，随着基督教在英格兰的发展，国王开始警惕教会对王权的约束，于是通过购买圣职、剥夺教产、掌控教会等方式对教会事务进行干预。在教会方面，"圣化"王权、协助处理世俗事务是基督教入传英格兰初期的必然行动，因为它需要得到王权的支持。但随着基督教的传播与发展，国王对教会事务进行干预的同时，教会也滋生了从国王处分权甚至凌驾于王权之上的意向。对教会而言，评判国王的道德品行对于提升教会地位、限制王权无疑是有意义的，但更重要的是，在推行"圣化礼"的同时，对王权实施制约，即通过涂油加冕礼的举行，将教权置于王权之上。所以该书以"干预"和"制约"表达了这时王权与教权之间的关系。既然王权与教权彼此间进行了干预和制约，那么，随着王权与教权的发展和加强，两者也就必然产生矛盾，进而形成冲突。而解决冲突的重要途径，必然是相互协调，于是作者又对两者间的调适进行了考察，并由此上升至教会的最高层面，即罗马教会，考察了盎格鲁－撒克逊人对罗马教会的"忠诚"与"叛逆"。至此，盎格鲁－撒克逊王权与基督教会关系的演变也就形成了互助、干预、冲突、调适的基本框架。而总体看来，这一思路和框架都比较清晰、严整。

该书注重一手资料的使用。如上所述，关于盎格鲁－撒克逊史，西方特别是英国近现代史学界已多有研究。作者如想走近路，完全可以利用已有著述在相对短的时间内完成撰写。但是，那样形成的专著，其质量也就难以得到保证。因为有些著述不可避免地带有作者的主观意向，写作过程中如果接受或吸收了这类观点，历史的客观性原则就必受影响，而专著的质量也就可以想见了。对此，作者显然有一定的认识，且明晰一手资料对历史研究的重要性，所以在参考相关著述的同时，大量使用了英文版史料集。这些史料集包括专门类史料集，如 *Anglo-Saxon Charters*、*Anglo-Saxon Wills*、*Anglo-Saxon Writs*；选择类史料集，如 *Selected English Historical Documents of the Ninth and Tenth Centuries*；综合类史料集，如 *English Historical Documents*（500-1042）等等。在此之外，作者还参考了多种编年史料，如《盎格鲁－撒克逊编年史》《英吉利教会史》等，以及书信、考古资料等。应该说，该书在一手资料、二手资料的参考使用方面，是比较规范的。

此外，该书还蕴含着另一价值，就是对英国宪政史研究的学术意义。正如作者所述，盎格鲁－撒克逊王权与基督教会之间既存在互助，也存在纷争，特别是纷争中蕴含的教会学者对高端权力的约束限制，具有重要的宪政意义。

早在西罗马帝国灭亡前后，教会学者即已有敏感的限权意识，这在他们的著述、书信以及教会文件中都有反映。正是这个群体，后来提出了自然权利的概念，并以此为中心建立了自己的思想理论体系。这一体系以作为个体的人的基本权利立论，经"同意"的路径，推至两个并立的权力顶端，形成了对王权和教权的限制。随着基督教的传入，盎格鲁-撒克逊人也就吸收、利用了这些思想理论，且在此基础上诞生了自己的多位思想家，进而对两者关系的演变产生了广泛而深刻的影响。

随着这一思想、理论的传播和封建制度的发展，欧洲各国王权受到了严重限制。而教会势力几乎渗透到社会的每一个角落。教堂已成为居民生活中不可或缺的部分，《圣经》原典和神学著述更成为民众倚重的思想和精神支柱。教会学者特别是高级教职，如大主教、主教、修道院长、副院长等，构成了国家机构的重要组成部分。他们凭借教职身份的神学影响，几乎垄断了宗教和文化活动，大部分文化工作如法规制定、文书起草等，几乎都由他们负责。在这样的背景下，王权必然受到制约，所以，王权软弱、私权林立、多元并存便构成了当时社会的突出特征。

但是，在王权衰弱的同时，教权却呈集中之势。主教叙任权之争使教皇格雷戈里七世（Gregory Ⅶ）控制了教会大权。他于1075年颁布《教皇敕令》，规定所有君主应向教皇行吻足礼，教皇有权废黜帝王，解除臣民对他们的效忠。英诺森三世即位后，更频繁干预俗务，颐指气使，各国国王不得不忍气吞声，低三下四，甚至屈尊为其执镫，行吻足礼。1198年，他撰写了《宇宙的创造者》一文，阐述了所谓的"日月理论"，将教皇地位置于王权之上。

教皇专权引起了教会学者的高度警惕，在限制王权的同时，他们又开始思考教皇的专权问题，遂于1123、1139、1179、1213诸年，在罗马特别是在拉特兰召开宗教会议，制定了基本原则：宗教大会有权代表教会，教皇权力必须接受大会制定的教会法规的约束。在拉特兰宗教会议的基础上，一个影响深远的教会思想家流派，即会议至上主义流派形成了。他们将宗教会议置于教皇之上，规定教皇的统治权必须得到被统治者的同意，并相应确立了新的政治原则和发展目标：教会会议高于教皇权威，教皇不是专制君主，在某种意义上只是宪政统治者。

总之，欧洲中古社会已经形成了宪政发展的大势，而英格兰是宪政发展的主要国家。所以要探讨这一大势形成的原因，就应该追溯盎格鲁-撒克逊时期的历史。从这个方面说，该书的学术价值是显而易见的。该书的选题虽非宪政史，但与宪政史密切相关，因此可以为宪政史研究提供参考，特别是利用其中稀见的史料。作者对此也有一定的认识，所以在参考文献中收录了多种相关资料，如 *Sources of English Constitutional History：A Selection of Documents from A. D. 600 to the Present*，以及三卷本《英国宪政史》的作者 W. Stubbs 与 A. W. Haddon 主编的 *Councils and Ecclesiastical Documents relating to Great Britain and Ireland*，而且进行了引用。这就反映了作者的问题意识，由此即可见该书在这方面的学术价值。

是为序。

顾銮斋

2025 年 2 月 16 日于山东大学

目　录

导　论

　　盎格鲁-撒克逊时期是英国历史的重要组成部分，它起自日耳曼人向不列颠的大规模移居（约 5 世纪 30 年代），止于 1066 年诺曼征服。在这期间，英格兰起初被分割为众多小"王国"，后经过不断征战，原先那种部族的、个人的王权逐渐被一种地域的、制度上的王权取代，统一的英格兰初具雏形。与此同时，英格兰也经历了信仰上的重大转变——从异教转向基督教，这种转变不仅帮助盎格鲁-撒克逊人步入了文明开化的门槛，也对他们的王权产生了深刻的影响。本书拟在充分利用相关史料、吸收已有研究成果的基础上，运用个案分析、比较研究等方法，全面、系统探讨盎格鲁-撒克逊王权与基督教会之间的互动。

一　研究现状

（一）国内研究成果

　　教权（*sacerdotium*）与王权（*regnum*）的关系是中世纪欧洲政治史的重要内容，"要理解中世纪的欧洲，首先要了解当时的教会。如果要定义欧洲的话，它是基督教的世界"[①]。

　　关于中世纪英国王权与基督教会的关系这一重要课题，国内学者已经进行了较多探讨，并形成了很多高水平的研究成果。例如，刘城的《中世纪欧洲的教皇权与英国王权》[②] 以宏观视野探讨了罗马教廷与中世纪英国王权的关系。她指出，教皇权与王权是并存于中世纪天主教各国的两种权

[①]　J. M. Robert. *History of Europe*. London: Penguin, 1997, p. 185.

[②]　刘城：《中世纪欧洲的教皇权与英国王权》，《历史研究》1998 年第 1 期。

力体系，这两种力量在中世纪早期处于势均力敌的状态，但随着王权的扩大、民族国家的形成，双方间的冲突逐渐增多。具体到英国，它主要表现为对英国教会财富、教会人事权的争夺，尤其是对大主教、主教等高级教职任命权的争夺。孟广林的《中世纪前期的英国封建王权与基督教会》[①] 系统考察了《大宪章》（1215 年）之前英国封建王权与本地教会的关系。他提出，基督教"王权神授"的神权政治理念（它具体表现为国王涂油加冕典礼）有力地推动了盎格鲁-撒克逊人原始孱弱的"蛮族"王权向神圣的"基督教王权"的转化。在《大宪章》之前，英国封建王权与基督教会的关系极为错综复杂，两者既相互为援，密切合作，又存在矛盾，不乏激烈的权益纷争，大体处于"二元统一、对立"的状态之中。但该文论述的重点和列举的中世纪前期英国教俗冲突的案例显然都发生于 1066 年诺曼征服之后。张学明的《英王威廉一世、威廉二世及亨利一世与英国教会之关系》[②] 与曹为的《亨利二世与托马斯·贝克特政教之争研究》[③] 以探讨英国诺曼时期政教关系的建构与变迁为主要目标，特别是英格兰国王与坎特伯雷大主教之间的关系。葛海燕的《英国中古中期首席主教之争》[④] 聚焦诺曼征服后坎特伯雷大主教与约克大主教之间的首席主教之争。她提出，在这场争端中，坎特伯雷和约克两大主教或与本国世俗王权结盟，或与罗马教皇结盟，争夺英格兰首席主教权，是西欧基督教世界罗马教皇、国王以及地方大主教之间关系变化的一个重要缩影。张建辉的《英国盎格鲁-撒克逊时期的基督教及政教关系》[⑤] 和《英国盎格鲁-撒克逊时期的政教关系》[⑥] 从经济、政治、法律、军事和文化等方面对英国盎格鲁-撒克逊时期的政教关系进行了考察，并指出，盎格鲁-撒克逊王权与基督教会在共同利益的基础上互相合作、支持，达到了互利和双赢，但他认为，二者之间

---

① 孟广林：《中世纪前期的英国封建王权与基督教会》，《历史研究》2000 年第 2 期。
② 张学明：《英王威廉一世、威廉二世及亨利一世与英国教会之关系》，《西学研究》2003 年第 1 辑。
③ 曹为：《亨利二世与托马斯·贝克特政教之争研究》，云南大学出版社，2014。
④ 葛海燕：《英国中古中期首席主教之争》，博士学位论文，山东大学，2022。
⑤ 张建辉：《英国盎格鲁-撒克逊时期的基督教及政教关系》，硕士学位论文，内蒙古师范大学，2005。
⑥ 张建辉：《英国盎格鲁-撒克逊时期的政教关系》，《内蒙古师范大学学报》（哲学社会科学版）2010 年第 3 期。

不存在真正的竞争。类似的，邵政达在其分阶段论述中世纪英国政教关系的《中世纪英格兰教俗关系的变迁》① 一文中提出，在盎格鲁-撒克逊时期，基督教与盎格鲁-撒克逊王权相互借力，共同壮大，教俗关系处于长期的合作状态。

（二）国外研究成果

国外学术界对盎格鲁-撒克逊王权与基督教会关系的研究起步很早，并已取得重要成果。主要表现在以下几个方面：

1. 相关档案资料的编纂整理

存世的与盎格鲁-撒克逊政教关系密切相关的原始文献资料主要有记录土地转移、特权赠与等的特许状（charters），以及反映盎格鲁-撒克逊国王治理王国的法令（law codes）等，它们最初都是以拉丁文或古英语写就的，后世学者对它们进行了大量考订、注解，并将它们译成了现代英语，且已有几种大型档案资料编撰出版。

用文字记录土地转移、特权赠与等是由于基督教会的影响，现存的特许状主要是记录以盎格鲁-撒克逊国王为代表的王室成员赐赠土地给教会的情况，它们是了解诺曼征服前英格兰政教关系最有价值的原始资料。对盎格鲁-撒克逊特许状的系统整理始于 J. M. 肯布尔，他"是一位不知疲倦地研究盎格鲁-撒克逊特许状的出色学者"②，在 1839—1848 年出版了六卷本《古文书汇编》（*Codex Diplomaticus Aevi Saconici*）。W. 德格雷·伯奇在 1885—1899 年编订出版了三卷本《撒克逊特许状集》（*Cartularium Saxonicu*）。《古文书汇编》与《撒克逊特许状集》这两部伟大的盎格鲁-撒克逊历史文献包含了大约 1500 件不同的盎格鲁-撒克逊特许状，它们以原始的拉丁文刊出。P. H. 索耶在 1968 年出版了现代英语版的《盎格鲁-撒克逊特许状：注解目录和书目》③，它对存世的全部盎格鲁-撒克逊特许状进行了编目，为每个编号的赐地文件标注了日期、主要内容、存放地、出版

---

① 邵政达：《中世纪英格兰教俗关系的变迁》，《南都学坛》（人文社会科学学报）2015 年第 3 期。

② 〔美〕J. W. 汤普逊：《历史著作史》（下卷，十八及十九世纪，第四分册），孙秉莹、谢德风译，商务印书馆，1996，第 525 页。

③ *Anglo-Saxon Charters: An Annotated List and Bibliography*. P. H. Sawyer（ed.），London: Office of Royal Historical Society，1968.

情况，并列出了后世学者对它们的评论。A. J. 罗伯逊的《盎格鲁-撒克逊特许状》①选辑了 120 份特许状，并附录了一部分诺曼征服后的历史文献以及一些修道院的财产清单。F. E. 哈默的《盎格鲁-撒克逊令状》②则收集了从"准备不足者"埃塞尔雷德（Æthelred the Unready）到哈罗德二世（Harold Ⅱ）时期的 112 份王室特许状。

成文法的观念是由基督教传教士引入英格兰的，不仅如此，神职人员也经常参与盎格鲁-撒克逊法令的制定、修改、保存及其在各地的实施。本杰明·索普主编的《英格兰的古代法令与制度》③囊括了存世的从肯特（Kent）国王埃塞尔伯特（Æthelbert）至"征服者"威廉（William the Conqueror）历代英格兰国王颁布的法令，而且，它同时收录了古英语、拉丁语和现代英语三种文本。F. L. 阿滕伯勒的《英格兰早期国王的法律》④辑录了 7 部盎格鲁-撒克逊早期法典，但未收录 10 世纪中期以后的 4 部法典。A. J. 罗伯逊主编的《英格兰国王的法律：从埃德蒙到亨利一世》⑤则弥补了这一缺点，因为它恰好汇编了未被 F. L. 阿滕伯勒的《英格兰早期国王的法律》收录的那 4 部法典。

除了上述专门类史料集，D. 怀特洛克的《英国历史文献》⑥与 F. E. 哈默的《英国 9 世纪和 10 世纪历史文献精选》⑦这两部综合性文献汇编也选录了部分存世的盎格鲁-撒克逊特许状和法令。

2. 通识类著述

通识类著述，即政治类或宗教类通史著述，不仅有助于加深我们对盎格鲁-撒克逊时期英格兰的了解，它们也会偶尔提及盎格鲁-撒克逊王权与

① *Anglo-Saxon Charters*. A. J. Robertson (ed.), Cambridge: Cambridge University Press, 1956.
② *Anglo-Saxon Writs*. F. E. Harmer (ed.), Manchester: Manchester University Press, 1952.
③ *Ancient Laws and Institutes of England: Comprising Laws Enacted under the Anglo-Saxon Kings from Æthelbert to Cnut*. B. Thorpe (ed.), Cambridge: Cambridge University Press, 1840.
④ *The Laws of the Earliest English Kings*. F. L. Attenborough (ed. and trans.), Cambridge: Cambridge University Press, 1922.
⑤ *The Laws of the Kings of England from Edmund to Henry Ⅰ*. A. J. Robertson (ed.), Cambridge: Cambridge University Press, 1925.
⑥ *English Historical Documents, 500-1042*. D. Whitelock (ed. and trans.), London and New York: Routledge, 1979.
⑦ *Selected English Historical Documents of the Ninth and Tenth Centuries*. F. E. Harmer (ed.), Cambridge: Cambridge University Press, 1914.

基督教之间的关系。

政治通史方面，F. M. 斯坦顿在 1943 年首次出版的《盎格鲁－撒克逊英格兰》① 奠定了盎格鲁－撒克逊史研究的基础。H. R. 洛因的《盎格鲁－撒克逊英格兰和诺曼征服》② 和约翰·布莱尔的《盎格鲁－撒克逊简史》③ 等也是综合叙述盎格鲁－撒克逊英格兰史的杰出代表。芭芭拉·约克的《盎格鲁－撒克逊英格兰的早期国王和王国》④ 重点考察了肯特、埃塞克斯（Essex）、东盎格利亚（East Anglia）、诺森伯里亚（Northumbria）、麦西亚（Mercia）和威塞克斯（Wessex）六个盎格鲁－撒克逊王国在公元 600—900 年的历史，是第一部将它们的历史作为一个整体来看待的专著，是深入了解盎格鲁－撒克逊早期历史的佳作。朱利安·D. 理查兹的《维京时代的英格兰》⑤、查德·阿尔贝的《阿尔弗雷德大帝：盎格鲁－撒克逊英格兰的战争、王权和文化》⑥、N. J. 海厄姆和 D. H. 希尔的论文集《长者爱德华：899—924 年》⑦、莎拉·富特的《埃塞尔斯坦：第一位国王》⑧、D. N. 杜维尔的论文集《威塞克斯和英格兰：从阿尔弗雷德到埃德加》⑨ 以及 F. 巴罗的《戈德温家族：一代贵族的兴起和衰落》⑩ 等，则是认识盎格鲁－撒克逊晚期英格兰社会的必读著作。通过仔细研究考古发掘物和文献资料，萨莉·克劳福德的《盎格鲁－撒克逊英格兰的日常生活》⑪ 考察了盎格鲁－撒

---

① F. M. Stenton. *Anglo-Saxon England*. Oxford: Oxford University Press, 1971.

② H. R. Lyon. *Anglo-Saxon England and the Norman Conquest*. London: Routledge, 1991.

③ 〔英〕约翰·布莱尔：《盎格鲁－撒克逊简史》，肖明翰译，外语教学与研究出版社，2008。

④ Barbara Yorke. *Kings and Kingdoms of Early Anglo-Saxon England*. London and New York: Routledge, 1990.

⑤ Julian D. Richards. *Viking Age England*. Stroud: The History Press, 2010.

⑥ Richard P. Abels. *Alfred the Great: War, Kingship and Culture in Anglo-Saxon England*. London and New York: Routledge, 1998.

⑦ *Edward the Elder, 899-924*. N. J. Higham and D. H. Hill (eds.), London and New York: Routledge, 2001.

⑧ Sarah Foot. *Æthelstan: The First King of England*. New Haven and London: Yale University Press, 2011.

⑨ *Wessex and England from Alfred to Edgar*. David N. Dumville (ed.), Woodbridge: The Boydell Press, 1992.

⑩ F. Barlow. *The Godwins: The Rise and Fall of a Noble Dynasty*. London and New York: Routledge, 2013.

⑪ Sally Crawford. *Daily Life in Anglo-Saxon England*. Oxford: Greenwood World Publishing, 2009.

克逊人的住房、家庭生活、健康状况、食品和服装、工艺品、经济状况、宗教信念和法律制度等，为我们进一步探究 5—11 世纪英格兰的文化与社会提供了重要参考。

教会通史方面，继威廉·亨特在 20 世纪初推出首部盎格鲁-撒克逊教会通史①之后，又有多部著述问世，代表性的主要有玛格丽特·迪内斯利的《诺曼征服前的英格兰教会》②、F. 巴罗的《英格兰教会 1000—1066年：盎格鲁-撒克逊后期教会史》③、H. R. 洛因的《英格兰教会：940—1154 年》④、约翰·布莱尔的《盎格鲁-撒克逊社会的教会》⑤，以及 C. J.戈弗雷的《盎格鲁-撒克逊英格兰教会》⑥ 等。

3. 与本研究的某方面内容相关的研究

主要有以下几类：

（1）盎格鲁-撒克逊国王转信基督教的原因研究

在从异教转信基督教的过程中，盎格鲁-撒克逊国王既是决策者，也是推动者。关于盎格鲁-撒克逊国王接受基督教的原因，N. J. 海厄姆在其《早期盎格鲁-撒克逊英格兰改宗国王的权力与宗教归属》⑦ 一文中，持宗教为政治服务的观点。他认为，第一批接受基督教的盎格鲁-撒克逊国王并未接受传教士带来的世界观和价值观，他们受洗纯粹是为了自身更好地进行统治。约瑟夫·H. 林奇的《基督教化的亲属关系：盎格鲁-撒克逊英格兰的宗教仪式的支持力量》⑧ 持类似观点，他指出，对日耳曼国王来说，皈依基督教的好处不仅体现在精神权力上对王权的加强，而且在世俗事务方面也对其统治颇有帮助。

---

① William Hunt. *History of the English Church from its Foundation to the Norman Conquest, 596-1066*. London: *Macmillan* Publishers Limited, 1907.

② Margaret Deanesly. *The Pre-Conquest Church in England*. London: Adam & Charles Black, 1961.

③ F. Barlow. *The English Church 1000-1066: A History of the Later Anglo-Saxon Church*. London and New York: Longman, 1979.

④ H. R. Loyn. *The English Church, 940-1154*. Longman: Pearson Education Limited, 2000.

⑤ John Blair. *The Church in Anglo-Saxon Society*. Oxford: Oxford University Press, 2005.

⑥ C. J. Godfrey. *The Church in Anglo-Saxon England*. Cambridge: Cambridge University Press, 2009.

⑦ N. J. Higham. *The Convert Kings: Power and Religious Affiliation in Early Anglo-Saxon England*. Manchester and New York: Manchester University Press, 1997.

⑧ Joseph H. Lynch. *Christianizing Kinship: Ritual Sponsorship in Anglo-Saxon England*. Cornell: Cornell University Press, 1998.

随着修道主义在英格兰的兴起，众多盎格鲁-撒克逊王室女性献身宗教，并捐建修道社团。芭芭拉·约克的《女修道院与盎格鲁-撒克逊王室》[1] 是首部将整个盎格鲁-撒克逊时期英格兰的王室女修道院作为一个整体进行考察的研究成果，它的前 3 章追溯了盎格鲁-撒克逊王室女修道院的历史，特别关注了王室资助和更广泛的政治事件在其历史中的作用，以及它们与教会和国家的相互关系。

（2）盎格鲁-撒克逊时期英格兰教会财产研究

到诺曼征服前夕，盎格鲁-撒克逊教会作为一个整体在英格兰已积聚了巨额财产，其中大部分源自盎格鲁-撒克逊王室的慷慨捐赠。这方面的代表作是 M. F. 贾恩迪亚的《盎格鲁-撒克逊晚期英格兰的主教文化》[2]，其中第五章专门探讨了盎格鲁-撒克逊主教从王室和非王室捐赠者那里获得的土地、获取土地的策略，以及他们在土地供应短缺时寻求的替代方案等。

不过，残存下来的同时期历史文件也显示，教会财产也时常遭到以国王为首的世俗人士的侵吞，罗宾·弗莱明的《维京时代的修道院土地和英格兰的防御》[3] 和 D. N. 杜维尔的《第一个维京时代的教会土地和威塞克斯的防御》[4] 是考察维京人入侵期间盎格鲁-撒克逊王权侵占教会财产的力作。

（3）基督教神权政治文化对盎格鲁-撒克逊人王权观念的影响研究

基督教的兴起对西欧中世纪的政治生活产生了重要影响。英国著名文化史学家克里斯托弗·道森的《宗教与西方文化的兴起》[5] 详尽追溯了自罗马帝国衰亡到文艺复兴期间各种基督教运动和基督教思想发生发展的历史过程，及其对西方社会政治制度的变迁、城市国家的兴起、文化教育的

---

[1]　Barbara Yorke. *Nunneries and the Anglo-Saxon Royal Houses*. London and New York: Continuum, 2003.

[2]　Mary Frances Giandrea. *Episcopal Culture in Late Anglo-Saxon England*. Woodbridge: The Boydell Press, 2007, pp. 124–155.

[3]　Robin Fleming, "Monastic Lands and England's Defence in the Viking Age," *English Historical Review* (100), 1985, pp. 247–265.

[4]　D. N. Dumville, "Ecclesiastical Lands and the Defence of Wessex in the First Viking Age," *Wessex and England from Alfred to Edgar*. D. N. Dumville (ed.), pp. 29–54, esp. pp. 40, and 53–54.

[5]　〔英〕克里斯托弗·道森：《宗教与西方文化的兴起》，长川某译，四川人民出版社，1989，第 70 页。

发展等的创造性影响。德国历史学家弗里兹·科恩在其《中世纪早期的神圣王权与抵抗权》①中指出，在中世纪早期，王权的观念由血亲权、民众选举以及教会授职三种因素相互糅合而成；君主并非高于法律，而是处于法律之下，受法律约束；最早，每一个日耳曼人都拥有非正式的抵抗统治者的权利，西方宪制成熟的过程，也是抵抗权日渐组织化、确定化的过程。

将国王等王族成员尊奉为圣徒是盎格鲁-撒克逊王权适应基督教新文化的一项重要举措。C. 斯坦克利夫的《退位的国王》②和苏珊·里德亚德的《修道士国王和盎格鲁-撒克逊圣徒传传统》③专门探讨了盎格鲁-撒克逊国王或王子放弃王位以遁入修道院的原因、效果等，特别是《盎格鲁-撒克逊英格兰的王族圣徒》对不同时期、不同类型的盎格鲁-撒克逊王室圣徒崇拜进行了比较研究。

（4）盎格鲁-撒克逊时期的王国集会研究

贤人会议（Witan，字面意思为"有智慧的人的集会"）是英格兰 7—11 世纪时的一项重要政治习俗，盎格鲁-撒克逊主教、修道院院长等高级教士经常受邀出席贤人会议。德国著名法学家和历史学家 F. 利伯曼的《盎格鲁-撒克逊国民集会》④对英国盎格鲁-撒克逊时期的王国集会进行了开创性研究。它稽考了贤人会议的名称演变，贤人会议留下的各类记录，国王与贤人会议的关系，出席贤人会议的成员构成，贤人会议的地点、时间、程序，权力真空期间的贤人会议，贤人会议处理的各类事务，以及贤人会议在诺曼征服后的命运在英国历史上的地位等，能使读者对贤人会议获得一个基本的了解和认识。但由于该文是利伯曼在 1913 年出席第三届世界历史大会时做的一篇报告，篇幅较短小，加上它的时间跨度涵盖了整个盎格鲁-撒克逊时期，因此，对贤人会议各方面的探讨只能浅尝辄

---

① Fritz Kern. *Kingship and Law in the Middle Ages*. Oxford: Basil Blackwell, 1939, pp. 20–22, 25, 66–67.

② Clare Stancliffe, "Kings Who Opted Out, " *Ideal and Reality in Frankish and Anglo-Saxon Society: Studies Presented to J. M. Wallace-Hadrill*. Patrick Wormald, Donald Bullough and Roger Collins Wormald (eds.), Oxford: Blackwell, 1983, pp. 154–176.

③ S. Ridyard, "Monk-Kings and the Anglo-Saxon Hagiographic Tradition. " *Haskins Society Journal* (6), 1994, pp. 13–27.

④ F. Liebermann. *The National Assembly in the Anglo-Saxon Period*. Halle: Max Niemeyer, 1913.

止。利瓦伊·罗奇的《盎格鲁-撒克逊英格兰的王权与同意，871-978：中世纪早期的集会和国家》[1] 专述英格兰在871—978年，即统一的英格兰形成时期的王国集会。除了详细探讨哪些人出席了会议、他们是在哪里和什么时候见面的、他们在会上处理了哪些事情，还特别强调了这类王国集会的象征性作用，并指出，这一时期的王国集会并没有对英格兰王权形成制衡，而是英格兰政治秩序的重要组成部分，这与欧洲大陆其他地方的情形类似。

概括起来看，既有国内外研究成果呈现出两个明显的特点：一是国内学者的关注点多集中于1066年诺曼征服之后，且在涉及盎格鲁-撒克逊王权与基督教会之间的关系时，多强调二者的合作，忽视它们之间事实上存在的矛盾与冲突。二是国外学者的相关论述总体上显得比较零散，具有一定的孤立性，它们呈现出一幅令人惋惜的景象：满地都是珍珠，却没有串成一根精美的项链。尽管如此，既有研究成果为本研究提供了极具启发意义的线索。

历史研究最重要的目的是了解过去的复杂性，寻找根源或连续性，以及如何根据已知的史实提出新的问题。对盎格鲁-撒克逊时期教俗关系的研究对于了解诺曼征服后英格兰与罗马教会的分裂、英格兰民族教会的建立，以及英国宗教改革的原因都有一定的学术价值与理论意义。另外，盎格鲁-撒克逊史是英国历史的重要组成部分，但国内学界对英国史的研究大多集中于诺曼征服之后。教俗关系的演变是中世纪英格兰历史发展的重要线索，对盎格鲁-撒克逊王权与教会关系的研究，也有助于深化人们对英国盎格鲁-撒克逊时期这段纷繁复杂的历史的认知。

二　史料征引

在基督教传入以前，移居在不列颠的盎格鲁-撒克逊人尚不能识文断字，是"一个野蛮、凶暴、不信教甚至连语言都不通的民族"[2]，有关5、6世纪英格兰的资料只有少量不列颠作家笔下的文本和欧洲大陆作者们顺便提及的史料。但随着基督教的兴起，读写文化被引入英格兰，盎格鲁-

---

[1] Levi Roach. *Kingship and Consent in Anglo-Saxon England, 871-978: Assemblies and the State in the Early Middle Ages.* Cambridge: Cambridge University Press, 2013.

[2] 〔英〕比德：《英吉利教会史》，第二卷第23章，陈维振、周清民译，商务印书馆，1997。

撒克逊人开始从习惯于记忆事情到把它们记录下来。除了前述存世的盎格鲁-撒克逊特许状、法令，本书主要征引了以下两类差不多同时代的文献资料。

（一）个人作品

古罗马史学家塔西佗（Tacitus）的《阿古利可拉传 日耳曼尼亚志》（成书于 98 年）①。它可能是最早一部全面记载古日耳曼人的文献，其中关于日耳曼各部落的分布、风俗习惯、宗教信仰，以及整个日耳曼人的经济生活、政治组织和社会生活等的记述，具有很高的史学价值。在此之前，盖乌斯·尤利乌斯·恺撒（Gaius Julius Caesar）的《高卢战记》② 只是零星地谈到了一些日耳曼人的情况。

都尔教会主教格雷戈里（Gregory of Tours）的《法兰克人史》③（作于573—575 年）。它虽然是一部关于 6 世纪法兰克人历史的重要著作，但其中也有一些关于同时期英格兰情况的珍贵记述。例如，在第四卷中，它提到一名信奉正统基督教的法兰克公主嫁入了肯特王室，这有力地证实了法兰克人与盎格鲁-撒克逊王国间密切的政治、经济等联系，以及他们在盎格鲁-撒克逊人基督教化进程中的影响。

不列颠修道士吉尔达斯（Gildas）的《不列颠的毁灭》④。创作于 6 世纪 40 年代前后，是一部书信体宗教说教作品，也是唯一一部比较完整地展现了日耳曼人向不列颠岛移居的同时代著作，但其中很少提及人名或地名，日期则更少。

诺森伯里亚修道士比德（Bede）的《英吉利教会史》⑤。它完成于 731年，是迄今为止了解盎格鲁-撒克逊人接受基督教过程的主要资料来源，而且它也简单提及了早期盎格鲁-撒克逊主要王国的一些政治史，具有非常重要的史料价值。不过，值得注意的是，比德对不列颠的本地人持

---

① 〔古罗马〕塔西佗：《阿古利可拉传 日耳曼尼亚志》，马雍、傅正元译，商务印书馆，2010。
② 〔古罗马〕凯撒：《高卢战记》，任炳湘译，商务印书馆，2014。
③ 〔法兰克〕都尔教会主教格雷戈里：《法兰克人史》，寿纪瑜、戚国淦译，商务印书馆，2009。
④ *Gildas, The Ruin of Britain and Other Works*. Michael Winterbottom（ed. and trans.），London: Phillimore and Col. Ltd.，1978.
⑤ 〔英〕比德：《英吉利教会史》。

敌视态度，缄口不提他们在皈化盎格鲁-撒克逊人上所起的作用。另外，由于该著作完成于诺森伯里亚且是献给它的一位国王的，因此，比德关于英格兰其他各地教会甚至他自己所在的诺森伯里亚教会的叙述并不完整。

以教皇大格雷戈里（Gregory the Great）等为代表的罗马教廷同盎格鲁-撒克逊国王和教会间的书信，在欧洲偏远地区宣讲基督教福音的盎格鲁-撒克逊传教士，如诺森伯里亚人威利布罗德（Willibrord）、西撒克逊人圣卜尼法斯（St. Boniface），以及在加洛林国王查理曼（Charlemagne）的宫中效力的诺森伯里亚学者阿尔昆（Alcuin）等，与盎格鲁-撒克逊国王和那里的教会保持联系的书信。

记录个人生平事迹的传作，如威尔士教士阿塞尔（Asser）为威塞克斯国王阿尔弗雷德（Alfred）撰写的传记，是英格兰最早记述平信徒事迹的传记作品。

（二）官方编撰的文献

《盎格鲁-撒克逊编年史》（*Anglo-Saxon Chronicles*）①。它是威塞克斯国王阿尔弗雷德在 9 世纪后期组织学者开始编撰的，并由后人一直续编至 1154 年。虽然它的条目记录的主要是精英阶层的各种活动，如战役、族谱、国王去世以及重要的教会人物的传略等，但它也收录了一些对普通盎格鲁-撒克逊人的日常生活产生了重要影响的自然灾害事件，被誉为"英国最著名的史学著作之一，也是研究中世纪早期西欧最重要的史学著作之一"②。不过，《盎格鲁-撒克逊编年史》是为了表明政权的"官方路线"而写给公众看的，且"早期编年史远不如晚期的编年史可信，6 世纪后半期以前的编年史结构有着疑点"③，须谨慎对待。

《末日审判书》（*Domesday Book*）④。它是"征服者"威廉国王令人在 11 世纪末对诺曼征服前后英格兰的人口、土地财产进行的史无前例的大普查的资料汇编，具有极高的文献价值。不过，一些现代学者考证后发现，

---

①　《盎格鲁-撒克逊编年史》，寿纪瑜译，商务印书馆，2009。

②　《盎格鲁-撒克逊编年史》，中译本序言，第 1 页。

③　〔英〕肯尼思·O. 摩根：《牛津英国通史》，王觉非等译，商务印书馆，1993，第 59 页。

④　*Domesday Book, Facsimile Edition* Ⅱ. R. Erskine and A. Williams（eds.），Cambridge: Cambridge University Press, 1986.

它的一些数据存在前后不一致的情况，而且，它只对部分土地进行了估价。

三　主要内容

约从 5 世纪 30 年代起，朱特人（Jutes）、盎格鲁人（Angles）、撒克逊人（Saxons）等日耳曼部族大批移居不列颠，并在 6 世纪末左右建立了王国。经过不断的征战和抵御维京人入侵的战争，到诺曼征服前夕，英格兰初步实现了统一。在宗教信仰方面，盎格鲁-撒克逊人起初都是异教徒，但在 6 世纪 90 年代之后的三四代人后，他们都皈依了基督教。惠特比会议结束后，基督教在英格兰获得了迅速发展，修道社团在各地涌现。而且，经过不断的改革和调整，英格兰在诺曼征服前已建立了 17 个主教管区和数以千计的乡村教堂。

当罗马传教团在 6 世纪末抵达英格兰时，盎格鲁-撒克逊人的国王刚从部落军事首领转化而来，王权微弱且不稳定。改信基督教不仅有助于盎格鲁-撒克逊人迈入文明开化的门槛，他们的统治者也能借此巩固自己的地位和实现对外扩张的政治野心。另外，在王国治理方面，盎格鲁-撒克逊国王也离不开教会，因为神职人员有丰富的教务管理经验，而且，当时只有教会拥有受过教育、能读会写的成员。因此，盎格鲁-撒克逊国王积极推动基督教在其王国的传播和发展，如带领臣民自上而下地受洗，利用各种有利机会向其他王国输出基督教，通过带头献身宗教、捐建修道社团等方式支持修道主义的兴起等。另外，在幸存的盎格鲁-撒克逊早期法典中，异教崇拜被严厉禁止，基督教及其神职人员则获得保护。除了捐建主教教堂等这些直接服务于宗教目的的教会建筑，还为教会的存在提供必要的经济和物质基础，盎格鲁-撒克逊国王也是教会财产的最大赞助人。此外，由于主教、修道院院长等是王廷和地方治理中的关键人物，为了确保他们的忠诚，这些高级教士的任免常被盎格鲁-撒克逊国王掌控，他们多是国王忠顺的臣属或王族成员。盎格鲁-撒克逊国王也经常召开宗教会议，并在其中扮演重要角色。教会内部事务受到世俗王权越来越多的干预，教会无法独立发展。

得益于盎格鲁-撒克逊王权的庇护和慷慨捐赠，基督教迅速在盎格鲁-撒克逊英格兰扎根，并很快就积聚了大量财产。作为报答，教会竭力帮助盎格鲁-撒克逊国王构筑一种受"神命"王权支配的统治秩序，例如，将国王等王族成员尊奉为圣徒，帮助其找到一种新的激发民众忠诚的替代品；在国王的登基典礼中引入涂油礼，向世人证明国王统治的合法性，并使盎格鲁-撒克逊王权披上"君权神授"的外衣等。与此同时，教会也为盎格鲁-撒克逊国王输送了诸多有用人才，大主教、主教、修道院长等活跃于王国的政治舞台，除了经常受邀参加贤人会议，与国王和其他世俗贵族共商内政、外交等重要事务，他们还与郡长一起承担维护地方秩序的重任。在盎格鲁-撒克逊晚期，教会不仅为王国的和平提供真诚的祈祷，一些高级教士甚至亲自领军同来自斯堪的纳维亚的异教徒入侵者作战。此外，作为一种共同的信仰，基督教也在英格兰统一的过程中发挥了重要的精神纽带作用。

尽管盎格鲁-撒克逊王权与教会彼此利用，并相互为对方的需要和利益服务，但基督教的某些教义与日耳曼人旧有的世界观存在着对立。从7世纪后期开始，教会与盎格鲁-撒克逊王权出现了"二元对立"的态势，如约克主教威尔弗里德（Wilfrid）与数位诺森伯里亚国王的争执、坎特伯雷大主教与麦西亚王权间的激烈冲突等。不过，总体来看，由于共同的目标和需要比实际或潜在的冲突和混乱更巨大、更强烈，和谐的合作是诺曼征服前英格兰教俗关系的主要特征。特别是在盎格鲁-撒克逊晚期，在维京人的劫掠日益严重的背景下，教权和王权间的联盟变得更加紧密，尽管教会在此过程中逐渐沦为了世俗王权的附庸。

盎格鲁-撒克逊教会常被称为罗马教会的"女儿"。教皇大格雷戈里、维塔利安（Vitalian）等对盎格鲁-撒克逊教会的早期发展做出了重要贡献，他们的继承人也努力通过授予盎格鲁-撒克逊大主教披肩等方式维系同它的联系。盎格鲁-撒克逊人对罗马教廷表现出了很大的忠诚——主动向罗马教廷寻求关于英格兰教会的一些紧要事宜的意见和支持，并致力于教皇的传教事业等。尽管如此，由于罗马教会此时自身力量尚弱，再加上距离相对较远，教皇与世俗王权和教会的联系不多，英格兰的教会事务较少受罗马教廷的干预。不仅如此，盎格鲁-撒克逊教会从很早起就表现出了较强的独立意识，拒绝执行罗马教廷就"威尔弗里德事件"作出的判决。另外，在任用高级教士和婚姻领域，盎格鲁-撒克逊人也经常违反相关的教会法规，挑战罗马教皇的权威。

第一章
盎格鲁-撒克逊王权与教会关系的背景

王权与基督教会关系是盎格鲁-撒克逊英格兰历史中的重要组成部分，但"如果缺乏通史（general History）的视野，人们是无法充分地理解历史（History）的某个分支的，这就好比如果缺乏整个宇宙的视野，人们也无法完全理解通史一样"①。因此，在具体探讨盎格鲁-撒克逊王权与教会关系之前，需要先简单介绍该时期英格兰的政权更替、基督教的传播和发展情况等。

第一节　盎格鲁-撒克逊英格兰政治简史

英国盎格鲁-撒克逊时期起自朱特人、盎格鲁人、撒克逊人等日耳曼部族向不列颠的大规模移居（约5世纪30年代），止于诺曼底公爵威廉1066年入主英格兰。起初，英格兰被分割为众多小王国，但经过不断的征战和抵御维京人入侵的战争，英格兰在10世纪后期初步实现了统一，首次出现了统治全国的君主政体。

我们可将盎格鲁-撒克逊时期的英国历史划分为4个阶段，即日耳曼人向不列颠的移居（约430—600年）、王国争霸（600—800年）、维京人入侵（800—978年）以及盎格鲁-撒克逊末期（978—1066年）。

一　日耳曼人向不列颠的移居

在公元前6世纪一位马赛水手的航海日记中，首次出现了关于不列颠

---

① 〔德〕弗里兹·科恩：《中世纪的王权与抵抗权》，戴鹏飞译，商务印书馆，2021，第6页。

及其居民的记录，此记载后被罗马 4 世纪的诗人阿维努斯（Avienus）引用。① 曾两次入侵不列颠的尤里乌斯·凯撒这样描述不列颠的原住民不列颠人（Britons）的起源："住在不列颠内地的人，据他们自己历代传说，是岛上土生土长的，住在沿海地区的人，则是为了劫掠和战争，早先从比尔及迁移过去的……"② 公元 43 年，受克劳狄乌斯皇帝（Claudius）派遣，一支约 4000 人的罗马军队踏上了不列颠的土地，并征服了不列颠低地地区。不列颠成为"伟大的地中海帝国（罗马帝国）"的一个组成部分。

410 年，罗马被西哥特人洗劫，帝国西部皇帝洪诺留（Honorius）写信给不列颠各城市，要求他们组织好自己的防务，这被视为"罗马永远地失去了对不列颠的主权"的依据。《盎格鲁-撒克逊编年史》中关于该年的纪事叙述了罗马帝国对不列颠统治的终结："这年哥特人猛攻罗马，罗马人此后再也没有统治不列颠。"

罗马人撤离后，大约从 430 年起，来自日德兰半岛的朱特人，昂格尔恩（Angeln，今石勒苏益格东北部）的盎格鲁人，以及祖居地在荷尔斯泰因的撒克逊人等日耳曼部族开始在不列颠东部驻扎生活，他们稳扎稳打地向内陆推进，本地原住民则被迫迁往西部。在不列颠修道士吉尔达斯所作的《不列颠的毁灭》中，有一段被称为"长刀背叛"（Treachery of the Long Knives）的记载：罗马军团撤离后，北部的苏格兰人和皮克特人气势汹汹地向南推进，不列颠东南部一位高傲的统治者沃尔蒂格恩（Vortigern）邀请撒克逊人前来相助，后因酬金问题，这些携带长刀的雇佣兵发动叛乱，"将其魔爪伸向岛屿的东部"。③ 长期以来，历史学家对这个故事的真实性表示怀疑，但近年来对约克、林肯、诺里奇和安科斯特等地日耳曼人的坟墓的考古发掘证实，日耳曼雇佣军在 5 世纪上半叶确实曾在上述地区居住过，且他们是受不列颠官方的邀请而来的。④

比德将撒克逊人到来的时间确定为 449 年，但据罗马历史学家阿米阿

---

① 〔美〕克里斯托弗·A. 斯奈德：《不列颠人：传说和历史》，范勇鹏译，北京大学出版社，2009，第 12 页。
② 〔古罗马〕凯撒：《高卢战记》，第 105 页。
③ *Gildas, The Ruin of Britain and Other Works*, pp. 23—26.
④ 〔美〕克莱顿·罗伯茨、戴维·罗伯茨、道格拉斯·R. 比松：《英国史》（上），潘兴明等译，商务印书馆，2013，第 39 页。

努斯·马尔切利努斯（Ammianus Marcellinus）的记载，撒克逊人在 364 年和 398 年曾先后伙同皮克特人等侵扰过不列颠。[①] 考古发掘物也证实，日耳曼人向不列颠的移居早在 4 世纪末之前就已开始了。[②] 可见，撒克逊人最先是作为海上侵袭者，然后是作为雇佣军，最后是作为殖民者陆续来到不列颠的。到 5 世纪末，这些在语言和文化方面迥异于先前的罗马-不列颠文化的人已占据了不列颠南部、东部和中部的大部分地区，不列颠本地人则被迫迁往康沃尔、威尔士和坎伯兰等西部边缘地区。日耳曼人在不列颠岛上拓殖的这片土地被称为"英格兰"，意即"盎格鲁人的土地"。

在吉尔达斯的笔下，这些新来者嗜血好战："所有的城镇都受到敌人的反复攻击而败落；在刀光剑影和熊熊烈火之中，那里的居民——教会首脑、教士和普通人——都遭到了同样的命运。这是一幅悲惨的景象。在广场中央，堆放着高墙的基石、被拆毁的塔楼和神圣的祭坛，紫色的凝血覆盖着破碎的尸体……人们死无葬身之所，不是被掩埋在房屋废墟之中，就是长眠于鸟兽之腹。"[③]《盎格鲁-撒克逊编年史》中相关的记载与此大致相似，例如：491 年，苏塞克斯（Sussex）王国的创建者埃尔（Ælle）和他的儿子奇萨（Cissa）杀死了在佩文西（Pevensey）堡垒中发现的所有人，"连一个不列颠人也没有存活下来"；577 年，威塞克斯国王查乌林（Ceawlin）在一个叫作迪勒姆（Dyrham）的地方杀死了 3 个不列颠人的王，攻占了 3 座城市——格洛斯特、赛伦塞斯特和巴斯；等等。可能受这些记载的影响，人们曾长期认为，日耳曼人对不列颠低地地区的接管是暴力和彻底的，他们凭借人数优势在一次次的血腥战争中压倒了不列颠本地人。不列颠人的语言的命运似乎也证实了不列颠本地人遭灭绝的说法，因为残存在现代英语中的不列颠单词只有 14 个。[④] 不过，近年来的考古发掘显示，英格兰人口的绝大部分仍是罗马-不列颠人的后裔[⑤]，"新到的移民在数量上不

① 〔美〕克里斯托弗·A. 斯奈德：《不列颠人：传说和历史》，第 63、65 页。
② J. N. L. Myres. *Anglo-Saxon Pottery and the Settlement of England.* Oxford: Oxford University Press, 1969; C. Hills, "The archaeology of Anglo-Saxon England in the pagan period: a review," *Anglo-Saxon England* (8), 1979, pp. 297-329.
③ 转引自〔美〕克里斯托弗·A. 斯奈德：《不列颠人：传说和历史》，第 89 页。
④ 〔美〕克莱顿·罗伯茨、戴维·罗伯茨、道格拉斯·R. 比松：《英国史》（上），第 43 页。
⑤ C. J. Arnold. *Roman Britain to Saxon England: An Archaeological Study.* London: Routledge, 1984, pp. 121-141.

可能超过罗马-不列颠人，尽管有证据显示罗马-不列颠人的规模在 5 世纪和 6 世纪出现了明显下降"①。据统计，在 410—550 年，盎格鲁-撒克逊移民的总数为 10000—20000 人。② 存世的盎格鲁-撒克逊早期法典也表明，有不少不列颠人幸存了下来，尤其是在北部和西部地区，尽管他们处于附属地位。因此，日耳曼人在不列颠的移居并不是一场无情的种族清洗运动，所谓的"征服"只是相对少量的军事精英从大陆来到不列颠，并把他们的语言和物质文化强加给了不列颠本地人。

二　王国争霸

到 7 世纪初，经过不断的征战，移居到不列颠的日耳曼部族已建立了自己的王国，"600 年左右，那些出现在比德的《英吉利教会史》中的盎格鲁-撒克逊王国开始形成"③。在 7 世纪后期一份叫《部落海德税》（Tribal Hidage）的历史文献中，共出现了 35 个部族，除了个别情形，它们都有自己的王室。④

考古发掘也为盎格鲁-撒克逊王权在 6 世纪下半叶的增长和发展提供了某些支持。到 6 世纪末、7 世纪初，式样简朴、按照相同等级排列的墓地已被按照严格的等级标准安放死者的墓地所取代，一些坟墓的布置极其奢华，它们通常位于高大的土墩或山岗之上，十分显眼。其中，最有名的当属自 1938 年开始挖掘的萨顿胡（Sutton Hoo，在萨福克郡）古墓群。从整个遗址来看，该墓地显然不是因部落需求而建，而是专门供上层人物所使用的。其中，1 号墓的主人据称是东盎格利亚国王雷德沃尔德（Rædwald），它出土的随葬品是迄今为止盎格鲁-撒克逊早期出土文物中最著名和最壮观的，包括从外国进口的由黄金、白银和半宝石制成的物品等。⑤ 考古人员在塔普洛（Taplow，在白金汉郡）和布鲁姆菲尔德（Bro-

---

① Michael E. Jones, "Climate, Nutrition and Disease: An Hypothesis of Romano-British Population," *The End of Roman Britain*. Michael E. Jones(ed.), Ithaca, New York and London: Cornell University Press, 1976, pp. 231-251.

② *The End of Roman Britain*. Michael E. Jones(ed.), p. 27；〔美〕泰德·奥尔森：《活着的殉道者：凯尔特人的世界》，朱彬译，北京大学出版社，2007，第 93 页。

③ Henry Mayr-Harting. *The Coming of Christianity to Anglo-Saxon England*. London: B. T. Batsford Ltd., 1972, p. 15.

④ Barbara Yorke. *Kings and Kingdoms of Early Anglo-Saxon England*, p. 11.

⑤ R. Bruce-Mitford. *Aspects of Anglo-Saxon Archaeology: Sutton Hoo and Other Discoveries*. London: Harper's Magazine Press, 1974, pp. 222-252.

omfield，在埃塞克斯郡）发现了两处 7 世纪早期的墓葬，它们的随葬品在丰富性和来源范围方面非常接近萨顿胡 1 号。① 另外，2003 年在普里特维尔市（Prittlewell，在埃塞克斯郡）发现了一座贵族古墓，除了一间精心设计的墓室，它的陪葬物还包括一个精美的铜合金挂碗、一把在英格兰很少见的拜占庭酒壶、一把同样稀有的折凳，以及迄今为止在盎格鲁-撒克逊墓葬中发现的第三枚黄金搭扣。② 2012 年，考古人员在剑桥附近的特兰平顿（Trumpington）发现了一处床葬坟墓，在一位年轻女性的遗体旁边有一个珍贵的黄金镶石榴石的十字架。③ 有学者指出，此类奢华墓葬的出现，可能是部落等级制度愈加分明和"国家形成"的重要标志。④

为了获得更多的土地和其他战利品，各据一方的盎格鲁-撒克逊王国相互征战，这被英国 17 世纪的诗人约翰·弥尔顿称为"鸢与鸦之战"⑤。在各王国的兴衰变幻中，英格兰在 7 世纪后期形成了 7 个较大的王国——肯特、埃塞克斯、苏塞克斯、威塞克斯、东盎格利亚、麦西亚以及诺森伯里亚，即"七国"（Heptarchy）。其中，最重要的是诺森伯里亚、麦西亚和威塞克斯。

（一）诺森伯里亚

诺森伯里亚实际上主要由以泰恩河（Tyne）为中心的伯尼西亚（Bernicia）和以东赖丁（East Riding，在约克郡）为中心的德伊勒（Deira）两个王国合并而成，7 世纪时它们以蒂斯河（the Tees）为界。从 7 世纪初开始，伯尼西亚试图征服德伊勒。604 年，国王埃塞尔弗里思（Æthelfrith）率军入侵德伊勒，杀死了它的王，驱逐了它的王子，并娶了一个叫阿查（Acha）的德伊勒公主为妻，第一次同时统治两王国。⑥ 679 年特伦特河战

① J. Stephens, "On Remains Found in an Anglo-Saxon Tumulus at Taplow, Buckinghamshire, "*Journal of the British Archaeological Association* (40), 1884, pp. 61-71; R. Smith, "Anglo-Saxon Remains, " *Victoria County History: Essex* (I), 1903, pp. 315-331, at pp. 320-326.
② Sue Hirst. *The Prittlewell Prince: The Discovery of a Rich Anglo-Saxon Burial in Essex.* London: Museum of London Archaeology, 2004.
③ Cambridge Archaeological Unit website: 16 March 2012.
④ D. V. Clarke, T. G. Cowie and A. Foxon. *Symbols of Power at the Time of Stonehenge.* Edinburgh: Stationery Office Books, 1985.
⑤〔英〕阿萨·勃里格斯：《英国社会史》，陈叔平、刘城、刘幼勤、周俊文译，中国人民大学出版社，1991，第 50 页。
⑥〔英〕比德：《英吉利教会史》，第三卷第 6 章。

役结束后，历史更为古老的德伊勒被伯尼西亚彻底兼并，之后再也没有出现关于诺森伯里亚王权被分割的记载。诺森伯里亚的统一发生在比德生活的时代，实际上，"诺森伯里亚"这个词就是由比德发明并通过他的《英吉利教会史》流传开来的。[①]

"7世纪是诺森伯里亚称霸的时代"[②]。在爱德文（Edwin）、奥斯瓦尔德（Oswald）和奥斯威（Oswiu）的统治下，诺森伯里亚人在7世纪的大部分时间里称霸亨伯河（Humber）以南地区，并在向西、北扩张的过程中兼并了一些不列颠人的小王国，如以索尔韦湾（Solway Firth）为中心的雷格德（Rheged）、利兹（Leeds）地区的埃尔梅特（Elmet）以及以洛锡安（Lothian）为核心的戈德丁（Gododdin）。[③] 不过，685年5月20日，奥斯威国王的儿子埃格弗里思（Egfrith）及其大部分军队在一个叫内奇斯坦米尔（Nechtansmere）的地方被皮克特人歼灭，诺森伯里亚的扩张势头遭到沉重打击。比德引用古罗马诗人维吉尔（Vigil）的话说："从此，英吉利人称雄的希望和能力开始'流走了，倒退了'。"[④] 埃格弗里思的同父异母兄弟奥尔德弗里思（Aldfrith）继位后，诺森伯里亚王国的疆域小于从前了，权力和荣誉也开始转移至英格兰的中部王国麦西亚。

（二）麦西亚

麦西亚是盎格鲁人在6世纪末以特伦特河流域为中心建立的王国。在7世纪，在彭达（Penda）及其两个儿子伍尔夫希尔（Wulfhere）和埃塞尔雷德（Æthelred of Mercia）的出色领导下，麦西亚人向四面八方开疆拓土。比德记载说，在655年温沃伊德（Winwæd）战役结束时，麦西亚疆域约为1200海德，[⑤] 但在7世纪后期的《部落海德税》中它已增至3000海德[⑥]。

然而，麦西亚真正走向强大是在8世纪。国王埃塞尔博尔德（Æthel-

---

① Barbara Yorke. *Kings and Kingdoms of Early Anglo-Saxon England*, p. 72.
② 马克垚：《英国封建社会研究》，北京大学出版社，2005，第3页。
③ Barbara Yorke. *Kings and Kingdoms of Early Anglo-Saxon England*, pp. 83–85.
④ 〔英〕比德：《英吉利教会史》，第四卷第26章。
⑤ 同上，第三卷第25章。海德（hide），中世纪英国的一种土地单位，指可以供养一户人家的土地，其面积各地不一。学者们认为，1海德大约相当于现在的60至120英亩，也有说相当于15至30英亩。参见〔英〕杰拉尔德·豪厄特主编《世界历史词典》，马加瑞等译，商务印书馆，1988，第171页。
⑥ Barbara Yorke. *Kings and Kingdoms of Early Anglo-Saxon England*, p. 10.

bald）从东撒克逊人手中夺得了伦敦、米德尔塞克斯和赫特福德郡，他在一些特许状中被称为"不仅是所有麦西亚人之王，也是被统称为南英格兰的所有地区之王"或"英格兰南部所有人的国王"。① 埃塞尔博尔德的继承人奥法（Offa）则是在威塞克斯国王阿尔弗雷德之前英格兰最强大的国王。② 有学者指出，奥法的统治"标志着英格兰历史的一个重大转折"，③这是因为，在奥法统治时期（757—796 年），不仅此前将麦西亚与其他盎格鲁-撒克逊王国和不列颠王国隔开的区域已成为麦西亚的一部分，而且，除了威塞克斯和诺森伯里亚，其他盎格鲁-撒克逊王国也逐渐受麦西亚的支配。例如，特许状④显示，奥法征服了肯特、苏塞克斯这两个古老的王国，他将肯特一个叫埃德伯特·普兰（Eadbert Præn）的王子送入修道院，并强行授予他神职。⑤ 一份 12 世纪的手稿记载说，奥法在 794 年下令将东盎格利亚国王埃塞尔伯特（Æthelbert）斩首。⑥ 加洛林国王查理曼在信中称奥法为自己"最亲密的兄弟"，⑦ 并彼此交换礼物，作为相互承认的标志。

奥法的儿子埃格弗里思（Ecgfrith）在位仅 141 天就去世了，普兰王子夺回了对肯特的控制，但埃格弗里思的继承人琴伍尔夫（Cenwulf）在 798年俘房了普兰，并给他套上脚镣带到麦西亚，还弄瞎了他的双眼，砍掉了他的双手。⑧ 琴伍尔夫的行动得到了罗马教皇的支持，理由是普兰是一名"叛教的神职人员"。⑨ 起初，琴伍尔夫将肯特交给他的兄弟卡思雷德（Cuthred）代为统治，但在卡思雷德去世后，他开始亲自统治肯特，古老

---

① *Anglo-Saxon Charters: an Annotated List and Bibliography*. P. H. Sawyer (ed.), nos. 94, 101, 103.

② 〔英〕约翰·布莱尔：《盎格鲁-撒克逊简史》，第 127 页。

③ Nicholas Brooks. *The Early History of the Church of Canterbury: Christ Church from 597 to 1066*. Leicester: Leicester University Press, 1984, p. 109.

④ *English Historical Documents, 500-1042*. D. Whitelock (ed. and trans.), no. 76, pp. 504-505.

⑤ Nicholas Brooks. *The Early History of the Church of Canterbury: Christ Church from 597 to 1066*, pp. 113-117.

⑥ D. W. Rollason, "The Cults of Murdered Royal Saints in Anglo-Saxon England," *Anglo-Saxon England* (11), 1983, pp. 1-22, at p. 9.

⑦ *English Historical Documents, 500-1042*. D. Whitelock (ed. and trans.), no. 197, pp. 848-849, at p. 848.

⑧ 《盎格鲁-撒克逊编年史》798 年纪事。

⑨ *English Historical Documents, 500-1042*. D. Whitelock (ed. and trans.), pp. 861-862.

的肯特王室从此彻底消失。① 铸币资料显示，奥法去世后，一个叫埃德沃尔德（Eadwald）的本地人曾统治东盎格利亚，但他很快也被琴伍尔夫罢黜了。此外，琴伍尔夫还帮助麦西亚从北威尔士获得了一些新土地。

尽管如此，麦西亚在琴伍尔夫去世（821 年）后仍陷入衰落，威塞克斯则迅速崛起，成为英格兰历史舞台上的主角。

（三）威塞克斯

按照《盎格鲁-撒克逊编年史》的记载，威塞克斯王国的创建者是彻迪克（Cerdic）与他的儿子金里克（Cynric），他们在 495 年抵达汉普郡南部，并随后征服了怀特岛（Isle of Wight）。但现代学者经过考证后指出，彻迪克和金里克抵达不列颠的时间应为 532 年，② 且西撒克逊人在不列颠的定居地最初很可能是泰晤士河谷一带③。

在 9 世纪之前，查乌林、卡德瓦拉（Cædwalla）和伊尼（Ine）是威塞克斯最重要的三位国王。在《盎格鲁-撒克逊编年史》中，查乌林④被描述为一位精力充沛的武士国王，但 591 年"沃登古冢"（今称亚当墓，在威尔特郡）大屠杀发生后，他被赶下了台。之后，威塞克斯王位长期被查乌林的兄弟卡撒（Cutha）的后代占据。卡德瓦拉是查乌林的后裔，他将西撒克逊人的扩张方向从西南部转向东部，并很快控制了泰晤士河以南全部地区，成为南撒克逊人、萨里人、汉普郡和怀特岛的朱特人的统治者。⑤ 从卡德瓦拉时代起，"西撒克逊人"取代之前的"格维莎斯"（Geuissae），⑥ 且自 760 年以降该称呼经常出现于文献记载中⑦。有学者指出，名称的改变表明，除了格维莎斯人，威塞克斯统治者此时还控制着其

---

① *English Historical Documents, 500-1042.* D. Whitelock（ed. and trans.），no. 203.

② D. N. Dumville, "The West Saxon Genealogical Regnal List and the Chronology of Wessex," *Peritia*(4), 1985, pp. 50-56.

③ Barbara Yorke. *Kings and Kingdoms of Early Anglo-Saxon England*, p. 132.

④ 在西撒克逊家谱列王年表中，查乌林的统治时间为 7 年或 17 年，但《盎格鲁-撒克逊编年史》将他的统治时间设为 31 年或 32 年，哪一个更可信已无从得知。

⑤ 〔英〕比德：《英吉利教会史》，第四卷第 16 章；F. M. Stenton. *Anglo-Saxon England*, pp. 69-71。

⑥ H. E. Walker, "Bede and the Gewissae: the Political Evolution of the Heptarchy and its Nomenclature," *Cambridge Historical Journal*(12), 1956, pp. 174-186.

⑦ H. Edwards, "The Charters of the Early West Saxon Kingdom," *British Archaeological Reports*(198), 1988, pp. 243-253, at p. 309.

他盎格鲁-撒克逊部落。① 伊尼也是查乌林的后代，② 他巩固了卡德瓦拉的扩张成就，③ 也是威塞克斯第一位颁布成文法典的国王。8 世纪威塞克斯的其他国王——埃塞尔赫德（Æthelheard）、卡思雷德（Cuthred）、西吉伯特（Sigebert）、基内伍尔夫（Cynewulf）——虽然都不如伊尼那般强大，且他们不得不与埃塞尔博尔德和奥法治下的麦西亚王国的扩张作斗争，但仍努力维持了威塞克斯王国的独立。

在基内伍尔夫国王被人杀害（757 年）后，麦西亚国王奥法加强了对威塞克斯王国的控制。布里特里克（Beorhtric）的登基可能得到了奥法的帮助，他在 789 年娶了奥法的女儿埃德伯（Eadburh）为妻，并在奥法的帮助下驱逐了自己的一些政敌等。④ 不过，在埃格伯特（Egbert）于 802 年继位后不久，威塞克斯很快就脱离了麦西亚人的控制，并迅速崛起。《盎格鲁-撒克逊编年史》记载了埃格伯特统治时期（802—839 年）一些里程碑式的事件：825 年，他在劳顿（Ellendun）决定性地打败麦西亚国王伯恩伍尔夫（Beornwulf），兼并了肯特、埃塞克斯、萨里和苏塞克斯，东盎格利亚人也寻求西撒克逊人的保护；4 年后，麦西亚王国也被他征服，他是第八位称霸亨伯河以南区域的"不列颠的统治者"，甚至亨伯河以北的诺森伯里亚也向他俯首称臣；830 年，威尔士人全都降服于他；等等。

除了依靠自身力量，一场从 9 世纪晚期开始的入侵风暴则帮助威塞克斯摧毁了所有对手。最终，埃格伯特的子孙成为所有英格兰人的国王，威塞克斯王室则成为统一的英格兰王国的王室。

三 维京人入侵

9 世纪时，欧洲三面受敌：东面有马扎尔人（Magyars）直捣神圣罗马帝国并撕裂了亚平宁半岛；南面有穆斯林进攻法、意海岸及中间的岛屿；北、西面则有来自斯堪的纳维亚（Scandinavia）的海盗即维京人

---

① Barbara Yorke. *Kings and Kingdoms of Early Anglo-Saxon England*, p. 138.
② 《盎格鲁-撒克逊编年史》688 年纪事。
③ *Anglo-Saxon Charters: An Annotated List and Bibliography*. P. H. Sawyer（ed.），no. 45; H. Edwards, "The Charters of the Early West Saxon Kingdom," *British Archaeological Reports*（198），1988, pp. 292-297.
④ 《盎格鲁-撒克逊编年史》839 年纪事。

（Vikings）① 的战船。对英格兰来说，这场客观上帮助西撒克逊王室最终获得超级霸权的入侵风暴主要来自斯堪的纳维亚半岛。在 8 世纪最后几年里，在人口激增、逃离本土专制王权的统治、渴望战利品等因素的刺激下，② 生活在这片土地上的人民借助其先进的交通工具——长船（用帆和桨驱动，能容纳 40—100 人，速度可达 10 节③）——开始了最后一次日耳曼民族的大迁徙。798 年，3 条挪威船在波特兰（Portland）登陆，他们杀死了威塞克斯国王布里特里克的一名管事（reeve）。④这是第一批来到英格兰的维京人的战船。

起初，维京人实施劫掠式袭击，以寻求金银等动产为目标。793 年，林迪斯凡恩（Lindisfarne）修道院被这些"海上异教徒"洗劫一空。第二年，比德所在的贾罗（Jarrow）修道院也惨遭蹂躏。851 年，一支丹麦舰队在泰晤士河湾的萨尼特岛上过冬，这标志着维京人入侵进入了一个新阶段，即永久性的移民和定居取代先前流动性的、带有明显季节性的抢劫。到 870 年，东盎格利亚已被征服；876 年，维京人占领了诺森伯里亚；877 年，他们又占领了绝大部分麦西亚领土，并将其西部交给一个叫切奥尔伍尔夫二世（Ceolwulf Ⅱ）的人代为统治。但在埃格伯特国王的孙子阿尔弗雷德的领导下，西撒克逊人成功地遏制了维京人的入侵。其中，878 年发生在埃丁顿（Edington，在威尔特郡）的战役具有决定性的意义。该役结束后，阿尔弗雷德与丹麦人国王古思伦（Guthrum）签订的《韦德莫尔条约》（Treaty of Wedmore）划定了双方的统治区域，丹麦人占领大片英格兰领土的既定事实得到正式承认，它们被称作丹麦法区（Danelaw）。

阿尔弗雷德的儿子长者爱德华（Edward the Elder）和孙子埃塞尔斯坦（Æthelstan）、埃德蒙（Edmund）以及埃德雷德（Eadred）都致力于收复丹麦法区。长者爱德华充分利用埃塞尔雷德郡长与自己的姊妹埃塞尔弗莱德（Æthelflæd）间的婚姻，在他们分别于 911 年和 918 年去世后，将麦西亚这个古老王国的剩余部分（西部）永久地纳入了威塞克斯王国。埃塞尔

---

① 在英格兰历史文献中，这些海上勇士被称作"维京人"，现代历史学家也采用这个称呼，但在欧洲大陆传统中，他们通常被称作"北方人"（Northmen）。

② Julian D. Richards. *Viking Age England*, pp. 22-23.

③ 1 节等于 1 海里/小时，1 海里相当于 1.852 千米。

④ 《盎格鲁-撒克逊编年史》787 年纪事。

斯坦被其同时代人称为"我们这个时代最杰出、最著名的一位人间国王"。①《盎格鲁－撒克逊编年史》关于 926 年的纪事记载说，埃塞尔斯坦在诺森伯里亚人的国王西特里克（Sihtric）去世后攻占了约克，"继承了诺森伯里亚王国，并将这个岛屿上的所有国王都置于自己的统治之下……"。对诺森伯里亚的征服是"英格兰王国（kingdom of the English）"形成的一个决定性时刻，埃塞尔斯坦是第一个将不列颠岛上所有的盎格鲁－撒克逊民族都纳入其直接统治的国王，他的王国规模前所未有：从英吉利海峡向北一直延伸至福斯湾畔（Firth of Forth），遍及比德在《英吉利教会史》中叙述过其历史的所有王国。937 年，埃塞尔斯坦在布朗南堡（*Brunnanburh*）打败了挪威人、苏格兰人和斯特拉斯克莱德（Strathclyde）的威尔士人的联军。至此，埃塞尔斯坦的势力达到了顶峰。

但在 940 年，即埃塞尔斯坦去世后不久，诺森伯里亚人背弃誓约，他们推选从爱尔兰来的挪威国王奥拉夫（Olaf，自 934 年起统治都柏林）为国王。埃塞尔斯坦的继承人埃德蒙国王被迫承认奥拉夫为约克及其附属地区的国王，但在奥拉夫去世后（941 年）的 4 年里，埃德蒙夺回了丹麦法区的北部。虽然埃德雷德登基（946 年）时的一份特许状说他同时统治着盎格鲁－撒克逊人、诺森伯里亚人、丹麦人和不列颠人，② 但约克在 947 年再次落入挪威第一位国王"金发"哈罗德（Harold Fair-hair）的儿子"血斧"埃里克（Eric Blood-Axe）的手中。954 年，埃德雷德入侵诺森伯里亚，埃里克被赶走，并在随后被杀死。经过近 50 年的战争，威塞克斯王室最终获得了胜利，成为统治英格兰的王室。

955 年 11 月 23 日，在位 9 年半的埃德雷德国王逝世，埃德蒙国王的长子、年仅 15 岁的埃德威格（Eadwig）被推选为国王，统治麦西亚的则是他的弟弟埃德加（Edgar）。当埃德威格于 959 年去世时，16 岁的埃德加"继承了威塞克斯、麦西亚和诺森伯里亚"。埃德加不是一个征服者，但他的统治十分稳固，并成功维持了先前国王们在英格兰建立的和平，因而他被称为"和平者"（the Peaceable）。这绝非微不足道的成就，在恩舍姆（Eynsham）修道院院长埃尔弗里克（Ælfric）看来，埃德加与阿尔弗雷德、

---

① *English Historical Documents, 500–1042*. D. Whitelock（ed. and trans.），no. 228.
② *Anglo-Saxon Charters: An Annotated List and Bibliography*. P. H. Sawyer（ed.），no. 520.

埃塞尔斯坦都是基督教国王的典范，因为他们战胜了异教徒，为自己的民众带来了安全感。①

四 盎格鲁-撒克逊末期

在埃德加统治时期，英格兰人享受了大约一代人的和平与繁荣。不过，在埃德加的儿子"准备不足者"埃塞尔雷德继位后不久，丹麦人重新入侵，且他们由国王亲自统率，将武力征服英格兰作为目标。1013年，国王斯韦恩（Swein）率领一支丹麦大军在英格兰所向披靡，连克诺森伯里亚、麦西亚、牛津、伦敦，已经厌倦了战争的英格兰人最终接受斯韦恩为新的统治者，"整个国家都把他看成握有全权的国王"，埃塞尔雷德国王及其诸子等则被迫流亡至诺曼底。斯韦恩去世（1042年2月）后，埃塞尔雷德及其儿子"刚勇者"埃德蒙（Edmund Ironside）先后统治英格兰。但在1016年10月，埃德蒙在阿兴顿（Ashingdon）被斯韦恩的儿子克努特（Cnut）打败后就苟安于威塞克斯王国的中心地带，麦西亚和诺森伯里亚则由克努特统治。不久，埃德蒙去世，他的领地被克努特接管，英格兰历史上的丹麦王朝（1016—1042年）正式开始。

克努特君临英格兰近20年，但他的儿子哈罗德一世（Harold I）和哈撒克努特（Harthacnut）的统治都很短暂，而且，丹麦王室的血统在哈撒克努特去世后就中断了。埃塞尔雷德的另一个儿子"申信者"爱德华（Edward the Confessor）被推举为国王，古老的威塞克斯王室得以恢复。然而，爱德华膝下无嗣，在他于1066年主显节（1月5日）前夕去世后，没有任何王室血统的威塞克斯伯爵戈德温（Godwin）的儿子哈罗德被选为英格兰国王，即哈罗德二世。但是，爱德华国王的外甥诺曼底公爵威廉认为自己才是英格兰王位的合法继承人。威廉是怎样或何时认为英格兰王位是其囊中之物的，我们很难确定。诺曼人声称，在1051年爱德华国王与戈德温伯爵家族间发生危机时，威廉曾访问过英格兰，并被指定为爱德华的继承人。此外，根据巴约挂毯②的记载，哈罗德在1064年曾宣誓效忠威廉。

---

① *English Historical Documents, 500-1042*. D. Whitelock（ed. and trans.），p. 928.

② 巴约挂毯（Bayeux Tapestry），可能织成于12世纪，长231英尺，宽20英寸，上面绣有诺曼人征服英格兰的故事，现存于法国巴约博物馆。

无论怎样，威廉集合了一支军队渡海出征英格兰。1066 年 10 月 14 日，哈罗德二世在黑斯廷斯（Hastings）附近被杀，威廉入主英格兰，盎格鲁-撒克逊时代就此终结。虽然埃格伯特的王朝经受住了丹麦人和挪威人的进攻，但它最后还是屈从于诺曼人的入侵。

第二节 盎格鲁-撒克逊教会概况

"基督教的兴起，无论是就政治还是就政治哲学而言，都不无道理地可以被描述为西欧历史上最具革命性的事件。"[1] 起初，移居在不列颠的朱特人、盎格鲁人、撒克逊人等是异教徒，但在 6 世纪 90 年代之后的三四代人中，所有的盎格鲁-撒克逊国王及其臣民都皈依了基督教。664 年惠特比（Whitby）宗教会议结束后，基督教在英格兰迎来了一段黄金发展时期。经过不断改革和调整，到诺曼征服前夕，英格兰已建立了 17 个主教管区和数以千计的乡村教堂。

一 盎格鲁-撒克逊人对基督教的皈依

基督教在不列颠传播的历史可上溯至罗马统治早期，即使在从未被纳入罗马帝国版图的爱尔兰和苏格兰，基督教也已通过多种方式传入。在盎格鲁-撒克逊人皈依基督教的过程中，他们的这些基督徒邻居发挥了重要作用。

（一）盎格鲁-撒克逊人的基督徒邻居

"早在罗马帝国时代基督教就已经进入不列颠，到 410 年罗马军队正式撤退之后的后罗马时期（sub-Roman）还一直存在。"[2] 约公元 200 年，著名的基督教护教家德尔图良（Tertullian）在其《答犹太人》中记载说："在西班牙的各处、在高卢人的各个部族中、在不受罗马文化支配却归服基督的布立吞人居住的各地……现在基督的名都作王了。"[3] 与德尔图良同

---

① 〔美〕乔治·萨拜因：《政治学说史》，邓正来译，上海人民出版社，2015，第 294 页。

② 〔英〕玛里琳·邓恩：《修道主义的兴起》，石敏敏译，中国社会科学出版社，2010，第 168 页。

③ 转引自〔美〕泰德·奥尔森：《活着的殉道者：凯尔特人的世界》，第 33 页。

时代的奥利金（Origen）也记述说，基督信仰不只是来到北方各地，整个不列颠全地都接受了基督。① 此外，在 12 座罗马-不列颠城镇中有明显的基督教证据，其中，在肯特的卢林斯顿（Lullingstone）和多塞特的辛顿圣玛丽（Hinton St. Mary）均发现了表示基督的符号 *Chi-Rho*。因此，有学者指出，基督教可能最晚在 2 世纪后期已远播至不列颠，但具体的传播途径已无从得知。② 314 年，有 5 名不列颠教士，即伦敦主教雷提图多（Restitutus）、林肯主教阿德菲斯（Adelfius）、约克主教依波留（Eborius），一位叫塞尔德（Sacerdus）的神父和一位叫阿明尼乌斯（Arminius）的执事，参加了在阿尔勒（Arles）举行的宗教大会。③ 此外，还有 3 名不列颠主教出席了 359 年在里米尼（Ariminum）召开的宗教会议。④ 这些都表明，不列颠教会成型的时间较早（肯定早于君士坦丁皇帝颁布宗教信仰自由法令的 313 年），而且，不列颠与北非、欧洲大陆及其他地区的教会都有着密切的联系。

19 世纪的德国法学家鲁道夫·冯·耶林（Rudolf von Jhering）说，罗马人曾三次征服世界：一是以武力，二是以宗教（即基督教），三是以法律。在以宗教征服世界方面，爱尔兰最为典型。早在 4 世纪时，爱尔兰就有基督徒了，并在欧洲大陆上留下了印记，据说图尔（Toul）教区的首任主教曼苏埃图斯（Mansuetus）就是一位爱尔兰人。此外，哲罗姆（Jerome）在 416 年记述了一名"无知的"爱尔兰基督徒。阿基坦的普罗斯普尔（Prosper）也提到，教皇希莱斯廷一世（Celestine Ⅰ）在 431 年差派了一个叫帕拉狄乌斯（Palladius）的执事到"信仰基督的爱尔兰人中去"，并任命他为他们的首任主教。⑤ 不过，"本质上，爱尔兰教会可被视为威尔士教会的一个分支"，因为爱尔兰皈依基督教主要归功于一个叫帕特里克（Patrick）的不列颠人。根据其自传《忏悔录》，帕特里克出生在南威尔士一个虔诚的基督教家庭，父亲是一位执事，祖父是一位神父；约 405 年，

---

① 转引自〔美〕泰德·奥尔森：《活着的殉道者：凯尔特人的世界》，第 33 页；C. J. Godfrey. *The Church in Anglo-Saxon England*，p. 11。

② C. J. Godfrey. *The Church in Anglo-Saxon England*, p. 10.

③ Ibid, pp. 13–14.

④ Margaret Deanesly. *The Pre-Conquest Church in England*, p. 7.

⑤ 〔美〕克里斯托弗·A. 斯奈德：《不列颠人：传说和历史》，第 124 页。

他在一场突袭中被劫掠至爱尔兰，在被囚禁了 6 年后，逃至欧洲大陆的修道院接受训练；432 年，他被按立为传教主教返回爱尔兰。此后直至去世（461 年），帕特里克一直在爱尔兰宣讲福音，444 年，他在阿尔马（Armagh）建立了一个大主教区。在帕特里克去世一个世纪后，基督教决定性地战胜了爱尔兰人的异教信仰。

除了爱尔兰，到 6 世纪后期，另一片罗马人未曾依靠武力实现征服的地方——苏格兰，也拜倒在其官方宗教基督教的脚下。基督教何时开始传入苏格兰至今仍很不清楚，但据说，在 4 世纪和 5 世纪初，一个叫尼尼安（Ninian）的罗马-不列颠人曾在这里工作过。400 年左右，尼尼安在现在的怀特霍恩（Whithorn）镇附近建造了一座教堂和一座修道院，以向生活在加洛韦（Galloway）的皮克特人传教，他后来又在其他地方建造了许多教堂。苏格兰当时居住着两大群皮克特人，他们被格兰扁山脉（Grampian Mountains）隔开。尼尼安主要在南部皮克特人中宣讲福音，将基督教带到北部皮克特人中的则是一名叫科伦巴（Columba）的爱尔兰人，《盎格鲁-撒克逊编年史》关于 565 年的纪事记载说："这年教士科伦巴自爱尔兰来到不列颠，来教导皮克特人，并在艾奥纳（Iona）岛上修建了一所修道院。"

（二）盎格鲁-撒克逊人对基督教的皈依

在接管了不列颠这一罗马帝国最北部的行省之后很长的一段时间里，盎格鲁-撒克逊人"在宗教上都是原始异教徒"[1]。关于盎格鲁-撒克逊人的异教信仰，现在只有少量线索，例如，除了沃登，他们还信奉提乌（Tiw）、托尔（Thor）等神祇，它们的名字分别由星期三、星期二和星期四这些英语名词流传下来，并残存在温斯伯里（Wednesbury）、图斯列（Tuesley）、吐尔斯列（Thursley）等地名中。基督教四大节日之一的复活节（Easter）[2] 则以他们的女神约斯特里（Eostre）命名。

597 年，一支由奥古斯丁（Augustine）率领的罗马传教团抵达肯特王

---

[1] 〔英〕佩里·安德森：《从古代到封建主义的过渡》，郭方、刘健译，上海人民出版社，2001，第 112 页。

[2] 其他 3 个重大节日分别为圣诞节、基督升天节（复活节 40 天后的星期四）和圣灵降临节（复活节之后的第 50 日）。

国，他们主要来自罗马卡利安山（Caelian Hill）上的圣安得烈（St. An-drew）修道院。约40年后，艾奥纳修道院一个叫艾丹（Aidan）的修道士受邀来到诺森伯里亚王国，他致力于使英格兰北部皈依基督教。到660年，除了苏塞克斯王国和怀特岛的居民（他们不久也皈依了基督教），其他所有盎格鲁-撒克逊国王及其臣民都皈依了基督教。

虽然使盎格鲁-撒克逊人改信基督教的首功应归于在南方传教的意大利人、法兰克人以及在北方传教的爱尔兰人，但也不应忽视不列颠人的贡献。比德缄口不提不列颠人在盎格鲁-撒克逊人基督教化进程中的作用，并说"他们从来不向居住在他们之间的撒克逊人即英吉利人宣讲信仰的福音"[1]；一些学者也以两个民族间长期的敌意而否认不列颠人所起的作用，"两个交战民族之间的鸿沟如此之深，致使不列颠的主教们根本就不打算吸收入侵者入教，也许他们根本就没有机会使撒克逊人改变信仰"[2]。但存世的其他历史文献和考古发掘都表明，不列颠人在皈化其周围的英吉利民族的过程中发挥了一定的作用。例如，居住在诺森伯里亚的一些英吉利人是由不列颠人鲁恩（Rhun）施洗的，鲁恩是6世纪晚期享有盛名的不列颠北部王国雷格德国王乌里恩（Urien）的儿子。在英格兰与威尔士接壤的地区住着一群活跃的基督徒，使他们改变信仰的可能也是不列颠人；一些由不列颠人建造的宗教建筑，如格拉斯顿伯里修道院等被威塞克斯国王接管后，里面仍供奉着不列颠圣徒。奥法土堤（Offa's Dyke）是盎格鲁-撒克逊时代英格兰最为宏伟的一项公共工程，戴安·布鲁克（Diane Brook）教授对它两侧的宗教遗址进行了研究，发现了大量呈曲线形状的教堂墓地，它们很可能是不列颠人建筑的地基，这些建筑从5世纪一直延续到12世纪。[3] 此外，学者们对英格兰中部早期特许状和教区边界的研究，也佐证了不列颠人在使他们的英吉利邻人皈依基督教的过程中所发挥的作用。[4] 伍斯特、格洛斯特、罗克斯特、利奇菲尔德和林肯等地

---

[1] 〔英〕比德：《英吉利教会史》，第一卷第22章。

[2] 〔英〕温斯顿·丘吉尔：《英语国家史略》（上），薛力敏、林林译，新华出版社，1985，第76页。

[3] Diane Brook, "The Early Christian Church East and West of Offa's Dyke," *The Early Church in Wales and the West*. N. Edwards and A. Lane (eds.), Oxford: Oxford University Press, 1992, pp. 77–89.

[4] Steven Bassett, "Churches in Worcester Before and After the Conversion of the Anglo-Saxons," *Antiquaries Journal* (69), 1989, pp. 225–256.

可能都有自己的主教教堂，坎特伯雷的传教士们在罗马教皇的要求下（或许还受到了一些不列颠教士的帮助）接管了这些教堂。①

基督教取得胜利的一个重要原因是盎格鲁-撒克逊人异教信仰的先天不足。这种宗教本质上是一系列形式上的交易，即通过奉献适当的贡品，以获得神的庇护。它没有伦理体系，无法回答诸如生死这样的问题，也不能够解释人类存在奥秘的宇宙论。"对中世纪的国王来说，异教并不能提供什么有用的东西，仅因为古老这一点是值得慰藉的。"② 事实上，到皈依基督教前夕，盎格鲁-撒克逊人已经开始质疑其传统信仰的有效性了。例如，在讨论是否采纳基督教的王国集会上，诺森伯里亚一位叫科伊弗（Coifu）的异教祭司长评价说，自己现在所遵奉的宗教"既无效果又无益处"。③ 而与此相对，基督教从使徒保罗时代起就已开始了自身制度化的过程——创立基督教仪式、建立教会组织机制等。不仅如此，由于安波罗修（Ambrosius）、哲罗姆、圣奥古斯丁（St. Augustinus）等人的努力，基督教此时已建立起了一个庞大的理论体系。而且，对于那些社会地位低微、目不识丁的人来说，基督教上帝面前人人平等的教义以及通过信教和顺从就能获得永生的承诺等极富感染力，更能满足其精神需求。

当然，教会领袖对盎格鲁-撒克逊人异教信仰的宽容也起了一定的作用，这有利于基督教与那里的草根阶层建立联系，形成更广泛的群众基础。以"旧庙新用"，即将异教神庙改建为基督教教堂为例。在基督教早期的扩张过程中，异教神庙经常遭到野蛮拆毁，如亚历山大城著名的塞拉皮斯（Serapis，古埃及地狱之神）神殿和加沙那座纪念当地农业之神玛纳斯（Marnas）的巨大的圆形神庙。④ 这些破坏活动旨在羞辱非基督徒，让他们明白，他们的神不是神，否则怎会坐视自己的圣殿被毁。但奥古斯丁将那座位于圣马丁教堂和坎特伯雷城墙之间的异教庙宇"净化"后献给了在戴克里先（Diocletian）统治时期殉教的潘克拉斯（Pancras）。⑤这种平稳

---

① Christopher A. Synder. *An Age of Tyrants: Britain and the Britons, AD 400–600*. Philadelphia: Penn State University Press, 1998, pp. 238–239.

② P. H. Sawyer. *From Roman Britain to Norman England*. London: Routledge, 1998, p. 194.

③ 〔英〕比德：《英吉利教会史》，第二卷第 13 章。

④ 〔英〕乔纳森·哈里斯：《拜占庭简史》，庞国庆、吕丽蓉、陈悦译，中信出版社，2018，第 14—16 页。

⑤ C. J. Godfrey. *The Church in Anglo-Saxon England*, p. 78.

的过渡方式得到了教皇大格雷戈里的赞同，他告诫传教士们不要摧毁盎格鲁-撒克逊人的异教神殿，而只可以破坏里面的神像。① 正因为如此，在盎格鲁-撒克逊人皈依基督教的过程中，许多异教神庙被改建成了基督教教堂，"罗马传教士在英格兰传教的一个显著特征是将那里的异教庙宇改建成基督教教堂，这种做法在西部基督教世界是罕见的"②。唯一的例外是古德曼汉姆（*Goodmanham*，在约克郡中心）山顶上的那座异教神庙，它曾是德伊勒王室的主要神殿，但在诺森伯里亚国王爱德文于 626 年决定皈依基督教之后被付之一炬。

此外，盎格鲁-撒克逊人还被允许以他们熟悉的方式庆祝纪念基督教圣人的节日。教皇大格雷戈里在教会礼仪这一问题上也持类似的宽容态度，塞尔维亚的林安德（Leander）曾向他询问洗礼的正确方法，他回答说："那儿只有一种信仰，不同的礼仪对教会并无伤害。"③ 当奥古斯丁也忧虑此事而向他询问英格兰的弥撒应该采用罗马礼仪还是高卢礼仪时，教皇建议他采用对新生的英格兰教会有益的那种礼仪，而不用理会它们的出处④。这些宽容在一定程度上解释了奥古斯丁等人传教事业的成功，体现了对失败者的尊重，对于昔日的盎格鲁-撒克逊异教徒来说，新宗教似乎并非那么令人畏惧。

二　惠特比宗教会议

虽然在使盎格鲁-撒克逊人皈依基督教这件事上，爱尔兰人与罗马传教士的目标一致，但双方在某些方面仍然存在着较大的差异。如：罗马教会的管理以主教及其教区为中心，爱尔兰教会的治理则以修道院长及其修道院为中心；在隐修士的发式方面，罗马的修道士剃去头顶的头发，形成环状发型，以模仿基督的荆棘头冠，爱尔兰的修道士则在两耳之间剃出一条很宽的带状等。不过，在这些表面的差异之外，事实上存在着更深刻的精神层面的差异：罗马教会强调纪律和秩序、财富与权力，爱

---

① 〔英〕比德：《英吉利教会史》，第一卷第 30 章。
② C. J. Godfrey. *The Church in Anglo-Saxon England*, p. 78.
③ *Selected Epistles of Gregory the Great*. James Barmby（ed.），Massachusetts: Hendrickson Publishers, 1994, p. 88.
④ 〔英〕比德：《英吉利教会史》，第一卷第 27 章。

尔兰教会则推崇极端苦行的生活方式等。① 最终，双方在推算复活节日期这一问题上决裂，并直接引发了著名的惠特比宗教会议的召开。

（一）复活节难题

在推算纪念耶稣受难后复活的复活节日期这一问题上，整个欧洲曾进行过广泛的讨论。2 世纪 50 年代中期，士麦那（Smyrna）主教波利卡普（Polycarp）造访罗马，他与负责罗马教会事务的安尼塞图（Anicetus）在这一问题上意见不一致，但双方仍友好地分手，各自遵从自己的习惯。但到 2 世纪末，围绕这一问题的争论越来越尖锐。教皇维克多（Victor）曾向罗马城外的所有教会发出命令，要求它们按罗马教会的习惯守复活节，并将拒不服从者如以弗所主教波利克勒蒂斯（Policrates）等革除教籍，但这种高压手段引发了里昂的伊里奈乌（Irenaeus of Lyons）等人的强烈抗议。② 后来，出席阿尔勒宗教会议的各地教会代表在信中向罗马主教西尔维斯特一世（Sylvester Ⅰ）询问应如何决定复活节的日期，"好让全世界所有的教会在同一天同一时间来进行纪念"③。325 年的尼西亚（Nicaea）公会议规定，复活节为每年春分后月圆的第一个周日。但由于东西部教会采用不同的推算方法，④ 春分被定在了不同的日期：罗马教会采用一个以 84 年为循环的计算表，将春分定在 3 月 18 日；亚历山大教会则采用在 3 世纪中叶发明的以 19 年为一个循环的计算表，将春分定为 3 月 21 日。5 世纪初，亚历山大的西里尔（Cyril of Alexandria）改进了以 19 年为周期的计算表，罗马和高卢继续采用以 84 年为循环的计算表，但将春分日调整为 3 月 25 日。高卢和罗马教会在 457 年接受了一套新的以 532 年（19×28）为周期的计算表，它是以西里尔改进后的计算表为基础设计出来的。到 525 年，该计算表被进一步完善，被奥古斯丁带到肯特的就是该计算表，它将春分日

---

① 〔美〕克莱顿·罗伯茨、戴维·罗伯茨、道格拉斯·R. 比松：《英国史》（上），第 45 页。
② 〔美〕威利斯顿·沃尔克：《基督教会史》，孙善玲、段琦、朱代强译，中国社会科学出版社，1991，第 75 页；〔英〕埃蒙·达菲：《圣徒与罪人：一部教宗史》，龙秀清译，商务印书馆，2018，第 26 页。
③ 〔美〕泰德·奥尔森：《活着的殉道者：凯尔特人的世界》，第 40 页。
④ 推算方法的不同源自一个太阳年与 12 个月亮月之间的差异，由于地球每绕太阳一圈约需 12.3683 个月，为了达到二者的平衡，古人每隔一定的时间就会加上一个月。参见〔美〕泰德·奥尔森《活着的殉道者：凯尔特人的世界》，第 166 页。

定为 3 月 21 日。但不列颠和爱尔兰教会继续使用以 84 年为一个周期、将春分定在 3 月 25 日的计算表，它可能是帕拉狄乌斯在 431 年左右引入的，在他之后的帕特里克也沿用了这套计算法则。7 世纪初，在欧洲大陆传教的爱尔兰修道士科伦巴写信给教皇大格雷戈里，捍卫计算复活节日期的该爱尔兰算法。①

（二）惠特比宗教会议

如前所述，在使盎格鲁-撒克逊人改信基督教的过程中，除了那些致力于在不列颠岛南方传教的意大利人、法兰克人，还有在不列颠岛北方传教的爱尔兰人。到惠特比会议召开前夕，接受爱尔兰教会指导的英格兰北部教会仍在使用罗马和高卢在 2 个世纪前就已抛弃的以 84 年为一个周期的计算表，英格兰南部教会则采用以 19 年为一个周期的历法，这"导致许多人的不安和忧虑，唯恐自己现在或以前徒然奔跑，空有基督教徒的虚名"②。关于复活节日期的争论不仅消耗了那些原本用于推进尚未完成的皈依工作的传教者的精力，而且，更危险的是，它可能会使英格兰教会因此分裂成两个截然不同的宗教团体，"很显然，到 7 世纪中叶，爱尔兰和罗马这两种不同形式的基督教已在争夺盎格鲁-撒克逊人的精神忠诚"③。

在诺森伯里亚国王奥斯威的家中，复活节日期方面的分歧更是引发了更多实际生活上的冲突：奥斯威早年曾在苏格兰流亡，并在苏格兰人的影响下受洗，他认为苏格兰人所遵循的做法是再完美不过的。因此，他遵守这种因历史悠久而更加神圣庄严但少一分准确的复活节日期推算传统，但他的王后伊恩弗莱德（Eanflaed）是肯特公主，因此她和她的随从按罗马传统来守复活节。"因此据说，"比德写道，"当时出现了一年两次守复活节的事。当国王已经停止守斋，开始庆祝主的复活节时，王后和她的随从却仍在守斋和守棕枝主日"④。

奥斯威国王决心彻底解决这一问题。664 年，他召集双方代表在德伊

---

① 〔英〕玛里琳·邓恩：《修道主义的兴起》，第 194 页。
② 〔英〕比德：《英吉利教会史》，第三卷第 25 章。
③ C. J. Godfrey. *The Church in Anglo-Saxon England*, p. 112.
④ 〔英〕比德：《英吉利教会史》，第三卷第 25 章。

勒的惠特比①修道院开会。在听取了双方的发言和讨论后，奥斯威以"天国的钥匙掌握在使徒彼得的手中"为由，果断地放弃了爱尔兰传统，持罗马传统的基督教大获全胜。

惠特比会议"是一个转折点，现在英格兰各王国的教会可以在一个大主教之下联合起来成为一支团结的力量了"②。比德记载说，会议结束后，教会及其神职人员在英格兰受到极大的尊重，"不管教士或修士走到哪里，人们都会象欢迎天主的仆人那样高兴地欢迎他；不管他到哪里去，人们都会跑到他面前，向他下跪，高兴地让他给划十字或予以口头祝福；同时，他们还会热心聆听他的教诲。此外，到了主日，人们总是急切地成群结队地到教堂或修道院去，为的是聆听《圣经》，而不是饱食一餐。如果有神父偶然外出到了乡村里，村民们就会立即汇集到他的身边，坐下来请他宣讲生命的福音"③。

三 盎格鲁-撒克逊教会的组织结构

经过不断的改革和调整，到 1066 年诺曼征服前，英格兰已形成了 17 个以城市为中心的主教管区，它们分属于坎特伯雷和约克两个大主教区。此外，还有遍布各地的数以千计的乡村教堂，它们主要负责为广大的乡村地区提供教牧关怀。

（一）大主教区

大主教区也称"教省"（province）。罗马人征服不列颠以后，曾依照距离罗马的远近将它划分为上不列颠省和下不列颠省，坎特伯雷大主教区的范围大体相当于上不列颠省，约克大主教区的范围相当于下不列颠省，"教省"的名称即来源于此。④ 到 8 世纪 30 年代中期，以坎特伯雷和约克为中心的两个大主教区正式建立，将英格兰分割为南北两部分的亨伯河和里布尔河（Ribble）也是这两个大主教区的自然分界线。

大主教的职责主要包括：对辖区内的其他主教执行审判和惩戒，听取

---

① 在维京人入侵之前，它被称作斯特力安肖可（Streanaeshalch）。
② 〔英〕肯尼思·O. 摩根：《牛津英国通史》，第 78 页。
③ 〔英〕比德：《英吉利教会史》，第三卷第 26 章。
④ 刘城：《英国中世纪教会研究》，首都师范大学出版社，1996，第 15 页。

来自主教法庭的上诉，为辖区内新当选的主教主持圣职授任仪式，定期召开宗教会议以处理大主教管区内的各种宗教问题等，但大主教不能对其他主教辖区的内部事务有效地进行控制。

1. 坎特伯雷大主教区

坎特伯雷是罗马-不列颠时期建成的一座城镇，很可能在 4 世纪的时候就已经有基督教徒在这里生活了，考古人员在其西城墙外发现的一处 6 世纪初的银器窖藏展示了城内一些基督教居民的财富。[①] 尽管如此，"就我们目前所知，坎特伯雷成为盎格鲁-撒克逊英格兰的第一个主教管区似乎很少归功于它的罗马过去或被那里的不列颠后裔居民保存下来的任何基督教传统，相反，它是 6 世纪末英格兰特殊环境的产物"[②]。这里提及的"特殊环境"主要包括：首先，在盎格鲁-撒克逊王国中，以坎特伯雷为王都的肯特是最早接触基督教的。肯特与欧洲大陆上的法兰克王室联系甚密，埃塞尔伯特国王的父亲的法兰克名字厄尔曼纳里克（Eormenric）就体现了这一点。另外，比德和都尔主教格雷戈里均记载说，埃塞尔伯特娶了法兰克一个叫贝尔塔（Bertha）的公主为妻，她是法兰克国王卡里贝尔特（Charibert）与英戈贝尔格（Ingoberg）的女儿。[③]在嫁入肯特王室之前，贝尔塔已是一位基督徒，且与她一同前往的还有一个叫刘德哈德（Liudhard）的主教。他们使用坎特伯雷城东那座建于罗马-不列颠时代的圣马丁教堂，考古人员在该教堂旧址发掘出了一枚刻有"主教，刘德哈德"（LEU. DARDUS EPS）字样的金质纪念章。[④] 作为一位基督徒王后，贝尔塔可能为奥古斯丁等人的到来以及埃塞尔伯特国王皈依基督教做了一些准备。在基督教历史上，不乏通过联姻使异教徒受洗的例

---

① C. M. Johns and T. W. Potter, "The Canterbury Late Roman Treasure," *Antiquaries Journal* (65), 1985, pp. 312–352. 关于坎特伯雷的其他基督教残存，参见 Nicholas Brooks, "The Ecclesiastical Topography of Early Medieval Canterbury," *European Towns: Their Archaeology and Early History*. M. W. Barley (ed.), London: Academic Press, 1977, pp. 487–498; C. Thomas. *Christianity in Roman Britain to AD 500*. London: B. T. Batsford Ltd., 1981, pp. 170–174, 183–184。

② Nicholas Brooks, "The Cathedral Community at Canterbury, 597–1070," *Anglo-Saxon Myths: State and Church, 400–1066*. Nicholas Brooks (ed.), London and Rio Grande: The Hambledom Press, 2000, pp. 101–154, at p. 101.

③ 〔英〕比德：《英吉利教会史》，第一卷第 25 章；〔法兰克〕都尔教会主教格雷戈里：《法兰克人史》，第四章第 26 节。

④ M. Werner, "The Liudhardmedalet," *Anglo-Saxon England* (20), 1992, pp. 27–41.

子。例如，信奉正统基督教的巴伐利亚公主西奥德琳达（Theodelinda）与伦巴第国王间的联姻①就被看作是"引导伦巴第人完全放弃阿里乌斯派信仰的第一步"②。

其次，肯特是当时盎格鲁-撒克逊诸王国中最强大的一个，它的国王埃塞尔伯特"统辖着亨伯河以南所有英吉利各部族"③，这为基督教向那些受他影响的王国的扩张提供了光明的前景。最后，教皇大格雷戈里关于以伦敦和约克为中心建立南北两个大主教区的建议④在当时无法付诸实施。伦敦是与肯特以泰晤士河为界的埃塞克斯王国的主要城市，它的国王萨伯特（Sabert）是埃塞尔伯特国王的外甥，虽然他在后者的影响下皈依了基督教，并在伦敦建造了圣保罗教堂，但异教在他去世后很快"死灰复燃"。而且，比德的教会史作品表明，相较于其他盎格鲁-撒克逊王国，东撒克逊人皈依基督教的过程更为复杂，基督教在埃塞克斯似乎遇到了异教势力的激烈抵抗。混合了某个异教神祇名字的地名被认为是研究盎格鲁-撒克逊异教信仰的一种有用的信息来源。有学者指出，这类地名的出现频率与盎格鲁-撒克逊异教力量的强弱存在一定的联系。⑤ 据统计，在英格兰东部、南部以及中部地区，至少有 50 个与盎格鲁-撒克逊人早期的异教崇拜相关的地名，它们的出现不会晚于 7 世纪中期。⑥ 其中多数位于东撒克逊人的领地内，而比德笔下异教势力抵抗最为强烈的地方正好是埃塞克斯。相反，没有一个被证实的异教地名出现在东盎格利亚，基督教会在那里的建立过程颇为顺利。同样，在基督教颇受欢迎的诺森伯里亚，也没有从那里的地名中发现异教信仰的证据。可能鉴于东撒克逊人比其邻居们更坚定地信奉自己的传统神祇，奥古斯丁没有贸然将自己的大主教座堂从坎特伯雷转移至伦敦，他的继任者劳伦斯（Laurence）、梅利图斯（Mellitus）、贾斯图斯（Justus）以及霍诺留斯（Honorius）也都选择留在坎特伯雷，这进一步巩固了它作为英格兰南部教会

---

① 〔美〕威利斯顿·沃尔克：《基督教会史》，第 221 页。
② 〔英〕埃蒙·达菲：《圣徒与罪人：一部教宗史》，第 91 页。
③ 〔英〕比德：《英吉利教会史》，第二卷第 5 章。
④ 同上，第一卷第 12 章。
⑤ F. M. Stenton. *Anglo-Saxon England*, p. 102.
⑥ Henry Mayr-Harting. *The Coming of Christianity to Anglo-Saxon England*, p. 24.

的中心的地位。

不过，在奥古斯丁在世及其去世后很长一段时间内，除了东盎格利亚教会，坎特伯雷大主教未能对其他盎格鲁-撒克逊王国的教会建立起有效的权威。比德记载说，塔苏斯的西奥多（Theodore of Tarsus）是第一位为整个英格兰教会所承认和服从的坎特伯雷大主教[1]，他的继承人布里特沃尔德（Brihtwold）则被其同时代人称作"整个不列颠教会的大主教"[2]，伦敦主教威尔德希尔（Wealdhere）在信中向布里特沃尔德大主教保证："我选择你所选择的、拒绝你所拒绝的，并在所有事情上与你持同样的立场。"[3] 恐怕难以找到比这更清晰的主动表明其从属于大主教的声明了。

2. 约克大主教区

早在爱德文统治时期，基督教就已正式传入英格兰北部地区。比德记载说，肯特国王埃德博尔德（Eadbald）答应了诺森伯里亚国王爱德文向自己的姐妹埃塞尔伯格（Æthelburh，又名塔塔）的求婚，并在 625 年 7 月 20 日将一个叫波莱纳斯（Paulinus）的罗马传教团成员按立为主教，让他随埃塞尔伯格一起前往诺森伯里亚。经过波莱纳斯的不断努力，627 年复活节（4 月 12 日），爱德文国王及其王国所有其他权贵在约克的圣彼得教堂一起受洗。在伯尼西亚，波莱纳斯连续 36 天在格伦代尔（Glendale）一座叫叶维林（Reverin）的王室庄园为那些从各地、各村蜂拥而至的百姓讲解福音，并用鲍蒙特河（Bowmont Water）里的水为他们施洗。在德伊勒，波莱纳斯用斯韦尔河里的水为人们施洗，并在一个叫坎波杜南（Camodonum）的王室庄园建造教堂（该教堂后来被杀害爱德文国王的麦西亚异教徒烧毁，但它的圣坛保存了下来）等。在当时受爱德文管辖的林齐地区，波莱纳斯首先使林肯的地方长官布莱卡（Blaecca）及其家人皈依了基督教，并在该城用石头建造了教堂。[4]

---

[1] 〔英〕比德：《英吉利教会史》，第四卷第 2 章。

[2] *English Historical Documents, 500–1042*. D. Whitelock（ed. and trans.），no. 31, pp. 396–398, at p. 396.

[3] Ibid, no. 164, pp. 792–793, at p. 792; *Councils and Ecclesiastical Documents Relating to Great Britain and Ireland* Ⅲ. A. W. Haddon and W. Stubbs（eds.），Oxford: Oxford University Press, 1878, pp. 274–275.

[4] 〔英〕比德：《英吉利教会史》，第二卷第 14、16 章。

但好景不长，633 年 10 月 12 日，爱德文在一个叫希思菲尔德（Hatfield）的地方被威尔士格威尼德（Gwynedd）国王卡德瓦龙（Cadwallon）和麦西亚国王彭达的联军杀死。爱德文国王的死给诺森伯里亚教会带来了灾难性的后果，许多教会人士被杀，波莱纳斯被迫带着王后埃塞尔伯格等逃回肯特，仅留下一名叫詹姆斯（James）的助祭在那里继续从事传教、洗礼工作，并教授具有罗马和肯特风格的教堂音乐。[①] 伊恩弗里德（Eanfrith）和奥斯里克（Osric）随后共治诺森伯里亚，虽然前者此前通过聆听波莱纳斯的传教已皈依了基督教，后者接受爱尔兰人的教导也受了洗，但他们继位后"再度拜倒在原先的邪恶的旧偶像面前，使自己陷入污秽和迷惘之中"[②]。直到奥斯瓦尔德统治时期（634—642 年），由于艾丹等爱尔兰传教士的努力，诺森伯里亚人才最终皈依基督教。735 年，罗马教皇格雷戈里三世（Gregory Ⅲ）派人给约克主教埃格伯特送来了一条象征大主教权威的白色羊毛披肩（pailium），约克大主教区正式建立，但此时距离教皇大格雷戈里最初的设想已经过去了一个多世纪。

理论上，坎特伯雷大主教和约克大主教是相互独立的，地位上也是平等的。教皇洪诺留一世在 634 年做出的安排[③]——如果他们中的一人去世了，另一人应任命一个主教来接替他——得到了忠实的遵守，且在《邓斯坦主教仪典书》（Dunstan Pontifical）及随后的主教仪典书中，大主教的祝圣规程都引用了洪诺留教皇的这封信。

尽管如此，在事实上，坎特伯雷大主教是英格兰教会公认的最高领袖。在存世的特许状后面的证人名单（witness-list）中，坎特伯雷大主教的名字通常列于教会人士之首，显然是"除王族之外的国王的第一臣民"[④]。在英格兰国王召集的各种会议中，坎特伯雷大主教几乎总是占先一着，即使个别约克大主教要年长或比他先获得大主教任命。

《末日审判书》中的数据表明，在诺曼征服前，坎特伯雷大主教所在的基督教堂持有约 900 海德地产，价值约 1330 镑，是英格兰各主教座堂中

---

① 〔英〕比德：《英吉利教会史》，第二卷第 20 章。
② 同上，第三卷第 1 章。
③ 同上，第二卷第 17 章。
④ Charles Petit-Dutaillis. *The Feudal Monarchy in France and England.* London: Routledge, 1996, p. 11.

最富有的。[1] 而且，从留存下来的相关特许状来看，其中半数以上地产是在 10 世纪之前取得的，这表明，该大主教座堂在整个盎格鲁-撒克逊时期持续受到了捐助。受早期宗教会议制定的关于反对主教介入其他教区事务的教规[2]的影响，大部分主教座堂持有的财产似乎仅限于其辖区内，但坎特伯雷的基督教堂在萨里、米德尔塞克斯和牛津等地也持有不动产，尽管它的大部分地产位于肯特王国内。[3] 据统计，由坎特伯雷的基督教堂持有的不动产所形成的 89 个庄园遍布英格兰 8 个郡，它们从最西的纽灵顿（Newington），到最北的蒙克斯的埃利（Monks' Eleigh）。[4] 除了国王，世俗贵族从地位最低的塞恩到最高的伯爵也慷慨赐地给坎特伯雷，它们分布在萨福克、苏塞克斯、埃塞克斯和萨里。[5] 在 10 世纪和 11 世纪，坎特伯雷至少收到过 9 次来自平信徒的土地遗赠和授与，它们分布在肯特、萨福克、埃塞克斯和萨里。[6] 由平信徒捐献的土地的总价值约为 130 镑，约占大主教座堂在 1066 年时持有的地产价值总额的 10%。此外，在大主教奥达（Oda）任内（941—958 年），塞尔西主教将帕格姆（Pagham）和唐米尔（Tangmere）的两块地赠给坎特伯雷的基督教堂，以报答奥达帮助自己恢复那些被转让出去的土地。[7] 在《末日审判书》中，坎特伯雷的基督教堂在其教区范围外持有的财产的价值约占它财产总额的 25%[8]，这是非同寻

---

[1] Mary Frances Giandrea. *Episcopal Culture in Late Anglo-Saxon England*, p. 126. 这可能还是一个保守数字，因为它未包括那些在诺曼征服前已以各种方式转让给伯爵们及其家族的不动产，例如，哈洛（Harrow）曾是坎特伯雷的基督教堂的一处古老的财产，但它在诺曼征服前已被利奥夫温（Leofwine）伯爵持有。

[2] 如 673 年赫特福德宗教大会制定的第二条教规以及 816 年切尔西宗教大会制定的第 5 条和第 11 条教规（Catherine Cubitt. *Anglo-Saxon Church Councils, 650-850*. Leicester: Leicester University Press, 1995, p. 193 and n. 6）。

[3] Nicholas Brooks. *The Early History of the Church of Canterbury: Christ Church from 597 to 1066*, pp. 105-107, 124-156, 220-221; *Anglo-Saxon Charters: An Annotated List and Bibliography*. P. H. Sawyer (ed.), nos. 477, 515, 1229 and 1641.

[4] Nicholas Brooks. *The Early History of the Church of Canterbury: Christ Church from 597 to 1066*, p. 103.

[5] *Anglo-Saxon Charters: An Annotated List and Bibliography*. P. H. Sawyer (ed.), nos. 1483, 1486, 1631, 1501, 1535, 1222, 1647.

[6] *Anglo-Saxon Charters: An Annotated List and Bibliography*. P. H. Sawyer (ed.), nos. 1511 and 1506.

[7] Nicholas Brooks. *The Early History of the Church of Canterbury: Christ Church from 597 to 1066*, pp. 241-243.

[8] Mary Frances Giandrea. *Episcopal Culture in Late Anglo-Saxon England*, p. 130.

常的，但也使它具有更大范围的影响力。

另外，受坎特伯雷大主教管辖的主教人数也远超过约克大主教。教皇大格雷戈里曾建议在英格兰北部也任命 12 名主教，并由约克大主教统一管辖，但这一计划从未被付诸实施。事实上，在维京人入侵之前，只有赫克瑟姆、林迪斯凡恩和怀特霍恩 3 个教区的主教受约克大主教管辖。而且，由于维京人的破坏，自 10 世纪和 11 世纪早期起一直到诺曼征服前，只剩下从林迪斯凡恩岛转移至达勒姆的主教受约克大主教管辖。

（二）主教区

起初，除了肯特，其他盎格鲁-撒克逊王国都只有一名主教，主教的管辖范围与国王的统治范围基本重合，并经常随王国疆域的变动而变化。坎特伯雷大主教塔苏斯的西奥多"是第一个对英格兰基督教会进行大规模改组的伟大组织者"[1]。他灵活利用各种有利时机，帮助英格兰初步建立起了一种地理上的主教辖区：在东盎格利亚，设邓尼奇（Dunwich）和埃尔默姆（Elmham）两个教区，分管诺福克和萨福克；在英格兰中部设利奇菲尔德、伍斯特、赫里福德 3 个主教区，并为中英吉利人（the Middle Angles）创建了一个主教区，即莱斯特，尽管直到 737 年它才固定下来；将诺森伯里亚分成约克、林迪斯凡恩、赫克瑟姆 3 个教区，并为林齐单独任命了一位主教。不过，西奥多做出的其他安排——为皮克特人指定一名主教、在泰晤士河畔的多切斯特安排一名麦西亚主教、在里彭修道院临时安排一位主教等——只取得了暂时的成功。

西奥多的继承人布里特沃尔德大主教继续推进英格兰教区组织改革。他在温切斯特主教赫迪（Hedde）去世（705 年）后，以塞尔伍德（Selwood）森林为界，将威塞克斯王国划分为温切斯特和舍伯恩（Sherborn）两个教区。前者包括汉普郡、伯克郡、威尔特郡的大部分以及萨里；多塞特和威尔特郡的一部分，以及刚被征服的萨默塞特、德文的部分地区则归舍伯恩主教管辖。起初，苏塞克斯由温切斯特主教兼理，但布里特沃尔德在 709 年将埃德伯特（Eadbert）按立为主教，以塞尔西为中心，南撒克逊人终于有了自己的主教。此外，到 730 年，怀特霍恩教区也得到了恢复，

---

[1] H. R. Loyn. *The Governance of Anglo-Saxon England, 500 – 1087*. London: Edward Arnold Ltd., 1984 p. 56.

它成为在 735 年正式建立的约克大主教区的第三个副主教区，且梅奥（Mayo）的盎格鲁-撒克逊主教们也视自己为约克大主教的副主教（suffragans）①。

这样，经过西奥多和布里特沃尔德的努力，到 8 世纪中期，英格兰已形成了 17 个主教管区。其中，泰晤士河以南 5 个，即坎特伯雷、罗切斯特、塞尔西、温切斯特和舍伯恩；中部 8 个，即伦敦、邓尼奇、埃尔默姆、利奇菲尔德、林齐、赫里福德、伍斯特和莱斯特；亨伯河以北 4 个，即约克、赫克瑟姆、林迪斯凡恩和怀特霍恩。②

但后来，由于维京人的劫掠及定居，英格兰的教区组织遭到了严重的破坏。到 10 世纪，莱斯特教区已不复存在，它的教会事务由多切斯特主教兼管。林齐教区的事务起初偶尔也由多切斯特主教兼管，到 11 世纪初，它被彻底并入了多切斯特教区。特许状资料显示，邓尼奇和埃尔默姆这两个主教区在很长一段时间里处于无人管理的状态，之后，萨福克地区的属灵事务似乎被交由伦敦主教西尤德（Theodred）兼管，他将主教座堂设在了霍克森（Hoxne），③ 但我们尚不能确定诺福克地区是否也是由他负责。不过，从 955 年起，在文献资料中重新出现了埃尔默姆主教的名字，他们掌管整个东盎格利亚地区，邓尼奇教区则彻底消失了。在亨伯河以北，似乎只有约克教区幸存了下来。在林迪斯凡恩修道院于 793 年被袭后，林迪斯凡恩主教及其同伴从岛上撤离，999 年，几经辗转后，他们最终在达勒姆安定了下来。赫克瑟姆和怀特霍恩这两个教区则消失不见了。

与此同时，威塞克斯王国的教区在 10 世纪初被再次重组。在德内伍尔夫（Denewulf）主教于 908 年去世后，温切斯特教区被一分为二，新设包括威尔特郡和伯克郡的拉姆斯伯里（Ramsbury）教区，温切斯特主教则仅负责汉普郡和萨里。在阿塞尔主教于 909 年去世后，舍伯恩教区则被一分为三，新设威尔斯（Wells）教区，管理萨默塞特；新设克雷迪顿教区管理德文和康沃尔，舍伯恩主教则只管辖多塞特。④ 埃塞尔斯坦统治时期，新

---

① *English Historical Documents, 500–1042.* D. Whitelock（ed. and trans.），no. 191.

② H. R. Loyn. *The Governance of Anglo-Saxon England, 500–1087*, p. 58.

③ *English Historical Documents, 500–1042.* D. Whitelock（ed. and trans.），no. 106.

④ Nicholas Brooks. *The Early History of the Church of Canterbury: Christ Church from 597 to 1066*, pp. 208, 211.

立了一个教区，单独负责康沃尔，它的主教座堂从 994 年起设在圣日耳曼
(St Germans)。1050 年，负责德文的主教区中心从克雷迪顿转移至埃克
塞特。

因此，到诺曼征服前，经过不断建制和重组，英格兰共形成了 17 个主
教区，即坎特伯雷、罗切斯特、伦敦、温切斯特、拉姆斯伯里、舍伯恩、
威尔斯、埃克塞特、圣日耳曼、塞尔西、赫里福德、伍斯特、利奇菲尔
德、多切斯特、埃尔默姆、约克、达勒姆。

（三）堂区

堂区（parish）在基督教组织体系中地位最低，其形成较缓慢，大致
与基督教在乡村的传播同步。罗马的政治建制以城市为基础，周围农村依
附于城市，"罗马征服世界的历史是征服和建立大量城市的历史"[①]。基督
教教会组织也按同一方式建立。因此，起初，乡村地区的属灵事务依赖于
城市主教及其派出的流动布道者。

值得注意的是，现在被普遍用来描述主教的管辖范围的"教区"（dio-
cese）一词在教会历史中出现得较晚，它借用了罗马帝国后期行政管理的
术语。相反，"堂区"（*parochia*，即 parish）一词的使用要更早，它表示一
个地方性的基督教共同体，在教会历史的最初两三百年间，这种共同体通
常是在一座城市中并由该城市的主教主持。在 7 世纪的英格兰，主教的管
辖范围仍被称作"他的堂区"。当西奥多大主教在 679 年将麦西亚划分为
伍斯特、利奇菲尔德、莱斯特、林齐和多切斯特 5 个主教区时，它们仍被
称为"堂区"。

堂区与"私人教堂制度"的兴起，即乡村贵族在其领地内创办私人教
堂或在其宅邸内设立小教堂的习俗密切相关。英格兰堂区的早期历史鲜为
人知。但比德在其教会史作品中告诉我们，约克主教贝弗利的圣约翰（St
John of Baverley）应邀为诺森伯里亚两位贵族的教堂举行了献堂仪式。[②] 另
外，比德在 734 年写信给约克主教埃格伯特，说后者的教区范围太广并建
议他任命一些神父以帮助自己宣讲《圣经》和举行神圣的洗礼式，使《使
徒信经》和《主祷文》所阐明的普世信仰能够在埃格伯特所管辖的人们的

---

① 〔法〕基佐:《欧洲文明史》，程洪逵、沅芷译，商务印书馆，2009，第 29 页。
② 〔英〕比德:《英吉利教会史》，第五卷第 4、5 章。

记忆中深深扎下根。① 有学者指出，比德在这里似乎在向我们暗示，在诺森伯里亚乡村那些较大的人口中心的确建有教堂。② 这些记载表明，英格兰贵族在自己的地产上建造教堂的做法从 8 世纪开始就已出现了。

"1700 年存在的半数以上的教区教堂却是 1066 年之前建立的"。③ 据统计，在《末日审判书》中出现的地方性教堂多达 2600 座（实际数字肯定更多），其中以某种形式幸存至今的差不多有 500 座。④ 《末日审判书》也显示，在林肯，有 755 个乡村人口聚居点，共有 245 座教堂；诺福克的人口聚居点为 726 个，教堂数为 217 座；萨福克的人口聚居点为 639 个，教堂数为 345 座；亨廷顿有 83 个人口聚居点，教堂数为 52 座。⑤ 值得注意的是，这些村落的人口密度都比较低。例如，林肯各乡村聚居点的人口总数为 21500 人，因此，每个村庄平均约为 29 人；诺福克约为 35 人，埃塞克斯约为 31 人，萨福克约为 29 人，亨廷顿郡约为 28 人。⑥ 可见，虽然几乎不可能为每一个村庄提供一座教堂和一名牧师，然而，显然到 11 世纪末英格兰乡村已有大量教堂，它们为占人口绝大多数的乡村居民提供宗教服务。因此，"到 12 世纪，（堂区）体制已是既定事实"⑦。

建造教堂的热潮是土地所有者追求更高社会地位的一种副产品，因为拥有一座教堂是其社会地位的一项重要标志，"事实上，乡村教堂对晚期撒克逊人来说，既是其地位所必需的，又是其资产必不可少的部分。如同他的地产、宫殿、战斗武器一样，教堂也是其装备的必要成分"⑧。埃塞尔斯坦国王坚称，一个人从普通自由民刻尔（ceorl）上升为贵族塞恩（thegn），除了需要持有 4 海德地产，还需要拥有一座教堂。1010 年前后，约克大主教伍尔夫斯坦（Wulfstan）在其著作的结尾提到了塞恩身份的一

---

① *Councils and Ecclesiastical Documents Relating to Great Britain and Ireland* Ⅲ . A. W. Haddon and W. Stubbs (eds.), p. 316; *English Historical Documents, 500 - 1042.* D. Whitelock (ed. and trans.), p. 737.

② C. J. Godfrey. *The Church in Anglo-Saxon England*, p. 314.

③ 〔英〕肯尼思・O. 摩根：《牛津英国通史》，第 112 页。

④ Julian D. Richards. *Viking Age England*, p. 175.

⑤ 转引自 C. J. Godfrey. *The Church in Anglo-Saxon England*, pp. 321-323。

⑥ 转引自 C. J. Godfrey. *The Church in Anglo-Saxon England*, p. 322。

⑦ C. J. Godfrey. *The Church in Anglo-Saxon England*, p. 310.

⑧ Kenneth Hylson Smith. *Christianity in England from Roman Times to the Reformation: From Roman Times to 1066.* London: SCM Canterbury Press Ltd. , 2001, pp. 275-276.

般标准："如果一个底层自由民发了财，拥有了足足 5 海德的土地、一个教堂、一个厨房，一座钟加上一处要塞隘口，另外在国王宫殿里占有一席之位和特别的办公室，这样他就会被称为塞恩。"① 教堂也是一种收入来源。埃德加国王的法令规定，在自己的地产上建造教堂的贵族有权得到一部分什一税（tithe），但前提是它们提供墓地。②

---

①　转引自〔英〕肯尼思·O. 摩根《牛津英国通史》，第 112 页。

②　*English Historical Documents, 500-1042.* D. Whitelock（ed. and trans.），no. 40, 1-2. 2.

第二章

盎格鲁-撒克逊王权与基督教在英格兰的传播和发展

在盎格鲁-撒克逊人皈依基督教的过程中，王权是主要的推动力量，"无论国王基于何种目的支持和推动基督教的传播、壮大，在后罗马时代，日耳曼王权始终是教会发展的主要支撑"[①]。盎格鲁-撒克逊国王通常也将教会视作王国不可或缺的支柱之一，他们不仅处理政治事务，也干涉教会高级教职的任免，并经常召集各地主教等神职人员在一起开会，对教会事务施加了强大的影响。

第一节　王权与盎格鲁-撒克逊人的皈化

比德的记述清楚地表明，在盎格鲁-撒克逊人从异教转向基督教的过程中，"国王和主要首领们的态度是决定性的因素"[②]。不仅如此，皈依基督教后，盎格鲁-撒克逊国王也会利用王室之间的联姻、自身的军事霸权等途径向其他王国输出新宗教。

一　带领臣民自上而下地皈依基督教

在日耳曼人社会中，国王不仅率领民众在战场上作战，其在宗教领域

[①] 徐晨超：《国王在英法早期改宗基督教中的作用比较》，《绍兴文理学院学报》2012 年第 6 期。

[②] 〔法〕马克·布洛赫：《封建社会》，张绪山译，商务印书馆，2009，第 85 页。

也占据重要的位置，"国王的神就是他的人民的神"①。在皈依基督教的过程中，国王既是决策者，也是推动者，"宗教仍然是而且长期是国王按政策或信仰来决定而人民追随其后的事情"②。

正是基于日耳曼国王对其民众宗教信仰的影响力，无论是以奥古斯丁为首的罗马传教团，还是以艾丹为代表的爱尔兰传教士，最先都是在盎格鲁-撒克逊各宫廷内取得立足点，"王室家族一直是传教活动的首要对象，而且王宫是整个英格兰得以皈依的中心"③。即，盎格鲁-撒克逊人对基督教的皈依是一个自上而下的过程。以第一个皈依基督教的肯特王国为例。比德记载说，它的国王埃塞尔伯特受洗④后，"越来越多的人就竞相来听福音，他们放弃了他们的同胞的礼仪，信了天主"⑤。教皇大格雷戈里在598年7月写信给亚历山大主教尤洛基乌斯（Eulogius）说，到597年圣诞节，已有1万多盎格鲁-撒克逊人接受了洗礼。⑥ 另外，在北方的诺森伯里亚王国，大规模的受洗也发生在爱德文国王皈依基督教（627年4月12日）之后。⑦ 其他盎格鲁-撒克逊王国转信基督教的过程与此大致类似，即以国王为首的王室首先皈依，效忠于国王的贵族紧随其后，然后传教士开始向普通民众布道。

---

① William A. Chaney. *The Cult of Kingship in Anglo-Saxon England: The Transition from Paganism to Christianity*. Manchester: Manchester University Press, 1970, p. 2.

② 〔英〕阿·莱·莫尔顿：《人民的英国史》（上），谢琏造、瞿菊农、李稼年、黎世清译，生活·读书·新知三联书店，1976，第47页。

③ 〔英〕克里斯托弗·道森：《宗教与西方文化的兴起》，第75页。

④ 关于埃塞尔伯特国王受洗的时间，学界仍有较大的争议。在记述埃塞尔伯特去世（616年2月24日）时，比德指出，这"是奥古斯丁及其随从被派到英格兰传教后的第21年"，"从他接受基督教起到去世，整整21年"，照此推算，奥古斯丁等人到达不列颠的时间和埃塞尔伯特接受洗礼的时间都为595年。但事实上，奥古斯丁一行是在596年春天才从罗马出发前往不列颠。有学者认为埃塞尔伯特受洗发生在601年复活节（参见 Margaret Deanesly. *The Pre-Conquest Church in England*，p. 49），但更多的学者倾向于将其受洗定于597—601年（参见 D. P. Kirby. *Earliest English Kings*. London and New York：Routledge，2000，p. 28；Marilyn Dunn. *The Christianization of the Anglo-Saxons，597－700：Discourses of Life，Death and Afterlife*. London and New York：Hambledon Continuum Press，2009，p. 55）。

⑤ 〔英〕比德：《英吉利教会史》，第一卷第26章。

⑥ *English Historical Documents, 500–1042*. D. Whitelock (ed. and trans.), no. 163; *Councils and Ecclesiastical Documents Relating to Great Britain and Ireland* Ⅲ. A. W. Haddon and W. Stubbs (eds.), p. 12.

⑦ 〔英〕比德：《英吉利教会史》，第二卷第14章。

当罗马传教团于 6 世纪末抵达英格兰时，盎格鲁-撒克逊人的军事首领正向国王转变。与此相适应，他们的宗教信仰也从多神崇拜转向一神崇拜，沃登逐渐成为最受崇拜的异教神祇。关于最高神与政治权力的关系，有学者指出，"从政治的角度而言，最高神的形成反映了专制君主要按照自己的权力和意志来建立统治秩序的愿望和要求，将众神置于自己的支配之下的最高神，也自然成为君主的象征。所以，有关最高神的神话实际是适应专制君主的统治需要的产物"①。显然，相较于供奉众神和在各地设立众多庙宇的异教，基督教的一神论思想更适合正在形成中的盎格鲁-撒克逊王权。另外，基督教关于反对暴力、谴责淫乱、保护婚姻、确定继承权、要求人们顺从现世的命运等理念，也能为定居的农业社会提供一种有用的社会秩序，自然受到盎格鲁-撒克逊国王的欢迎。

客观地讲，这种自上而下的皈依有其自身的问题。由于在洗礼之前没有接受足够的精神指导，许多盎格鲁-撒克逊人在很长一段时间内只是表面上接受了基督教，而并未真正了解它的真谛。比德记载说，麦西亚异教徒国王彭达极端厌恶、鄙视那些"接受了基督教教育而实际上不具备基督教德行的人"②。在比德的教会史作品中，不乏基督教国王去世后异教复辟的记述。例如，肯特国王埃塞尔伯特的儿子埃德博尔德继位初期，他的臣民又回到了异教信仰的怀抱，而他们此前是"或出于对国王（埃塞尔伯特）的爱戴或出于对国王的惧怕而服从（基督教）信仰和贞洁的章法的"③。而且，存世的肯特国王威特雷德（Wihtred）的法令④表明，即便到 7 世纪末，异教活动在肯特王国仍是一种威胁。类似的，埃塞克斯第一位基督徒国王萨伯特去世后，他的继承人及其臣民很快也公开崇拜起了异教的偶像，并驱逐了伦敦主教梅里图斯（Mettitus）。虽然在"良善的"西格伯特（Sigebert 'Sanctus'）国王的带领下，东撒克逊人在 653 年重新接受了基督教，但在 664 年大瘟疫暴发后，西格希尔（Sigehere）国王及其治下的民众再次叛教。⑤ 可见，基督教在盎格鲁-撒克逊人中的传播并非一帆风

① 周光辉：《论公共权力的合法性》，吉林出版集团有限责任公司，2008，第 69 页。
② 〔英〕比德：《英吉利教会史》，第三卷第 21 章。
③ 同上，第二卷第 5 章。
④ *English Historical Documents, 500–1042*. D. Whitelock (ed. and trans.), no. 31.
⑤ 〔英〕比德：《英吉利教会史》，第三卷第 22、30 章。

顺。事实上，"盎格鲁-撒克逊人并没有迅速转变其信仰，尽管有国王皈依基督教的各种良好的政治和文化理由或动机，尽管有一群杰出而圣洁的传教士，国王和大部分贵族改信基督教都几乎花了 90 年的时间，更不用说乡村地区，那里的皈化将需要数个世纪才能完成"①。

比德的叙述也表明，一些盎格鲁-撒克逊国王接受基督教并非因为精神上受到吸引，而是迫于政治压力。最典型的例子是东盎格利亚国王雷德沃尔德。根据比德的记载，他先是在肯特国王埃塞尔伯特的宫中接受了基督教，但回国后，可能是慑于王国内强大的异教势力，他在一座神庙里设了两个祭坛，既向基督献祭，又向异教神祇献祭。② 在据称墓主是雷德沃尔德的萨顿胡 1 号墓中，考古人员发现了大量金银珠宝。真正的基督徒不会这么做，因为在他们心中，人死后躯体毫无价值，因而无须准备后世所用物品，真正的基督徒应将钱财捐给教堂、修道院或穷人，以助自己灵魂得救。威塞克斯第一位基督徒国王基内吉尔斯（Cynegils）的受洗（635 年）也夹杂着较多的政治因素。他委身基督教可能是为了与诺森伯里亚国王奥斯瓦尔德结盟，以共同对付麦西亚那位强大的异教徒国王彭达，基内吉尔斯随后又将自己的女儿③嫁给奥斯瓦尔德，以进一步巩固双方的联盟。基内吉尔斯的儿子琴瓦尔（Coenwalh）转变信仰也是权宜之计。比德记载说，琴瓦尔继位之初拒不接受基督教，他是在东盎格利亚国王安纳（Anna）的宫中寻求庇护期间受洗的，后者是一位虔诚的基督徒国王。但在东盎格利亚人的帮助下复国后，琴瓦尔驱逐了两位主教，导致西撒克逊人在很长一段时间内没有主教。④ 类似的，为了对抗共同的敌人西撒克逊人，苏塞克斯国王埃塞尔沃尔奇（Æthelwealh）选择与麦西亚人合作，他不仅听从麦西亚国王伍尔夫希尔的劝说接受了洗礼，还听从后者的安排娶了一个叫伊巴（Eafe）的惠凯（Hwicce）公主为妻，伍尔夫希尔则将怀特岛和米恩瓦拉斯（Meonware）当作受洗礼物送给他。⑤

无论如何，国王个人的皈依为盎格鲁-撒克逊人开启了一个渐进的基

① Henry Mayr-Harting. *The Coming of Christianity to Anglo-Saxon England*, p. 29.
② 〔英〕比德：《英吉利教会史》，第二卷第 15 章。
③ 她在一份 12 世纪的资料中被称为基内伯（Cyneburh）。
④ 〔英〕比德：《英吉利教会史》，第三卷第 7 章。
⑤ 同上，第四卷第 13 章。

督教化过程。一些盎格鲁-撒克逊国王甚至亲自过问自己臣属的信仰问题。比德记载说，麦西亚国王琴雷德（Cenred）的一位亲兵处理各种事务勤快能干，颇得国王赏识，但他不关注自己的宗教信仰，因此国王经常令他忏悔改过，抛弃放荡的生活。在这位亲兵弥留之际，国王也仍劝他悔过自新。① 而且，有一些盎格鲁-撒克逊国王的确是在听从了教导后皈依基督教的，并对基督教表现出了相当大的虔诚。以东盎格利亚国王"博学的"西格伯特（Sigebert the Learned）为例，比德称他"对基督最虔诚，学问最渊博"②，他早年因遭雷德沃尔德国王驱逐而在法兰西亚（Francia）寻求庇护和受洗，登上王位后，他带领东盎格利亚人皈信了基督教，任命勃艮第人费利克斯（Felix）为首任主教，并帮助他在萨福克的邓尼奇建造了主教座堂。由于向往宗教生活，西格伯特统治3年后就将王国事务全部托付给了自己的亲属埃格里克（Ecgric），自己则削发为僧，过修道院生活。此外，与西格希尔共治埃塞克斯的塞比（Sæbbi）也"非常热心于宗教活动，热心祷告和施舍；他珍重清静的修道院生活，胜过珍重王国里的所有财富和荣耀"，但由于妻子的反对，他在位约30年后才如愿献身宗教成为一名修道士。③

二　向王国以外的地方输出基督教

除了带领自己的臣属自上而下地皈依基督教，一些盎格鲁-撒克逊基督徒国王也利用王室之间的联姻和自身的军事霸权，积极向其他王国输出基督教这种新信仰。

肯特国王埃德博尔德是第一位利用王室联姻帮助基督教向其他王国扩张的国王。通过诺森伯里亚国王爱德文与埃德博尔德的姐妹埃塞尔伯格的婚姻，基督教第一次传入盎格鲁-撒克逊英格兰北部。此外，653年，诺森伯里亚国王奥斯威以接受基督教为条件，同意将女儿阿尔奇弗拉德（Alhflæd）嫁给皮达（Peada），并派了4名神父——切德（Cedd）、阿达（Adda）、贝蒂（Betti）、迪乌马（Diuma）——到皮达治下的中英吉利人

---

① 〔英〕比德：《英吉利教会史》，第五卷第13章。
② 同上，第二卷第15章；第三卷第18章。
③ 同上，第四卷第11章。

中去传教、施洗。

在利用自身军事霸权向其他王国输出基督教方面，肯特国王埃塞尔伯特堪称典型。在记述埃塞尔伯特去世（616 年）时，比德列举了 7 位先后对亨伯河以南所有地区拥有某种形式控制权的超级国王（over-kings），他们分别是苏塞克斯国王埃尔，威塞克斯国王查乌林，肯特国王埃塞尔伯特，东盎格利亚国王雷德沃尔德，以及诺森伯里亚国王爱德文、奥斯瓦尔德和奥斯威。[①] 可能是基于"国家事务依赖于恒久的武力，……教会领袖依赖于称霸整个或大部分英格兰的国王强有力的支持"的考虑，[②] 教皇大格雷戈里专门写信给埃塞尔伯特国王，恳请他"……务必迅速地把基督教传播到您所管辖下的百姓之中……务必以自己高度纯正的生活，通过规劝、恐吓、安抚、惩戒以及树立德行的榜样的办法来开化您的臣民的生活方式"[③]。埃塞尔伯特似乎听从了教皇的这些建议。首先，他在 603 年帮助奥古斯丁将附近的不列颠主教和神学家召集起来在一个叫"奥古斯丁橡树"（Augustine's Oak）的地方开会，说服他们共同努力向盎格鲁－撒克逊人传播基督教福音、按照罗马传统守复活节日期和举行洗礼仪式等。[④] 其次，受埃塞尔伯特的影响，埃塞克斯国王萨伯特在 604 年带领东撒克逊人也皈依了基督教。萨伯特是埃塞尔伯特的姊妹丽库拉（Ricula）与东撒克逊人斯莱德（Sledd）的儿子，他当时正处在其舅舅的统辖之下，埃塞尔伯特还帮他在伦敦建造了一座纪念使徒圣保罗的教堂作为主教座堂。[⑤] 最后，如前所述，东盎格利亚国王雷德沃尔德也是在埃塞尔伯特的宫中接受洗礼的，尽管他后来对基督的信奉表现得很不虔诚。关于诺森伯里亚的爱德文、奥斯瓦尔德和奥斯威这些"超级国王"的影响，比德记载说，由于爱德文的"劝说"，雷德沃尔德的儿子厄普沃尔德（Eorpwald）接受了基督教，约克首任主教波莱纳斯之所以能在林齐地区传教和建造教堂，也是因为它当时处在爱德文的管辖之下；当意大利主教比林纳斯（Bi-

---

① 〔英〕比德：《英吉利教会史》，第二卷第 5 章。
② Kenneth Hylson-Smith. *Christianity in England from Roman Times to the Reformation: From Roman Times to 1066*, p. 182.
③ 〔英〕比德：《英吉利教会史》，第一卷第 32 章。
④ 同上，第二卷第 2 章。
⑤ 同上，第二卷第 3 章。

rinus）为威塞克斯国王基内吉尔斯施洗时，奥斯瓦尔德"碰巧也在场"；埃塞克斯国王"良善的"西格伯特则是在听从了奥斯威的"劝说"后受洗的。

凭借军事武力的优势迫使敌对国或附属国改宗，可能是出于坚定的信仰与强烈的使命感，但此举也能达到凸显后者在政治上屈从地位的目的。在这个过程中，双方通常会结成教父-教子关系。例如，基内吉尔斯被从圣水里引领出来后，就认奥斯瓦尔德为教父；将埃塞尔沃尔奇从洗礼水中引领出来后，麦西亚国王伍尔夫希尔认他为教子。类似的，当萨克森人决定投降时，加洛林国王查理曼提出的条件是他们必须皈依基督教，他们的首领维杜金德（Widukind）则认查理曼为教父。另外，《盎格鲁-撒克逊编年史》记载说，878 年埃丁顿战役结束后，丹麦国王古思伦带领其 30 名最显要的部下在阿瑟尔尼（Athelney）附近的阿勒尔（Aller）接受了基督教洗礼，并认取得此次大捷的威塞克斯国王阿尔弗雷德为教父；阿尔弗雷德国王在 893 年率军袭击了本弗利特（Benfleet）堡垒，俘获了维京人首领黑斯滕（Haesten）的妻子和两个儿子，并认其中一个儿子为自己的教子，另一个则认依附于阿尔弗雷德的麦西亚郡长埃塞尔雷德为教父。这类教父-教子关系并非单纯的私人关系，而是相当于政治上的附庸关系，作为教父的国王有权干涉甚至管理教子统治区域的内政。

三 立法保护教会及其神职人员

以成文法律保护基督教会及其神职人员，并承认教会的庇护权几乎与盎格鲁-撒克逊成文法的制定同步。存世的肯特国王埃塞尔伯特的法典[1]是盎格鲁-撒克逊人颁布的第一部成文法典，它"第一次规定了偷盗教会、主教或其他神职人员财产的人应该怎样赔偿。其用意显然在于保护这些机构和个人"[2]。随着基督教的传播，其他盎格鲁-撒克逊王国也制定了保护和支持教会发展的世俗法令，如威塞克斯国王阿尔弗雷德立法规定，在教堂内偷盗者，除了赔偿损失，行窃时的那只手也将被砍掉（第 6 条）。[3]

---

[1] *English Historical Documents, 500-1042.* D. Whitelock (ed. and trans.), no. 29.
[2] 〔英〕比德：《英吉利教会史》，第二卷第 5 章。
[3] *English Historical Documents, 500-1042.* D. Whitelock (ed. and trans.), no. 33.

概括起来看，存世的盎格鲁-撒克逊法典中涉及教会的条款主要有以下几类。

（一）保障基督教的社会地位

哈罗德·J. 伯尔曼教授指出，宗教与法律是相辅相成的，"法律赋予宗教以其社会性，宗教则给予法律以其精神、方向和法律获得尊敬所需要的神圣性"[①]。通过如下三方面立法，盎格鲁-撒克逊国王努力保障基督教的社会地位。

1. 严厉镇压异教

比德记载说，埃塞尔伯特的孙子厄康伯特（Eorcenberth）"第一个以英吉利王的名义下令抛弃和销毁自己整个王国内的偶像，同时守斋四十天（在复活节和圣诞节之前，圣灵降临节之后——译者注）"，[②] 这是"一项更困难和更为值得称道的工作，……它表明基督信仰不仅深及个人而且深及社会"[③]。有学者指出，该命令极有可能是以书面形式做出的，但可惜它们没能存世。[④] 威特雷德国王在695—696年颁布法令，其中专门规定了对敬奉"魔鬼"的惩罚：如果丈夫偷偷向魔鬼献祭，他将缴纳其全部动产或 healsfang（代替死刑或其他处罚的罚金），如果他与妻子都向魔鬼献祭，他们将缴纳 healsfang 或他们的全部动产；如果奴隶向魔鬼献祭，他将缴纳 6 先令，或遭受鞭打。（第 12、13 条）。

2. 强制接受洗礼

洗礼为入教之始。根据基督教教义，人类自始祖亚当以后，生来就有罪，洗礼可以洗去这种原罪，象征着再生。到 6 世纪，婴儿受洗已普遍施行。[⑤] 与威特雷德差不多同时代的威塞克斯国王伊尼的法典[⑥]规定：父母应在婴儿出生 30 天内为其施洗，违反者将被罚款 30 先令；如果婴儿未受洗就夭折，父母将被没收全部财物（第 2 条）。

---

① 〔美〕哈罗德·J. 伯尔曼：《法律与宗教》，梁治平译，中国政法大学出版社，2003，第 12 页。
② 〔英〕比德：《英吉利教会史》，第三卷第 8 章。
③ Kenneth Hylson-Smith. *Christianity in England from Roman Times to the Reformation: From Roman Times to 1066*, p. 179.
④ *The Laws of the Earliest Kings*. F. L. Attenborough (ed. and trans.), p. 2.
⑤ 〔美〕威利斯顿·沃尔克：《基督教会史》，第 109—111 页。
⑥ *English Historical Documents, 500–1042*. D. Whitelock (ed. and trans.), no. 32.

3. 严守教会节日

基督教要求，所有基督徒在星期日必须去教堂做礼拜。禁止星期日劳作和守斋戒的规定最早见于《威特雷德法典》（第 9—11 条）。《伊尼法典》也规定：被主人命令在星期日工作的奴隶将获得自由，主人还将支付 30 先令作为罚金；如果奴隶是在其主人不知情的情况下（在星期日）工作，将受到鞭打；如果一个自由人在其主人不知情的情况下（在星期日）干活，他将丧失自由（第 3—3.2 条）。之后的法典除了重申上述规定，还增加了相关命令。例如，《阿尔弗雷德法典》不仅详细列举了全体自由民每年应该过的宗教节日（第 43 条），还规定，在某些特定的宗教节日里犯罪者，所受处罚将加倍（第 40.2 条以及第 5 条、5.5 条）。埃塞尔斯坦国王的第二个法令则禁止在星期日这天进行交易活动，违反者将被没收所有货物并支付 30 先令罚金（第 24.1 条）。①

（二）承认教会的特权

以避难权为例。《伊尼法典》已经提及教会的避难权（第 5 条），之后，它在阿尔弗雷德、埃塞尔斯坦等国王颁布的法令中占据了越来越重要的地位。例如，《阿尔弗雷德法典》规定：如果有人因为任何罪行逃进国王的食品租所属的任何一座修道院，或者其他值得尊敬的享有特权的修道院，他可以获得 3 天的喘息时间来保护自己（第 2 条）。它的第 5 条及其附录还详述了被主教祝圣过的教堂的庇护权：如果一个深陷家族仇杀的人奔跑或骑马抵达那里（即被主教祝圣过的教堂），7 日内任何人都不能将他从里面拖出去……如果其间该教堂要被使用，他将被关进另一栋门的数量要少于该教堂的建筑物内……如果他向仇家交出自己的武器，该教堂共同体将看管他 30 天，并通知其亲属；……任何在罪行被发现之前就求助于这种（被主教祝圣过的）教堂，并在那里以上帝的名义忏悔之人，将被免除一半的处罚。

（三）保护献身宗教者

《盎格鲁-撒克逊编年史》记载说，丹麦人在 914 年洗劫了威尔士，并劫持了阿琴菲尔德（Archenfield）主教基费利奥格（Cyteiliog），长者爱德

---

① *English Historical Documents, 500–1042*. D. Whitelock (ed. and trans.), no. 35.

华国王花 40 镑将他赎了回来；修道院院长埃格伯特和他的同伴们在 916 年 6 月 16 日无辜遇害，3 天后，"麦西亚贵妇"埃塞尔弗莱德派军队进入威尔士进行了报复，他们摧毁了布雷肯南米尔（Brecenan-mere），俘虏了包括国王的妻子在内的 30 多人；952 年，埃德雷德国王下令在塞特福德进行大屠杀，为修道院长埃德赫尔姆（Eadhelm）报仇。在这些事件的背后，是盎格鲁-撒克逊法典中关于为献身宗教者提供特殊保护的规定。

在现存的盎格鲁-撒克逊法典中，有三部明确提到了对教士或其他接受了圣职的人给予保护。最早的是一部叫《爱德华与古思伦法典》①的文本，它规定，如果有人企图杀害或抢劫一个受圣职的人或一个陌生人，国王（或伯爵）和主教将充当他的亲属和保护者，"除非他有其他（亲属或保护者）"（第 12 条）。此外，埃塞尔雷德国王的第八个法令规定，领受圣职的人或陌生人如果被杀害或抢劫，或遭捆绑、殴打或侮辱，国王将独自担任他的"亲戚和保护者"（第 33 条）。克努特国王的第二个法令也禁止杀害、抢劫、捆绑、殴打或侮辱一个受圣职的人（第 39、40 和 42 条）。②

对献身宗教的修女的保护最早见于《阿尔弗雷德法典》，它规定：绑架修女，即未经国王或主教的同意将其带离修道院的行为，与反抗国王相同，因此，除了要向修女所属的主教教堂缴纳 60 先令，违令者还要向国王缴纳 60 先令作为违反国王的保护的处罚（第 8 条）；猥亵修女者，即未经她的同意就抓她的衣服或其胸部，赔偿金为 10 先令（第 18 条，该金额为平信徒女性的两倍）。埃德蒙国王的第一个法令③也严惩亵渎修女的行为："与修女发生关系者，除非做出补偿，否则死后不得葬于被祝圣过的地方。"（第 4 条）埃塞尔雷德国王的第六个法令④规定："若有人伤害修女，他应尽其所能向教会和国家做出补偿"（第 39 条），它还禁止与修女结婚的行为（第 12 条）。克努特国王在 1020 年颁布的公告（第 17—16 条）以及他的第一个法令（第 7 条）中也有类似的规定，他的第二个法令⑤也反对与修女通奸的行为（第 50 条）。

---

① *The Laws of the Earliest English Kings*. F. L. Attenborough (ed.), p. 109.
② *The Laws of the Kings of England from Edmund to Henry I*. A. J. Robertson (ed.), pp. 127, 197.
③ Ibid, p. 7.
④ Ibid, p. 103.
⑤ Ibid, pp. 95, 145, 163, 201.

不过，在这些保护修女的规定中，只有克努特颁布的公告提到了明确的惩罚措施——违者将被逐出教会且其全部财产将被没收归国王所有（第 17 条）。因此，不可高估这些保护修女的盎格鲁-撒克逊法令的实际效果。例如，存世的圣卜尼法斯等人的信件表明，麦西亚国王埃塞尔博尔德和他的前任切奥尔雷德（Ceolred），以及诺森伯里亚国王奥斯雷德（Osred）等都曾引诱过修女。[①] 而在写给诺森伯里亚国王埃塞尔雷德的信中，阿尔昆将林迪斯凡恩修道院所遭遇的不幸归咎于那里一些闻所未闻的恶习。他指出，"自埃尔夫沃尔德国王（Ælfwold）时代（779—788 年）以后，乱伦邪淫之事在这片土地上如此常见，以至于犯下这类罪孽之人一点都不觉得耻辱，他们甚至连那些奉献给上帝的婢女也不放过"。[②] 另外，《盎格鲁-撒克逊编年史》中也不乏被祝圣的妇女遭亵渎的记载：900 年，西撒克逊王子埃塞尔沃尔德（Æthelwold）"未经国王准许又违反众主教之命搞来了一个已脱俗为尼的女人"；1046 年，赫里福德伯爵斯韦恩（Swein）"令人将莱姆斯特（Leominster）女修道院的女院长带来，把她留在身边，足足留了他想要留的那么久，然后才让她回去"；等等。

第二节　推动修道主义在英格兰的兴起和复兴

惠特比会议（664 年）结束以后，基督教在英格兰迎来了一段黄金发展时期。越来越多的盎格鲁-撒克逊人献身宗教，修道社团在英格兰各地纷纷涌现，以国王为首的王族成员在其中起到了重要的推动作用。

一　基督教修道主义及其在英格兰的兴起

约 4 世纪时，基督教修道主义（monasticism）兴起，它主张远离世俗社会到僻静的地方（甚至沙漠或无人区）过完全孤独的宗教生活。有

---

① *English Historical Documents, 500 - 1042.* D. Whitelock（ed. and trans.），no. 177, pp. 816 - 822, at pp. 817and 820; *Councils and Ecclesiastical Documents Relating to Great Britain and Ireland* Ⅲ. A. W. Haddon and W. Stubbs（eds.），pp. 350 - 356.

② *English Historical Documents, 500 - 1042.* D. Whitelock（ed. and trans.），no. 193, pp. 842 - 844, at p. 843; *Councils and Ecclesiastical Documents Relating to Great Britain and Ireland* Ⅲ. A. W. Haddon and W. Stubbs（eds.），pp. 492 - 495.

学者指出，修道主义"是作为对整个希腊世界和罗马世界的古典文化传统的一种抗议而起源于非洲沙漠的。它主张绝对放弃古代世界所赞许的一切东西——不只是快乐和财富以及荣誉，还有家庭生活和公民权以及社会"。①

基督教早期隐修运动的典范是一个叫安东尼（Antony）的埃及人，他是一个英雄式的沙漠苦修者。耶稣曾劝导一位青年财主散去家财以作"完全之人"（见《马太福音》第 19 章，第 21 节）。受此启发，安东尼约于270 年自愿散去家产，开始过贫穷的宗教生活；约 35 岁的时候，他彻底离开埃及的居住区，退入沙漠，在那里待了 20 年后，退隐至一座"深山"，以不受干扰地过完全孤独的生活。② 安东尼的追随者们被称为"monarchoi"，意为"独居的人"，后由这个词派生出了英语中"monk"（修道士）一词。另一位埃及人帕科米乌斯（Pachomius）对安东尼的这种独居隐修作出了重大改良，他是修道院修行制度，即有组织的修道士社团生活的创立者。

将隐修介绍到罗马帝国西部主要是亚历山大主教亚塔纳修（Ath-ana-sius）的功劳，他为安东尼撰写的那本生平传记③对修道主义的发展产生了重大的影响，而他在西方度过的两次流放生活（335—336 年在特里尔，339—346 年在罗马）④ 则直接启发了西方的修道生活。努西亚的本尼狄克（Benedict of Nursia）是西方修道主义最伟大的改革家，他为卡西诺山（Monte Cassino）修道院制定的规章（Rule）逐渐成为整个欧洲修道院的强制规定，它们不仅极其实用，而且特别关注共同生活、共同劳动以及修道院经济。

修道院在英格兰的出现几乎与基督教的传入同步：奥古斯丁在坎特伯雷建造了一座纪念使徒圣彼得和圣保罗的修道院，即著名的圣奥古斯丁修道院；艾丹在林迪斯凡恩岛上修建了一座修道院，它毗邻诺森伯里亚王都班堡（Bamborough），是英格兰北部地区第一座修道社团。

---

① 〔英〕克里斯托弗·道森：《宗教与西方文化的兴起》，第 41 页。
② 〔英〕玛里琳·邓恩：《修道主义的兴起》，第 2—3 页。
③ *Athanasius: The Life of Antony and the Letter to Marcellinus.* Robert C. Gregg (trans.), New York: Paulist Press, 1979.
④ 关于亚塔纳修的 5 次流亡生涯，参见〔美〕威利斯顿·沃尔克《基督教会史》，第 137—144 页。

"7 世纪 60 年代是英格兰修道院的黄金时代。"① 里卡尔弗（Reculver）、利明奇（Lyminge）、福克斯通（Folkestone）、韦尔茅斯（Wearmouth）、贾罗、哈特尔浦（Hartlepool）、惠特比、拉斯廷厄姆（Lastingham）、吉灵（Gilling）、梅尔罗斯（Melrose）、科尔丁厄姆（Coldingham）、巴德尼（Bardney）、彻特西（Chertsey）、巴金（Barking）、伊利（Ely）、马奇温洛克（Much Wenlock）、米兹汉姆斯特德（Medeshamstede）、温伯恩（Wimborne）、马姆斯伯里（Malmesbury）、温什科姆（Winchcombe）等修道社团如雨后春笋般出现在英格兰各地。与此同时还出现了许多宁愿过独居生活的隐士，如选择在法恩岛（Farne）上隐居的卡思伯特（Cuthbert）、在克劳兰德（Crowland）的沼泽地隐修的麦西亚王子圣古思拉克（St. Guthlac）等。海乌（Heius）是诺森伯里亚王国第一个发誓成为修女的妇女，她建造了哈特尔浦修道院。② 不仅如此，比德还记载说，在菲南（Finan）、科尔曼（Colman）任林迪斯凡恩主教期间，有许多英格兰平民和贵族，如埃塞尔汉（Ethelhun）和埃格伯特，离开自己的家乡前往爱尔兰献身于修道院生活。③ 此外，在比德的笔下，也不乏在欧洲大陆修道院中做修女的英格兰女性，如厄康格塔（Eorbongota）、萨思里德（Saethryth）和埃塞尔伯格（Æthelburh），她们在靠近莫城（Meaux）的布里河畔的法尔穆捷（Faremoûtier-en-Brie）修道院当修女，赫里斯维斯（Hereswith）则在巴黎附近的谢勒（Chelles）修道院隐修，等等。④ 希尔达（Hild）一开始也想去她的姐姐赫里斯维斯所在的谢勒修道院，但被艾丹主教劝留了下来，受命担任哈特尔浦修道院院长，她后来又在约克郡海边一个寒冷多风的港口惠特比建造了一座盛极一时的修道院。⑤

二　盎格鲁-撒克逊王权对修道主义的支持

"正如英格兰和法兰西亚的君王和贵族迅速掌控修道主义，同样，英

---

① 〔英〕约翰·布莱尔：《盎格鲁-撒克逊简史》，第 121 页。
② 〔英〕比德：《英吉利教会史》，第四卷第 23 章。
③ 同上，第三卷第 27 章。
④ 同上，第三卷第 8 章。
⑤ 同上，第四卷第 23 章；〔美〕朱迪斯·M. 本内特、C. 沃伦·霍利斯特：《欧洲中世纪史》，杨宁、李韵译，上海社会科学院出版社，2007，第 65 页。

格兰的基督教化过程中最值得注意的特点，就是王室快速且大范围地介入修道基地。传教的主教和修士早已把目标指向统治者和他们的家庭，而这些在自己的百姓面前接受了基督教的盎格鲁-撒克逊统治者，迅速建立修道院……"① 盎格鲁-撒克逊王族人员对基督教修道主义的极大热情主要表现在以下两个方面。

（一） 带头献身宗教，成为修道士或修女

综合《盎格鲁-撒克逊编年史》和比德的《英吉利教会史》中的记载，除了前述东盎格利亚国王"博学的"西格伯特、东撒克逊国王塞比，让出王位以遁入修道院做修道士的还有威塞克斯国王琴特温（Centwine）和伊尼、麦西亚国王埃塞尔雷德和琴雷德、埃塞克斯王子奥法、诺森伯里亚国王切奥尔伍尔夫（Ceolwulf）等。在整个加洛林时期，除了"虔诚者"路易（Louis the Pious），尚无其他法兰克国王出于对宗教的虔诚而放弃王位以过修道生活的案例。这么多盎格鲁-撒克逊国王出家隐修，实属罕见。比德曾详述过东盎格利亚国王"博学的"西格伯特、东撒克逊国王塞比对新宗教的虔诚，并说埃塞克斯王子奥法是"出于同样的发自内心的虔诚，为了基督和福音放弃了自己的妻子、土地、亲友和国家"前往罗马，他在那里削了发，以修道生活度过了余年。② 但从比德关于麦西亚国王埃塞尔雷德、琴雷德献身宗教的记述③中，我们能够察觉到某种政治考量。他说，在遁入巴德尼修道院当修道士之前，埃塞尔雷德安排琴雷德接替自己登上麦西亚王位，约克主教威尔弗里德与诺森伯里亚国王发生冲突后，此时已是巴德尼修道院院长的埃塞尔雷德不仅安排琴雷德国王与威尔弗里德见了面，琴雷德还同意与威尔弗里德做朋友。显然，尽管遁入修道院当了修道士，埃塞尔雷德在世俗政治领域仍然拥有巨大的影响力。而且，琴雷德治国仅约 5 年就放弃了王位，并选择到罗马削发为修士，在他之后继任麦西亚王位的则是埃塞尔雷德的儿子切奥尔雷德。埃塞尔雷德对待基督教的态度我们不得而知。不过，如前所述，在盎格鲁-撒克逊主要王国中，麦西亚是最晚接受基督教的。而且，在比德的笔下，埃塞尔雷德的父亲彭达是

---

① 〔英〕玛里琳·邓恩：《修道主义的兴起》，第 242 页。
② 〔英〕比德：《英吉利教会史》，第五卷第 19 章。
③ 同上。

一位顽固的异教徒，他在生前和去世时都是异教徒，被他击败并杀死的盎格鲁-撒克逊基督徒国王和王子至少有 5 人，比德称彭达为"慓悍"（vir-strenuissimus），即"一个被赋予非凡武士才能的人"。① 另外，按照《盎格鲁-撒克逊编年史》的记载，当埃塞尔雷德在 704 年选择做修道士时，他已经掌国 29 年了，我们可以推测，埃塞尔雷德让出王位或许是因为自己已经年迈，且他的儿子切奥尔雷德此时还年幼，让琴雷德出任国王则只是权宜之计。可能如一些学者指出的那样，一些盎格鲁-撒克逊国王或王子放弃王位不是出于自愿，而是受制于当时的政治压力。②

无论这些国王或王子基于何种目的让出王位而选择做修道士，可以确定的是，当时不少盎格鲁-撒克逊国王和有权势的人物将自己尚处于婴儿或儿童时期的女儿送入修道院，以此表达自己对新宗教的虔诚。例如，温沃伊德战役（655 年）结束后，诺森伯里亚国王奥斯威将其出生没多久的女儿埃尔弗莱德（Ælflæd）送入哈特尔浦修道院做修女。③ 前述在欧洲大陆的法尔穆捷修道院当修女的厄康格塔是肯特国王厄康伯特的女儿，萨思里德和埃塞尔伯格则是东盎格利亚国王安纳的女儿，她们都是"与天上的新郎结婚"的童贞女。

盎格鲁-撒克逊王族女性孀居后通常也选择修道院作为自己的最终归宿，如前述在谢勒修道院做修女的赫里斯维斯，她是东盎格利亚国王奥尔德伍尔夫（Aldwulf）的母亲。诺森伯里亚国王奥斯威去世后，他的王后伊恩弗莱德则进入哈特尔浦修道院做了修女。有时，这种决定在她们的丈夫还活着时就已经做出了。以东盎格利亚国王安纳的女儿埃塞尔思里思（Æthelthryth）为例。④ 起初，她嫁给了一个叫汤德伯特（Tondbert）的南吉尔瓦斯（South Gyrwe）王子，汤德伯特去世后，埃塞尔思里思又被安排嫁给了诺森伯里亚国王埃格弗里思，但她最终成功说服后者让自己去做了修女。此外，《盎格鲁-撒克逊编年史》也记载说，威塞克斯国王伊尼的姊

① J. M. Wallace-Hadrill. *Bede's Ecclesiastical History of the English People: A Historical Commentary.* Oxford: Claredon Press, 1988, p. 84.
② Clare Stancliffe, "Kings who Opted Out,"*Ideal and Reality in Frankish and Anglo-Saxon Society: Studies Presented to J. M. Wallace-Hadrill.* Patrick Wormald, Donald Bullough and Roger Collins Wormald(eds.), pp. 154-176.
③ 〔英〕比德：《英吉利教会史》，第三卷第 24 章。
④ 同上，第四卷第 19 章。

妹卡斯伯（Cuthburh）嫁给了诺森伯里亚国王奥尔德弗里思，但后来她离开了他，并创建了温伯恩修道院。①

国王等王族成员自愿放弃高贵的出身献身宗教的做法，使其他阶层的人也感受到了宗教生活的吸引力。例如，在创建著名的韦尔茅斯和贾罗修道院之前，比斯科普（Biscop）是诺森伯里亚国王奥斯威身边的一名亲兵或塞恩，他出身于一个高贵的英吉利世家。被比斯科普选中管理韦尔茅斯修道院的埃奥斯特温（Eastorwine）也是埃格弗里思国王的亲兵或塞恩。比德还记载说，西格弗里德（Sigfrid）院长很难说服贾罗修道院中那些出身高贵的修道士服从院规。在利奇菲尔德主教查德的追随者中，有一个叫奥斯温（Oswine）的人，他原先是埃塞尔思里思王后的亲兵首领兼王室总管，但随着信仰日益强烈，他决心抛弃尘世，从一切世俗琐事中解脱出来，于是他抛弃了所有财产，身着简朴粗劣的衣裳，手执斧头和短斧，来到查德那座位于拉斯廷厄姆的修道院做起了修道士。②

除了这些有权势的人物，当时进入修道院的还有普通盎格鲁-撒克逊人。前述选择在法恩岛上隐居的卡思伯特③是其中的典型。卡思伯特童年时在拉默穆尔山（Lammermuir Hills）上替人牧羊，他在林迪斯凡恩主教艾丹去世的那晚看见了一则异象——天使们将一个圣洁的灵魂带入了天堂，遂决定离家去做一名修道士。651年初冬，卡思伯特进入诺森伯里亚北部的梅尔罗斯修道院，当时它的副院长（prior）是以圣洁著称的博伊西尔（Boisil）。卡思伯特在梅尔罗斯修道院待了13年，每天勤于学习、祈祷和参加体力劳动。随后，他和其他修道士被派到里彭去建造一座新的修道院，但由于他们拒绝采用罗马人推算复活节日期的方法，德伊勒国王阿尔奇弗里德（Alchfrid）将这座修道院转赠给了刚从罗马返回的威尔弗里德，卡思伯特等则返回梅尔罗斯修道院。博伊西尔去世后，卡思伯特继任梅尔罗斯修道院副院长。其间，他积极向邻近地区宣讲福音，深受听众的喜爱和信任。664年，卡思伯特被梅尔罗斯修道院院长伊塔（Eata）派往林迪斯凡恩岛，代为管理那里的修道院。但卡思伯特的心并

① 《盎格鲁-撒克逊编年史》718年纪事。
② 〔英〕比德：《英吉利教会史》，第四卷第3章。
③ 同上，第四卷第27—32章；C. J. Godfrey. *The Church in Anglo-Saxon England*, pp. 120–126.

不在公共事务上，因此，在管理林迪斯凡恩修道院数年后，他便辞任了副院长一职，前往 7 英里之外的法恩岛上去过隐居生活。在岛上，卡思伯特用草皮搭建了一座简陋的棚屋，并在它的周围砌起了一道石墙，这样，他的视野中除了天空别无他物。在这里，卡思伯特每天的食物是大麦和洋葱，他整天吟唱圣歌和赞美诗，取得了战胜肉欲的胜利。685 年复活节，在诺森伯里亚国王埃格弗里思、特朗温（Trumwine）主教[1]等人的诚挚恳求下，卡思伯特在约克被坎特伯雷大主教西奥多和其他 6 位主教授任为主教，管理林迪斯凡恩教区。但是，在勤勉地担任了近两年林迪斯凡恩主教之后，卡思伯特在 686 年圣诞节过后又回到了他在法恩岛上的隐居处，直至 687 年 3 月 27 日安详地去世。

除了卡思伯特，致力于使欧洲大陆弗里西亚人皈依基督教的诺森伯里亚传教士威利布罗德的父亲明显属于刻尔[2]阶层，他先是在亨伯河口附近的海岬上过独居生活，后在国王和贵族赐给他的地产上建造了一座小型的奉献给圣安得烈的修道院。[3] 简言之，从国王到普通民众都热衷于进院隐修，这种宗教热情反映了盎格鲁-撒克逊人的价值观正在从英雄时代的异教观念转向基督教的世界观。

（二）大量介入修道机构的建造

毫无疑问，英格兰各地的主教座堂或修道院等直接服务于宗教目的的建筑是由盎格鲁-撒克逊国王捐建的，它们为教会的存在提供了必要的经济和物质基础。除此之外，到诺曼征服前夕，盎格鲁-撒克逊王族人员也大量捐建私人修道院。除了反映王室的宗教目标和渴望，这类修道社团也体现了其某种政治目标。概括起来看，盎格鲁-撒克逊王族人员捐建私人修道院的动机主要有以下几种。

一是维护家族的土地和影响力。在英格兰修道主义兴起的过程中，有许多修道机构是由盎格鲁-撒克逊王族女性建造的，或得到过她们的捐助，"……可以肯定地说，在 7 世纪晚期和 8 世纪早期，那些由王室成

---

① 他当时以福斯湾的阿伯康（Abercorn）为中心，向周围的皮克特人传教。

② 刻尔，盎格鲁-撒克逊时期英国农村中的基本居民，他们是社会地位处于贵族和奴隶等级之间的普通自由民。参见马克垚《英国封建社会研究》，第 35—36 页；孙银钢《盎格鲁-撒克逊法探析》，博士毕业论文，华东师范大学，2013，第 67—72 页。

③ C. J. Godfrey. *The Church in Anglo-Saxon England*, p. 222.

员建造或得到他们的资助且通常受他们管理的女修道院多达 25 到 30 座，尽管由他们捐建的女修道院的实际数字可能会更高"①。根据一些版本的《米尔德里斯传说》（Mildrith Legend），利明奇修道院是盎格鲁-撒克逊时期英格兰最早的女修道院，它是诺森伯里亚国王爱德文的王后埃塞尔伯格回到肯特后修建的。②前述惠特比、伊利、温伯恩等修道院也都是由盎格鲁-撒克逊王室女性建造的。巴金修道院的首任院长埃塞尔伯格（Æthelburh）是伦敦主教厄康沃尔德（Eorcenwold）的姐妹，一些学者指出他们可能都是埃塞克斯王室成员。③这些女修道院通常会附带男修道院一起出现，并统一受女院长的领导，即所谓的双重会堂（double house）。双重会堂最早见于爱尔兰教会，如著名的奇尔代（Kildare）修道院，它是由与帕特里克同列为爱尔兰两大圣徒的布里吉德（Brigid）创建的。④盎格鲁-撒克逊国王或其他王族男性成员似乎都捐助过这类修道社团，并将它们交给自己的女儿或王室中的某位寡妇来掌管，修道院长一职通常在她们的女儿、姐妹或侄女之间传承，这是维护家族土地和影响力的一个重要途径。众所周知，由于亚历山大主教亚塔纳修和圣哲罗姆等著名教会人物越来越多的指责，从 4 世纪以后出现了一种严格的两性修道隔离传统。显然，由盎格鲁-撒克逊王室女性掌控的这类双重会堂背离了这种传统。不过，尽管坎特伯雷大主教西奥多找不到支持双重会堂存在的任何教会法规，但他并没有责难这些被认为有益于王国但违反常规的机构，而且，他在其《赎罪规则》（Penitential）中不以为然地指出："男性中间不允许有女性，女信徒中间也不允许有男性，然而，我们不会推翻这个行省的习俗。"⑤

二是巩固对外扩张的成果。这主要是通过在新征服地区建造修道院或

① Barbara Yorke. Nunneries and the Anglo-Saxon Royal Houses, p. 23.

② D. W. Rollason. The Mildrith Legend: A Study in Early Medieval Hagiography in England. Leicester: Leicester University Press, 1982, pp. 80-86. 比德确曾记载说，埃塞尔伯格王后等人在爱德文国王被杀害后乘船回到了肯特，但他并未提及她献身宗教一事（参见〔英〕比德《英吉利教会史》，第二卷第 20 章），有学者指出，英格兰最早的女修道院在福克斯通，约建于 630 年，据称它是肯特国王埃德博尔德的女儿恩斯威思（Eanswith）创建的（参见〔英〕玛里琳·邓恩《修道主义的兴起》，第 244 页）。

③ 〔英〕比德：《英吉利教会史》，第四卷第 6 章；Barbara Yorke. Kings and Kingdoms of Early Anglo-Saxon England, pp. 55-56.

④ 〔美〕泰德·奥尔森：《活着的殉道者：凯尔特人的世界》，第 104—106 页。

⑤ 〔英〕玛里琳·邓恩：《修道主义的兴起》，第 248 页。

为那里已有的修道院提供捐赠来实现的。例如，彻特西修道院是肯特国王埃格伯特从东撒克逊人手中夺走萨里后（666年）令人建造的。到卡德瓦拉统治时期（685—688年），萨里又落入了西撒克逊人的手中，卡德瓦拉国王在这里也捐建了多座修道社团，如捐赠60海德建造法汉姆（Farnham）修道院。① 到伊尼统治时期（688—726年），在705年布伦特福德（Brentford）宗教会议上，原属于伦敦教区的萨里被转移至温切斯特教区。② 梅尔罗斯和科尔丁厄姆这两座修道院是在奥斯瓦尔德和奥斯威两位国王统治时期建造的，它们有助于巩固诺森伯里亚人对其西部和北部的凯尔特邻居的控制。在征服惠凯后，麦西亚国王琴伍尔夫为自己及其直系继承人建造了一座重要的私有修道院，即温什科姆修道院。在向西扩张的过程中，麦西亚人在马冈塞特人（Magonsaete）的聚居地建造了马奇温洛克修道院。建于673年的伊利修道院是东盎格利亚人控制东南部中英吉利人的重要一环，到7世纪末，南吉尔瓦斯已被纳入东盎格利亚的版图。③ 彭达从东盎格利亚人那里夺来中英吉利后，将它交给自己的儿子皮达管理，皮达很快在这里建造了一座纪念使徒圣彼得的修道院，即米兹汉姆斯特德修道院。④ 在向西扩张的过程中，威塞克斯国王伊尼捐建了马姆斯伯里修道院。

与此同时，上述这类修道院通常会被交给国王的亲属掌管，以巩固王室在该新征服地区的影响力。以奥尔德赫尔姆（Aldhelm）为例。他是马姆斯伯里修道院的首任院长，也是伊尼国王的亲属，⑤ 后来还被授任为舍伯恩教区的首任主教。类似的例子还有很多。例如，受命掌管马奇温洛克修道院的米尔德伯（Mildburh）是彭达的孙女；科尔丁厄姆修道院的首任女院长埃巴（Æbbe）是诺森伯里亚国王奥斯瓦尔德和奥斯威的姊妹；⑥ 麦西亚国王琴伍尔夫去世后，接管温什科姆修道院的先后是他的女儿昆思里

①　*Anglo-Saxon Charters: An Annotated List and Bibliography*. P. H. Sawyer（ed.），no. 235；*English Historical Documents, 500–1042*. D. Whitelock（ed. and trans.），no. 58, pp. 484–485.

②　D. Whitelock. *Some Anglo-Saxon Bishops of London*. London: H. K. Lewis for University College, 1975, pp. 10–11.

③　Barbara Yorke. *Kings and Kingdoms of Early Anglo-Saxon England*, p. 64.

④　《盎格鲁-撒克逊编年史》655年纪事。

⑤　Barbara Yorke. *Nunneries and the Anglo-Saxon Royal Houses*, p. 130.

⑥　〔英〕比德：《英吉利教会史》，第四卷第19章。

思（Cwenthryth）和他的侄女埃尔弗莱德（Ælfflæd）。比德记载说，米兹汉姆斯特德的首任院长塞克斯伍尔夫（Seaxwulf）"在世间出身高贵，又有权威"，他在赫特福德宗教大会结束后被选为麦西亚人的主教，并兼任中英吉利人和林齐人的主教。[1]

三是弥补自身罪行和补偿受害者的亲属。这类私人修道院通常是为被他们杀害的政敌而建造。以吉灵修道院为例。它是奥斯威派人将奥斯温杀害（651 年 8 月 20 日）后下令捐建的，奥斯温的亲属特朗希尔（Trumhere）被任命为首任院长。[2] 萨尼特修道院是肯特国王埃格伯特令人将自己的两位堂兄弟埃塞尔伯特与埃塞尔雷德杀害后建造的，这两位王子的姊妹埃巴是它的首任院长。[3]

从教会的角度看，国王及其他王族成员捐建修道院是受人欢迎的，特别是在盎格鲁-撒克逊人基督教化初期，因为它们既见证了王室对基督教的委身，也提供了教士训练场所。比德记载说，希尔德掌管的惠特比修道院至少培养了 5 位特别高尚、神圣的人物——博萨、艾特拉、奥夫特弗（Oftfor）、约翰和威尔弗里德——他们后来都被祝圣为主教，如果算上在被正式任命之前就已去世的塔特弗里斯（Tatfrith），就是 6 个。另外，在塔尔苏斯的西奥多于 669 年到达英格兰出任坎特伯雷大主教之前，这些私人修道社团承担了部分教牧或施洗的角色，它们为那些偏远的乡村地区带去了教牧关怀，这在神职人员稀少、教会组织松散的基督教化早期尤其重要。

尽管如此，在盛行于中世纪早期西欧各地的这种"私有修道院制"下，国王等世俗人士有权为他们捐建的修道院提供管理人选，并能自由处置它们的财产，使它们实际独立于地方主教的控制，而损害了教会的独立性。

三 推动盎格鲁-撒克逊后期修道院改革与复兴

在盎格鲁-撒克逊后期，英格兰教会进行了以复兴修道院为主要内容

---

[1]　〔英〕比德：《英吉利教会史》，第四卷第 6 章。

[2]　同上，第三卷第 14、24 章。

[3]　*Anglo-Saxon Charters: an Annotated List and Bibliography*. P. H. Sawyer（ed.），20; D. W. Rollason, "The Cults of Murdered Royal Saints in Anglo-Saxon England," *Anglo-Saxon England*（11），1983, pp. 1–22, at p. 5.

的改革，并得到了世俗王权的倾力支持。

（一）改革的背景

　　盎格鲁-撒克逊教会的道德水准在 7 世纪后期达到了最高点，但之后逐渐下降。因此，遏制教会的世俗化趋势是这次改革的根本动因。在比德去世前，教会中就已经出现了许多让他感到沮丧的事情。例如，在科尔丁厄姆修道院，"所有人，不管男女，要么睡懒觉，要么醒着犯罪：那些用来祷告和诵读的小房子现在已变成了吃、喝、聊天和其他诱人犯罪的场所"，那些立誓献身于天主的修女"一有空闲就忙于织制漂亮的衣裳，把自己打扮得有失身份，象个新娘子，或者，穿着这些衣服去追求院外陌生男子的爱"。① 另外，在写给约克主教埃格伯特的信中，比德对诺森伯里亚教会的各种世俗性倾向表现出了深切的不安。② 一些盎格鲁-撒克逊宗教会议，特别是 747 年在克罗费肖（Clofesho，古地名，今为何处已不可考）召开的宗教大会也抱怨说，在英格兰修道院内，酗酒和世俗演唱成风，修道士们过着贵族般的生活。在大陆传教的西撒克逊修道士圣卜尼法斯③以及在查理曼宫廷中效劳的诺森伯里亚学者阿尔昆④也在信中批评了英格兰教会的各种恶习。卜尼法斯在 746—747 年写信给坎特伯雷大主教卡思伯特（Cuthbert），建议他劝阻英格兰女性不要做太多的去罗马的旅行，理由是这会使她们卷入极大的道德危险，该信继续提到了一个在欧洲大陆（甚至已远至意大利）很常见的传闻，说英格兰人已经变成了一个通奸者的种族。⑤ 阿尔昆在 801 年写信抱怨说，约克大主教伊恩博尔德二世（Eanbald Ⅱ）经常带着一大群人旅行，这给沿途那些理应给予他们款待的人增添了很多的负担。⑥ 知悉林迪斯凡恩修道院遭维京人袭击（796 年 6 月 8 日）的消息后，阿尔昆写信给诺森伯里亚国王埃塞尔雷德一世（Æthelred Ⅰ of

---

①　〔英〕比德：《英吉利教会史》，第四卷第 25 章。

②　同上，第 405—421 页。

③　*English Historical Documents, 500—1042*. D. Whitelock（ed. and trans.），nos. 177, 179.

④　Ibid, nos. 193, 199, 203, 207.

⑤　*Councils and Ecclesiastical Documents Relating to Great Britain and Ireland* Ⅲ. A. W. Haddon and W. Stubbs（eds.），pp. 358－360；*English Historical Documents, 500—1042*. D. Whitelock（ed. and trans.），no. 179, pp. 823－824.

⑥　*English Historical Documents, 500—1042*. D. Whitelock（ed. and trans.），no. 208, pp. 865－867, at p. 866.

Northumbria)，批判了诺森伯里亚王室及其民众的穿着、发式以及奢靡的生活习惯。①

从 8 世纪末开始的维京人入侵使英格兰许多修道院遭到了严重破坏。以东盎格利亚为例。这里曾有两座极富庶的修道院，即伊利和伊肯（Iken），并设有邓尼奇和埃尔默姆两个主教区。但由于维京人的劫掠和定居，到 9 世纪，这两个主教区已销声匿迹，修道院生活的痕迹也荡然无存。维京人特别喜欢抢劫英格兰各地的修道院，因为那里通常是不设防的，且囤积着大量金银财宝、法衣和经卷。因此，修复被维京人破坏的修道院是英格兰这次教会改革的直接动因。

（二）盎格鲁-撒克逊晚期教会改革及其影响

英格兰这次修道院改革运动的灵感主要来源于欧洲大陆。10 世纪初，宗教禁欲主义开始在欧洲大陆复苏，且其力量不断增强。以法国东部的克吕尼（Cluny）修道院为例。它是阿基坦公爵"虔诚者"威廉在 910 年建造的，除了遵守以最严格的禁欲主义解释的本尼迪克会规，它不拥有以封建劳役为交换的土地，所有给修道院的馈赠都属于无条件奉献，修道院仅以做弥撒和祈祷回馈施主，修道士也有权选择自己的院长，这意味着这一团体实际上是独立的，不受一切主教或世俗法律的管辖。除了克吕尼，卢瓦尔（Loire）河畔的弗勒里（Fleury）修道院、佛兰德（Flanders）的根特（Ghent）和圣欧默（St Omer）修道院等也进行了类似的改革。② 英格兰特别是西撒克逊王室自 9 世纪中期起与欧洲大陆之间的联系甚密，王室联姻较多，这极大地促进了两地的文化交流，并使海峡对岸的盎格鲁-撒克逊人了解了欧洲大陆正在进行的这些修道院改革活动。

英格兰 10 世纪修道院改革运动的三大领袖——坎特伯雷大主教邓斯坦（Dunstan）、温切斯特主教埃塞尔沃尔德（Æthelwold）和伍斯特主教奥斯瓦尔德（Oswald）——均与上述修道院有千丝万缕的联系，他们是把欧洲大陆上的观念介绍到英格兰修道院的主要人物。邓斯坦曾在佛兰德那座奉

① *English Historical Documents, 500 - 1042.* D. Whitelock（ed. and trans.），no. 193, pp. 842 - 844, at p. 843; *Councils and Ecclesiastical Documents Relating to Great Britain and Ireland* Ⅲ. A. W. Haddon and W. Stubbs（eds.），pp. 492-495.

② 〔美〕威利斯顿·沃克：《基督教会史》，第 252 页；〔美〕布莱恩·蒂尔尼、西德尼·佩因特：《西欧中世纪史》，袁传伟译，北京大学出版社，2011，第 213 页。

献给圣彼得的根特修道院中寻求庇护（956—958 年）；奥斯瓦尔德在弗勒里修道院里度过了 10 世纪 50 年代的大部分时光，并在那里被任命为神父；埃塞尔沃尔德则派他的学生奥斯加（Osgar）到弗勒里修道院去学习本尼迪克会规，并邀请科尔比（Corbie）修道院的修道士来自己的阿宾顿修道院教授最新的唱赞美诗的正确方法。

在 10 世纪 40 年代，有两座英格兰修道院进行了改革：邓斯坦改革了格拉斯顿伯里修道院，在接下来的 15 年里，它成为英格兰宗教复兴的发源地，是遵循圣本尼迪克规章的杰出典范；埃塞尔沃尔德则按照格拉斯顿伯里的样式改革了阿宾顿修道院。[①]

从 10 世纪 60 年代起，随着邓斯坦、埃塞尔沃尔德和奥斯瓦尔德分别被任命为坎特伯雷、温切斯特和伍斯特主教，一个坚实的推进改革的平台在英格兰出现了。以埃塞尔沃尔德为例，他在 963 年 12 月 29 日被任命为温切斯特主教之后，很快就对自己教区内的修道院进行了改革：首先，在 964 年，他改革了温切斯特的修道院，"那些亵渎神灵的"世俗神父们遭驱逐，取而代之的是那些来自改革后的修道院的修道士；随后，他将注意力转移至多塞特的米尔顿（Milton）修道院、萨里的彻特西修道院，以及东盎格利亚的米兹汉姆斯特德修道院（改革后开始称彼得伯勒修道院）、伊利和索尼（Thorney）等修道院。在 960 年被提拔为坎特伯雷大主教后，邓斯坦又改革了马姆斯伯里和威斯敏斯特这两座修道院。起初，奥斯瓦尔德的改革步伐比较缓慢，但他在特里姆（Trym）河畔建造的韦斯特伯里（Westbury）修道院很快成为英格兰修道院改革的另一个强大的中心。它是杰曼努斯（Germanus）受命帮忙建造的，杰曼努斯可能是奥斯瓦尔德的朋友或学生，此前在弗勒里修道院接受训练。在韦斯特伯里修道院接受训练的修道士的领导下，温什科姆（杰曼努斯被从韦斯特伯里调来担任它的首任院长）、珀肖尔（Pershore）、伊夫舍姆（Evesham）和迪尔赫斯特（Deerhurst）等修道院也都进行了禁欲主义改革。到 10 世纪末，在格拉斯顿伯里、阿宾顿以及韦斯特伯里修道院的影响下，英格兰有近 50 座修道院得以重建。

在来自根特和弗勒里的修士们的协助下，由埃塞尔沃尔德大约在 970

---

① H. R. Loyn. *The English Church, 940-1154*, pp. 12-13.

年制订的《修道士规章》（*Regularis Concordia*，即 *Monastic Agreement*）集中了欧洲大陆各地修道院的惯例，成为所有英格兰修道院遵守的规则。

D. H. 法默（D. H. Farmer）教授高度评价英格兰 10 世纪修道院复兴运动，认为"它为许多英国主要的修道院的建立奠定了基础，形成了独特的英国修道院制度，培养了从埃德加到克努特时期英国的大多数主教，促进了对斯堪的纳维亚的传教活动……"① 不过，我们也不应高估此次改革的影响。诚如约翰·布莱尔教授所指出的那样，尽管到 975 年，英格兰已有 30 多座修道院和七八座女修道院得到了重建，但如果考虑到数百座世俗的修道院可能仍在发挥作用，改革后的修道院不太可能占总数的 10% 以上，这就使此次改革的影响呈现出很大的局限性。② 另外，从地理位置上讲，这场运动也仅限于古老的威塞克斯王国以及奥斯瓦尔德和埃塞尔沃尔德拥有财产的中西部。在 972 年受任约克大主教后，奥斯瓦尔德没能将修道主义重新引入他的北部教区，虽然在他之后的 3 名约克大主教都是本尼迪克特派修道士，但他们无法像他那样能够在北方建造修道院。因此，这场精神和物质上的复兴仅仅触及了那些古老的修道院共同体中的一小部分（很可能不到 1/10），其他地区可能依然照旧。

（三）英格兰王权对修道院改革的支持

作为当时全欧洲最强有力的君主，英格兰国王在推动运动和支持改革后的修道院方面发挥的作用比欧洲大陆上的君主更为显著。

自阿尔弗雷德统治时期起，西撒克逊国王们对严格的隐修制度就已经表现出兴趣。邓斯坦在 940 年夏天被埃德蒙国王任命为格拉斯顿伯里修道院院长，他的改革得到了埃德蒙及其继承人埃德雷德的支持。阿宾顿修道院起初是一座贫瘠的小教堂，它是埃德雷德国王赠给埃塞尔沃尔德的，不久，埃德雷德国王又从自己的王室地产中拨出了 100 海德捐赠给它。相较于他的前任，埃德加的统治（959—975 年）更加稳固，他以巨大的热情支持修道院的复兴，且全心全意地接受了以邓斯坦、埃塞尔沃尔德和奥斯瓦尔德为代表的改革者们那种排他的、"彻底的修道院"的立场，因此获得

---

① 转引自 Kenneth Hylson Smith. *Christianity in England from Roman Times to the Reformation: From Roman Times to 1066*, p. 262。

② John Blair. *The Church in Anglo-Saxon Society*, p. 351。

了"修士之父"（Father of the Monks）的称号。《盎格鲁-撒克逊编年史》中关于 964 年的纪事记载说："这年，埃德加国王将城里（温切斯特）的神父们从老教堂和新教堂，从彻特西和米尔顿驱逐出去，代之以修道士。他任命修道院院长埃塞尔加（Æthelgar，他之前是埃塞尔沃尔德在格拉斯顿伯里修道院的一位学生）为温切斯特新教堂的院长，奥德伯特（Ordberht，后出任塞尔西主教）为彻特西的院长，基内沃德（Cyneweard，后任韦尔斯主教）为米尔顿的院长。"在 970 年复活节举行的一次大型集会上，埃德加国王下令要建造至少 50 座修道院。在"准备不足者"埃塞尔雷德统治时期，修建新修道院的活动仍在继续：塔维斯托克（Tavistock）、塞那阿巴斯（Cerne Abbas）、恩舍姆、伯顿（Burton）等修道院是其中的代表。此外，在这一时期，修道士也被引入坎特伯雷的基督教堂和舍伯恩的主教座堂中。

在国王的带动下，英格兰贵族们也积极投入这场改革运动，建立修道院再一次成为深受尊敬的行为。例如，塔维斯托克修道院的创建者奥德伍尔夫（Ordwulf）是埃塞尔雷德国王的叔叔，他是修道院改革的支持者，也是英格兰东南部另一个大家族的成员。汉普郡郡长埃塞尔默（Athelmaer）则先后建造了塞那阿巴斯和恩舍姆这两座修道院，他也是英格兰 10 世纪后期著名的劝诫文作者埃尔弗里克的庇护人。[①] 伯顿修道院位于特伦特河畔，它是英格兰中北部一位叫伍尔弗里克·施波特（Wulfric Spott）的塞恩于 1004 年创建的。

第三节　帮助教会积聚财富

在前工业化时代，财富主要由土地和土地上的直接产出构成，权力则落入能够指挥和利用这些资源的人手中。到诺曼征服前夕，盎格鲁-撒克逊教会作为一个整体已经在英格兰积聚了巨额财富。资料显示，除了捐建那些直接服务于宗教目的的教堂、修道院等，为教会的存在提供必要的经济和物质基础，世俗国王也是盎格鲁-撒克逊教会的最大赞助

---

① *English Historical Documents, 500 - 1042*. D. Whitelocked（ed. and trans.），no. 239, preface, p. 923.

人，他们不仅捐献土地、福音书手稿、圣徒遗物等，还立法严惩那些不缴纳教会税的人，而从出身富有者中任用主教、修道院院长等高级教士这一偏好也在一定程度上促进了教会财富的积聚。不过，从 8 世纪初开始，就出现了关于教堂、修道院等宗教机构的收益被盎格鲁-撒克逊国王窃取的抱怨，教会财产在维京人入侵期间一度成为国王等世俗领主猎取的对象。

一　盎格鲁-撒克逊教会财富概况

基督教教会是一个由多级机构组成的伞形组织，它没有"中央金库"，财富主要掌握在各地主教座堂和修道院手中。具体而言，盎格鲁-撒克逊教会财富的来源主要包括土地和教会税。

（一）土地

《末日审判书》显示，到诺曼征服前夕，英格兰各主教座堂持有的土地约占整个王国的 8%。[①] 这可能是一个保守数字，因为 1086 年的土地大清查并未包括达勒姆郡，它为我们提供的只是达勒姆主教座堂在约克郡持有的不动产（共计 60 海德，价值约为 20 镑）。[②] 另外，由于"征服者"威廉对英格兰北部的骚扰和约克郡领地的重组，我们从《末日审判书》中得出的约克大主教持有的土地的价值也远低于它在诺曼征服前的实际数字。即便如此，英格兰各主教座堂在诺曼征服前持有的土地的价值（约为 5400镑）与"申信者"爱德华国王的（约为 6150 镑）旗鼓相当，尽管它略逊于当时最富有的戈德温伯爵家族，后者在英格兰各地积聚的地产的价值达到了令人震惊的 7700 镑。[③] 除了北安普敦郡、拉特兰郡以及默西河（Mersey）与里布尔河之间的那片土地，盎格鲁-撒克逊主教座堂的地产分布于英格兰各郡。

另外，经过 10 世纪后半期的重建和改革，英格兰在诺曼征服前还有

---

① Mary Frances Giandrea. *Episcopal Culture in Late Anglo-Saxon England*, pp. 124–155.
② Ibid, table 5. 1, p. 126. 关于达勒姆主教辖管的土地，参见 H. E. Craster, "The Patrimony of St Cuthbert," *English Historical Review* (69), 1954, pp. 177–199。
③ Robin Fleming. *Kings and Lords in Conquest England*. Cambridge: Cambridge University Press, 1991, Tables 3. 3 and 3. 1.

40多座独立于主教管辖的修道社团，它们持有的地产的价值约为7185镑。① 到"征服者"威廉在1086年组织全国土地大调查时，伍斯特、伊夫舍姆、珀肖尔和威斯敏斯特四大修道院在伍斯特郡的土地超过了7/12。② 一些规模巨大的修道社团持有的地产也分布于王国各地。以格拉斯顿伯里为例。它是诺曼征服前英格兰最富有的修道社团，它持有的约800海德土地，有一半位于萨默塞特郡，有1/3在威尔特郡，剩下的则分布于多塞特郡、德文郡、汉普郡、格洛斯特郡和伯克郡。③ 类似的，归属于伊利修道院的100多块领地分布在英格兰6个郡。④ 威斯敏斯特修道院在15个郡、拉姆齐（Ramsey）修道院在8个郡中持有土地。⑤

可见，教会作为一个整体，是诺曼征服前英格兰最大的领主。"在前工业化社会中，土地（几乎）是所有财富的源头；简单地说，财富给你带来权力，因为它能让你奖赏武装人员，这些人反过来又能使你以各种方式获得更多的财富并为你已有的财富提供保护。"⑥ 对教会领导人来说，规模广阔的地产给他们带来的不仅仅是现金收入和各种献纳，也能够使其在更广阔的世界享有声望，并在英格兰的地方共同体中占有一席之地。主教、修道院院长等高级教士应邀参加国王的各类会议这一事实就体现了他们在王国财力中的大量占比以及他们在精神事务上的优越性。具体到坎特伯雷大主教，"在一个政治命运起伏不定的时代，确实，是坎特伯雷教会的财富，加上它与罗马及其与'英格兰人的使徒'圣格雷戈里间的各种联系，使他们的地位能够为整个英格兰所接受"⑦。

---

① D. Knowles. *The Monastic Order in England: A History of its Development from the Times of St Dunstan to the Fourth Lateran Council, 940–1216.* Cambridge: Cambridge University Press, 1963, pp. 100-103, Appendix VI. 该数字未包括坎特伯雷的基督教堂、温切斯特的老教堂、伍斯特和舍伯恩的圣玛丽教堂修道院大教堂持有的地产价值。

② 〔英〕屈勒味林：《英国史》，钱端升译，中国社会科学出版社，2008，第80页。

③ Mary Frances Giandrea. *Episcopal Culture in Late Anglo-Saxon England*, p. 127.

④ E. Miller. *The Abbey and Bishopric of Ely.* Cambridge: Cambridge University Press, 1969, p. 16.

⑤ A. Ayton and V. Davis, "Ecclesiastical Wealth in England in 1086," *Studies in Church History* (24), 1987, pp. 47–60, at p. 59.

⑥ W. Davies and P. Fouracre. *Property and Power in the Early Middle Ages.* Cambridge: Cambridge University Press, 1995, p. 2.

⑦ Nicholas Brooks. *The Early History of the Church of Canterbury: Christ Church from 597 to 1066*, p. 103.

（二）教会税

随着基督教在英格兰的传播，缴纳给教会的各种税款也开始出现在盎格鲁-撒克逊人的法典中。梳理存世的各类相关原始文献，英国在盎格鲁-撒克逊时期的教会税主要包括教堂捐、什一税、灯油费、罗马便士、灵魂税以及犁捐。

1. 教堂捐

教堂捐（*ciricsceat*，即 church-scot，字面意思为"教堂的贡金"）的起源相当模糊，它似乎只存在于中世纪早期的英格兰。有人认为它可能始于盎格鲁-撒克逊异教时代，[①] 也有人认为它是从凯尔特人那里传承来的一种非常古老的习俗，[②] 但支持这两种假设的证据似乎都不够确凿。

教堂捐最早出现在威塞克斯国王伊尼的法典中，它规定应于圣马丁节（Martinmas，11 月 11 日）前缴纳（第 4 条）。[③]比德在 734 年写给约克主教埃格伯特的信中说，在诺森伯里亚，即使是在无法达到的深山和丛林掩蔽的山谷中的村舍，那里的人们也要向主教纳贡。[④] 有学者指出，虽然比德没有说明缴纳的是什么样的贡税，但他在信中所用 *tributum* 一词可能就是指教堂捐。[⑤] 可见，除了威塞克斯，诺森伯里亚到 8 世纪初也出现了教堂捐。

伊尼的法典和比德的信都没有提及教堂捐的数目，但温切斯特主教座堂一份 9 世纪 70 年代的土地租约[⑥]记载说，一个叫卡思雷德（Cuthred）的人从该主教座堂租了一块 8 海德的土地，租期为三代，除了修筑桥梁、军事服役和支付 8 份教堂捐等，其他义务已被免除。我们可以据此推测，教堂捐可能为每海德土地缴纳某一固定数量的谷物。

在英国早期教会史上，教堂捐具有重要影响，"在教会税制度方面，

---

① William. A. Chaney, "Anglo-Saxon Church Dues: A Study in Historical Continuity, "*Church History* (32), 1963, pp. 268–277, esp. pp. 271–272.

② N. Nelson, "Customary Rents, "*Oxford Studies in Social and Legal History*. P. Vinogradoff（ed.）, Oxford: Clarendon Press, 1910, pp. 188–201, esp. p. 196.

③ *English Historical Documents, 500–1042*. D. Whitelock（ed. and trans.）, pp. 398–407.

④ 〔英〕比德：《英吉利教会史》，第 405—421 页，在第 410 页。

⑤ Francesca Tinti, "The 'Cost' of Pastoral Care: Church Dues in Late Anglo-Saxon England, "*Pastoral Care in Late Anglo-Saxon England*. Francesca Tinti（ed.）, Woodbridge: The Boydell Press, 2005, pp. 27–51, at p. 29.

⑥ *Anglo-Saxon Charters*. A. J. Robertson（ed.）, no. 14.

盎格鲁-撒克逊人不同于加洛林人的一个重要方面在于：加洛林人的教会税主要依赖什一税，盎格鲁-撒克逊人则自很早起就依赖教堂捐，到了后期它的重要性才被什一税取代"①。

诺曼征服后，教堂捐被保留了下来，尽管它可能被冠以不同的名称。例如，在莱姆斯特，教堂捐在 12 世纪和 13 世纪仍在缴纳，但被称为 scrif-corn；在林肯，应归于主教座堂且在 12 世纪被称为 Marycorn 的那种献纳可能是教堂捐的另一种形式。保存在阿宾顿、格拉斯顿伯里、格洛斯特和温切斯特等的租地文书也证明，教堂捐在 12 和 13 世纪仍在缴纳，尽管它有时候以家禽或货币而非谷物的形式缴纳。②

2. 什一税

基督徒每年将其收获物的 1/10 献给上帝的规定，源自《圣经·旧约》中的诫命。③ 起初，什一税由虔诚的基督徒自愿缴纳，从 325 年尼西亚公会议到 451 年查尔西顿（Chalcedon）公会议制定的各种教会法规均未规定缴纳什一税。后来，受哲罗姆、奥古斯丁等著名教会思想家的影响，什一税开始变为一项道德和宗教职责。585 年的马贡多（Macondo）宗教会议开始明确要求缴纳此税。④ 765 年，加洛林国王矮子丕平（Pippin the Short）颁令，使缴纳什一税成为一项法律义务。有学者指出，丕平此举旨在弥补其父亲查理·马特（Charles Martel）对教会曾造成的伤害。⑤ 到 9—10 世纪，什一税渐成欧洲基督教世界必须缴纳的税种。⑥

在英格兰，什一税最早见于教会人士的作品中，如西奥多大主教的《补赎规则》⑦、比德的《英吉利教会史》⑧，以及在大陆传教的圣卜尼法斯在

---

① Francesca Tinti, "The 'Cost' of Pastoral Care: Church Dues in Late Anglo-Saxon England, "*Pastoral Care in Late Anglo-Saxon England*. Francesca Tinti (ed.), pp. 27-51, at p. 30.

② N. Nelson, "Customary Rents," *Oxford Studies in Social and Legal History*. P. Vinogradoff (ed.), pp. 188-201, at pp. 194-196.

③ 《圣经·创世记》第 14 章第 20 节载，以色列人的祖先亚伯拉罕将他所得的十分之一献给耶路撒冷城的麦基洗德，这被视为什一税的起源。

④ 〔美〕威利斯顿·沃尔克：《基督教会史》，第 240 页。

⑤ C. J. Godfrey. *The Church in Anglo-Saxon England*, p. 326.

⑥ 〔荷〕维姆·布洛克曼、彼得·霍彭布劳沃：《中世纪欧洲史》，乔修峰、卢伟译，花城出版社，2012，第 48 页。

⑦ *Councils and Ecclesiastical Documents Relating to Great Britain and Ireland* Ⅲ. A. W. Haddon and W. Stubbs (eds.), p. 203.

⑧ 〔英〕比德：《英吉利教会史》，第四卷第 29 章。

746—747 年写给坎特伯雷大主教卡思伯特的信①等。786 年，受命造访英格兰的奥斯蒂亚（Ostia）主教乔治（George）和托迪（Todi）主教西奥菲莱克特（Theophylact）向教皇哈德良一世（Adrian Ⅰ）汇报说，英格兰宗教会议已经规定，所有盎格鲁-撒克逊基督徒将上缴其全部财产和活物的 1/10 给教会。②

尽管如此，相较于欧洲其他地区，什一税在英格兰成为一项法律义务仍要晚很多。埃塞尔斯坦国王的第一个法令最先要求其在各地的管事将王室地产上收获物的 1/10 上缴给教会，并要求主教、郡长等仿效。③ 埃德蒙国王的第一个法令重申，缴纳什一税是每一位基督徒的神圣职责（第 2 条）。④埃德加国王的第二、第三个法令则详细规定了什一税的归属、缴纳时间及对违反者的惩处措施（第 1.1、2-2.1、3-3.1 条），⑤ 这"标志着世俗权力已将保证教会获得此种收入视为其确切的职责，而在此之前，它只是由虔诚的基督徒为表达其虔诚而自愿捐赠的，后因教会人士的说教和宗教会规才逐渐成为一种宗教义务"⑥。之后，什一税取代教堂捐，成为英格兰教会最重要的税收来源。

什一税分两次缴纳，即圣灵降临节（Pentecost，复活节后第七个星期日）前上缴幼畜，地里的收获物则在万圣节（All Saints' Day，11 月 1 日）前缴纳。

3. 灯油费

为教堂提供照明的蜡烛即灯油费（light-dues），也是盎格鲁-撒克逊法令的一个重要主题。这种税早在 779 年就已在欧洲大陆存在。⑦ 有学者称，最早鼓动盎格鲁-撒克逊人缴纳灯油费的是约克大主教伍尔夫斯坦。⑧但是，"灯油费"这种观念在英格兰似乎很早即已存在。例如，教皇利奥三世（Leo Ⅲ）在 798 年回信给麦西亚国王琴伍尔夫时提到，琴伍尔夫的前任即

---

① J. Godfrey. *The Church in Anglo-Saxon England*, p. 326.

② *Councils and Ecclesiastical Documents Relating to Great Britain and Ireland* Ⅲ. A. W. Haddon and W. Stubbs (eds.), pp. 447-462; *English Historical Documents, 500-1042*. D. Whitelock (ed. and trans.), p. 836.

③ *Councils and Synods with Other Documents Relating to the English Church* Ⅰ, A. D. 871-1204. D. Whitelock, M. Brett and C. N. L. Brooke (eds.), Oxford: Clarendon Press, 1981, pp. 43-47.

④ Ibid, pp. 60-63.

⑤ *English Historical Documents, 500-1042*. D. Whitelock (ed. and trans.), no. 40.

⑥ C. J. Godfrey. *The Church in Anglo-Saxon England*, p. 327.

⑦ *Homilies of Wulfstan*. Dorothy Bethurum (ed.), Oxford: Oxford University Press, 1957, p. 343.

⑧ Ibid, p. 343.

奥法国王曾许诺每年捐献 365 曼库西（mancus，1 曼库西约合 30 便士）给罗马教会，以"供养穷人和支持照明"。[1] 另外，威塞克斯国王埃塞尔伍尔夫在遗嘱中也提到，他每年向罗马的圣彼得教堂和圣保罗教堂各捐 100 曼库西，以支持它们在复活节前夕和每日雄鸡报晓时购买灯油。[2]

最早提及灯油费的是威塞克斯国王长者爱德华与丹麦人国王古思伦签署的协议，[3] 但它仅规定对疏于缴纳者的处罚（第 6.2 条）。"准备不足者"埃塞尔雷德国王的第五个法令虽然提到"一年缴纳 3 次"（第 11.1 条），[4] 但它并未详细说明是哪三次。约克大主教伍尔夫斯坦的训诫文将它们安排在圣诞节、圣烛节（Candlemas，每年 2 月 2 日）和复活节，[5] 但在克努特国王的法令中，圣诞节被万圣节取代，即每年复活节、万圣节以及圣烛节前缴纳灯油费。[6]

灯油费的缴纳标准为每海德土地缴纳半便士或价值半便士的蜡。

4. 彼得便士

根据一封 11 世纪的教皇书信，彼得便士（Peter's Pence）是教皇以"使徒彼得继承人"的名义征收的。[7] 前述麦西亚国王奥法做出的关于每年捐献 365 曼库西给罗马教会的承诺，被视为彼得便士的起源。[8] 现存的信件片段显示，即使在抵御维京人的入侵期间，英格兰王室也一直在努力与罗马教廷保持联系。[9] 到威塞克斯国王阿尔弗雷德大帝统治末期，英格兰每年都要向罗马献纳。《盎格鲁-撒克逊编年史》中关于 887—890 年的纪事几乎都是在告诉读者，是谁受命将阿尔弗雷德国王和西撒克逊人的救济物送到罗马的。

根据埃德加国王的第二、第三个法令，彼得便士以"户"为单位征

---

[1]　*English Historical Documents, 500 – 1042*. D. Whitelock（ed. and trans.），no. 205, pp. 861 – 862, at p. 862.

[2]　William. A. Chaney, "Anglo-Saxon Church Dues: A Study in Historical Continuity," *Church History* (32), 1963, pp. 268 – 277, at p. 275.

[3]　*The Laws of the Earliest English Kings*. F. L. Attenborough, p. 105.

[4]　*English Historical Documents, 500 – 1042*. D. Whitelock（ed. and trans.），no. 44, pp. 442 – 446.

[5]　*Homilies of Wulfstan*. Dorothy Bethurum（ed.），p. 343.

[6]　*The Laws of the Kings of England from Edmund to Henry I*. A. J. Robertson（ed.），p. 328.

[7]　刘城：《英国教会：从双重纳税义务走向单一纳税义务》，《历史研究》2002 年第 6 期。

[8]　F. M. Stenton. *Anglo-Saxon England*, p. 217.

[9]　*English Historical Documents, 500 – 1042*. D. Whitelock（ed. and trans.），nos. 220, 222 and 227.

收，每户 1 便士，在圣彼得和圣保罗节（6 月 29 日）前缴纳。起初，彼得便士由英格兰国王派人去各地征收并派人送至罗马，后转由坎特伯雷大主教负责。到托马斯·贝克特（Thomas Becket）任坎特伯雷大主教时期（1161—1170 年），征缴彼得便士的是一位得到教皇授权的主教，但到 13 世纪末又改由一位专门的收税员负责。[①] 1320 年以后，由于教权的衰落和王权的制约，彼得便士不再上交给教皇，而被国王和各级教区截留使用。[②]

5. 灵魂税

每埋葬一具尸体也要向教堂支付一笔费用，即灵魂税（soul-scot）。灵魂税无固定内容，多由死者的亲友捐献，以救赎死者的灵魂。它可能起源于古日耳曼时期，由在死者的坟前处置其遗物的异教风俗演化而来，近似于现代的丧葬费。[③] 尽管它是一种古老的应付款，并出现在了前述温切斯特主教座堂在 9 世纪 70 年代出租土地的那份租约中，但最先对灵魂税作出明确规定的是埃塞尔斯坦国王的第一个法令（第 4 条）。有学者提出，该法令最初只涉及什一税和教堂捐，灵魂税可能是约克大主教伍尔夫斯坦后来补充进去的，以扩大教会收入来源。[④]

6. 犁捐

犁捐（plough-alms）是英国盎格鲁-撒克逊时期的一种常见贡税。"准备不足者"埃塞尔雷德国王的第七个法令规定，犁捐为"每海德 1 便士或价值 1 便士的物品"（第 2.2 条）。[⑤] 虽然埃塞尔斯坦国王的第一个法令（第 4 条）和埃德蒙国王的第一个法令（第 2 条）都提到要缴纳犁捐，但它们都没有规定具体时间。[⑥] "复活节后 15 天"首次出现在埃德加国王的第二和第三个法令（第 2.3 条）中，并再次见于埃塞尔雷德国王的第五个法令

---

① N. Nelson, "Customary Rents," *Oxford Studies in Social and Legal History*. P. Vinogradoff (ed.), p. 200.

② May McKisack. *The Fourteenth Century, 1307–1399*. Oxford: Oxford University Press, 1959, pp. 283–284.

③ C. J. Godfrey. *The Church in Anglo-Saxon England*, p. 324.

④ Patrick Wormald. *The Making of English Law: King Alfred to the Twelfth Century* Ⅰ, *Legislation and Its Limits*. Oxford: Blackwell Publishers Ltd. , 1999, pp. 295, 314.

⑤ *English Historical Documents, 500–1042*. D. Whitelock (ed. and trans.), no. 45, pp. 447–448.

⑥ *The Laws of the Earliest English Kings*. F. L. Attenborough (ed.), pp. 105, 125; *The Laws of the Kings of England from Edmund to Henry I*. A. J. Robertson (ed.), p. 7.

（第 6 条）、第六个法令（第 16 条）、第八个法令（第 12 条）以及克努特国王的第一个法令（第 8 条）中。①

二　带头慷慨捐献土地等给教会

在塔西佗的笔下，日耳曼人慷慨好客，"闭门拒客被认为是一种丑行。每个人都按照他的家财以上宾之席待客……对待熟人和陌生人是没有差别的"②。因此，虽然肯特国王埃塞尔伯特在与奥古斯丁等人第一次会谈后没有立即改变信仰，但他仍很有礼貌地接待了这些前来传教的外邦人，供给他们生活必需品，不仅让他们住到自己在坎特伯雷的一座住宅里，还允许他们使用坎特伯雷城东的那座圣马丁教堂。

"使盎格鲁-撒克逊人皈依基督教必须采取的最早的措施之一，必定是为新建立的教会争取到一笔收入。在最开始的时候，只有国王的慷慨给予，方能满足需要。"③ 以肯特国王埃塞尔伯特为例。如前所述，他是第一位皈依基督教的盎格鲁-撒克逊国王，他在改信新宗教后，将自己在坎特伯雷的一个宫殿让给奥古斯丁及其随从居住，并送给他们各种各样的物品，后来他又捐赠了许多不动产和财产给罗切斯特和伦敦的主教座堂。后世的人们认为，以书面形式记载土地流转的做法在盎格鲁-撒克逊人皈依基督教之后就已出现了，但那些据说是以肯特国王埃塞尔伯特的名义签发的特许状显然都是后世伪造的。肯特国王洛瑟尔（Hlothhere）在 679 年赠地给里卡尔弗修道院院长布里特沃尔德的特许状的原件保存了下来，它是迄今为止最早和真实可信的记录盎格鲁-撒克逊国王赐地给教会的历史文献资料。④ 如前所述，到 1066 年，坎特伯雷的基督教堂持有肯特近 1/4 的地产，但是，对比坎特伯雷大教堂在 1066 年持有的地产与那些已知的它在 9—11 世纪取得的地产，我们发现其中的大部分地产可能在 764 年之前就已经获得了。"尽管证据不是很充分，但很明显，坎特伯雷大教堂在它建立后的那一个半世纪里获得了大量土地捐献，它们分布在英格兰东南部的

① *The Laws of the Kings of England from Edmund to Henry I.* A. J. Robertson (ed.), pp. 21, 83, 97, 123, 165.
② 〔古罗马〕塔西佗：《阿古利可拉传　日耳曼尼亚志》，第 58 页。
③ *English Historical Documents, 500–1042.* D. Whitelock (ed. and trans.), p. 74.
④ Ibid, no. 56.

大部分地区。"①

在其他盎格鲁-撒克逊王国，教会财富也主要源自国王的慷慨捐赠。比德记载说，苏塞克斯第一位基督徒国王埃塞尔沃尔奇将塞尔西岛上87海德土地送给了威尔弗雷德，西撒克逊国王卡德瓦拉则将怀特岛上1/4的土地（约300海德）赐给了教会。②《盎格鲁-撒克逊编年史》关于855年的纪事记载说，在去罗马朝觐前，威塞克斯国王埃塞尔伍尔夫拿出1/10的地产分赐给教会，以救赎自己的灵魂。根据1940年10月25日的《泰晤士报》，埃塞尔斯坦国王是伦敦圣保罗大教堂最慷慨的捐助人，他的善举使圣保罗大教堂跻身英格兰最富裕的大教堂之一。③ 如前所述，存世的盎格鲁-撒克逊特许状是一种有用但尚未充分利用的原始资料，它们较为真实地记录了该时期英格兰土地、动产（金十字架、剑、黄金等）转移以及特权赠与的情况。在P. H. 索耶教授的《盎格鲁-撒克逊特许状：注解目录和书目》收录的1875件特许状中，编号1—1163都是记录国王等王室成员遗赠土地的。事实上，"现存的赐地文书主要都是记录着赐给教会土地的。据统计，7—9世纪间593件赐地文书，只有29件是不属于教会的"④。

在盎格鲁-撒克逊国王对外扩张的过程中，"外来的霸主们都习惯通过捐赠修道院，特别是那些由当地王室成员管理的修道院，以讨好臣服于他们的地区"⑤。例如，麦西亚国王伍尔夫希尔从肯特人手中夺得萨里后，他的"属王"（sub-king）弗里苏沃尔德（Frithuwold）在672—674年捐赠了200海德土地给彻特西修道院，记录该"善行"的特许状⑥则是现存"盎格鲁-撒克逊时期最早、最可信的特许证书之一"⑦。彻特西修道院的土地因此增加到300海德，其中包括10海德"供船只靠岸"的伦敦港口的土

---

① Nicholas Brooks. *The Early History of the Church of Canterbury: Christ Church from 597 to 1066*, p. 98; Nicholas Brooks, "The Cathedral Community at Canterbury, 597–1070, "*Anglo-Saxon Myths: State and Church, 400–1066*. Nicholas Brooks (ed.), pp. 101–154, at p. 106.

② 〔英〕比德:《英吉利教会史》，第四卷第13、16章。

③ Sarah Foot. *Æthelstan: The First King of England*, p. 2.

④ 马克垚:《英国封建社会研究》，第20—21页。

⑤ Barbara Yorke. *Kings and Kingdoms of Early Anglo-Saxon England*, p. 55.

⑥ *English Historical Documents, 500–1042*. D. Whitelock (ed. and trans.), 1979, no. 54; *Anglo-Saxon Charters: An Annotated List and Bibliography*. P. H. Sawyer (ed.), no. 1165.

⑦ *English Historical Documents, 500–1042*. D. Whitelock (ed. and trans.), p. 479.

地。在 680 年和 681 年，麦西亚国王埃塞尔雷德先后赐地给马姆斯伯里修
道院，以方便自己向南扩张。① 680 年和 685 年，埃塞尔雷德手下一个叫琴
弗思（Cenfrith）的亲兵（comes）和他的侄子伯特沃尔德（Berhtwald）也
赠地给马姆斯伯里修道院。② 在 7 世纪西撒克逊人向西、南扩张的过程
中，这些地区的修道院或教堂均获得了丰厚的捐赠。其中，第一个为多
塞特郡的舍伯恩修道院提供捐赠的是琴瓦尔国王，琴特温国王则最先捐
助萨默塞特的格拉斯顿伯里修道院，③ 它们均系不列颠人建造。通过为
舍伯恩教区内的宗教机构提供慷慨的捐赠，伊尼的继承者们成功地巩固
了 7 世纪以后国王们向西南部扩张所取得的成果。④ 威塞克斯国王埃格伯
特在 9 世纪早期征服康沃尔后，将那里 1/10 的土地送给了教会。⑤ 为了增
强麦西亚人在肯特的影响，埃塞尔博尔德国王赐赠不动产给坎特伯雷的大
主教座堂，并为肯特教会的一些船只豁免了通行税。⑥ 由于维京人的劫掠，
幸存下来的北部教区如约克到 10 世纪初已相当贫穷。为此，威塞克斯国王
埃塞尔斯坦将兰开夏郡的一大宗土地——南北约 15 英里、东西约 25 英里，
根据它的规模及其管辖范围，有学者认为它相当于一个伯爵领地⑦——赠
给了约克大主教。约半个世纪后，埃德威格国王和埃德加国王又将索斯韦
尔（Southwell）的土地赠给约克大主教，以帮助后者在那里建造并扩充一
座大教堂。⑧

　　盎格鲁-撒克逊特许状还记录了一项将减少王室收入且可能违反传统
继承规则的行为——书田（book-land，即自由拥有的可供自己支配的土
地）的创建或转让。一些盎格鲁-撒克逊国王似乎努力在国王该有的慷慨

---

① *Anglo-Saxon Charters: An Annotated List and Bibliography*. P. H. Sawyer（ed.），nos. 71, 73.

② *Anglo-Saxon Charters: An Annotated List and Bibliography*. P. H. Sawyer（ed.），nos. 1166, 1169.

③ H. Edwards, "The Charters of the Early West Saxon Kingdom," *British Archaeological Reports*
（198），1988, pp. 243-253.

④ 对格拉斯顿伯里修道院的捐赠参见 *Anglo-Saxon Charters：An Annotated List and Bibliogra-
phy*. P. H. Sawyer（ed.），nos. 257, 1678, 1680-1688；对马姆斯伯里修道院的捐赠包括
Anglo-Saxon Charters：An Annotated List and Bibliography. P. H. Sawyer（ed.），nos. 256 and
260；对舍伯恩修道院的赐赠参见 H. Edwards, "The Charters of the Early West Saxon King-
dom," *British Archaeological Reports*（198），1988, pp. 243-253。

⑤ *English Historical Documents, 500-1042*. D. Whitelock（ed. and trans.），no. 229.

⑥ *Anglo-Saxon Charters: An Annotated List and Bibliography*. P. H. Sawyer（ed.），nos. 86-89, 91.

⑦ Barbara Yorke. *Kings and Kingdoms of Early Anglo-Saxon England*, p. 134, table 16.

⑧ *Anglo-Saxon Charters: An Annotated List and Bibliography*. P. H. Sawyer（ed.），nos. 659 and 679.

大方与保持自己的财富之间寻找一种平衡。以威塞克斯国王为例。阿尔弗雷德国王在遗嘱中指出，他的祖父埃格伯特只把土地留给王室中的男性成员，这样家族就不会失去不动产。阿尔弗雷德自己也意识到了保持家族财产完整的必要性，他在遗嘱中规定，女性亲属接受的不动产只能终生使用，在她们去世后就要归还给王室中的其他男性成员。[①] 事实上，以阿尔弗雷德国王及其儿子长者爱德华国王的名义保存下来的真实可信的特许状很少，长者爱德华国王则似乎只在 899—909 年颁发过特许状。而且，存世的在这一时期颁发的大部分特许状记录的是交换、续期、归还或租赁这些不会永久地缩减王室财库的交易行为。在阿尔弗雷德名下的 12 份基本可靠的特许状中，只有 6 份没有提及任何形式的补偿或交换（提到补偿或交换的有 6 份），而在长者爱德华名下 16 份可靠的特许状中，没有提及任何形式补偿或交换的仅为 5 份（剩下的 11 份提到了补偿或交换）。这表明，这些统治者不仅避免了新的书田产生，而且还防止了王室土地所有权的减少。另外，除了在 838 年出现的短暂的资助热潮，威塞克斯国王很少再捐赠坎特伯雷教会。除了阿尔弗雷德国王、长者爱德华国王审慎的财政政策，另一些可能的解释是，威塞克斯国王似乎对坎特伯雷教会不太感兴趣，它距离西撒克逊人的传统政治中心太过遥远，或他们的国王认为它已获得了足够的捐助等。[②] 不论如何，虽然在坎特伯雷的基督教堂的档案中不乏 10 世纪国王颁发的特许状，但其中的绝大多数是关于世俗贵族将他们得自国王的地产转赠给大主教座堂的记载。

不过，在中断了 15 年（909—924 年）后，特许状制作在长者爱德华的继承人埃塞尔斯坦国王统治初期得到了恢复。埃塞尔斯坦统治之初的 4 份特许状也是关于确认、续期或归还的，这似乎延续了阿尔弗雷德和长者爱德华时期那种收紧授与土地的政策。如前所述，927 年征服诺森伯里亚是"英格兰王国"形成的一个决定性时刻，之后，埃塞尔斯坦国王开始以前所未有的方式和规模分发土地，且特许状中记录的交易的性质发生了重大变化——续签、租赁和交换的数量大幅下降，王室慷慨授与的数量则稳

---

① *Alfred the Great: Asser's Life of King Alfred and Other Contemporary Sources.* S. Keynes and M. Lapidge (trans.), Harmondsworth: Penguin Classics, 1983, pp. 174-178, 324-325.

② Nicholas Brooks. *The Early History of the Church of Canterbury: Christ Church from 597 to 1066,* p. 207.

步上升。这给人的印象是，埃塞尔斯坦及其继任者愿意并且能够比他们的前任们更自由地授予土地和各类豁免了。

除了土地，盎格鲁-撒克逊国王还捐献宗教书籍、圣徒遗物等珍贵不动产给教会。这方面最突出的例子是威塞克斯国王埃塞尔斯坦。[①] 例如，他将一部出自布列塔尼的福音书手稿（BL Royal I. A. XVIII）送给了坎特伯雷的圣奥古斯丁修道院，它可能创作于 9 世纪后期或 10 世纪早期。坎特伯雷的基督教堂还从埃塞尔斯坦那里获赠了两本非常珍贵的福音书手稿：一本（BL Cotton Tiberius A，ii）以华丽著称，它的首字母和标题均被饰以黄金，可能出自比利时的洛贝斯（Lobbes）修道院，成书于 9 世纪晚期或 10 世纪早期；另一本是一部非常精美的袖珍型福音书手稿，据称创作于 9 世纪后半期，出自爱尔兰阿尔马修道院，现存于兰博斯宫（Lambeth Palace）大主教藏书室。在此之前，相较于圣奥古斯丁修道院内大量华丽的泥金装饰手抄本，坎特伯雷大主教座堂内圣坛上的福音书手稿作品要匮乏得多，但现在这两部福音书手稿，再加上之前肯特郡长阿尔弗雷德和他的妻子在 9 世纪下半叶赠送的那本装帧精美的 8 世纪肯特福音书手稿《斯德哥尔摩金色抄本》（Stockholm Codex Aureus），[②] 使这一尴尬得到了一定的化解。在 934 年夏天率军北征的途中，埃塞尔斯坦将另一部出自布列塔尼的福音书手稿（VL Cotton Otho B. ix）赠给了当时正暂住切斯特勒斯特里（Chester-le-Street）的圣卡思伯特修道社团，它可能也制作于 9 世纪后期或 10 世纪早期。此外，16 世纪的古文物收集家约翰·利兰（John Leland）说自己在巴斯修道院见到过几本注明是埃塞尔斯坦国王捐献的书，其中包括一部 9 世纪末在欧洲大陆创作的《君士坦丁堡宗教会议法案》（Acts of the Council of Constantinople）的复本（BL Cotton Claudius B. v）。[③]

埃塞尔斯坦国王从很早起就对圣徒遗物感兴趣，到他在 924 年继位时，

① S. Keynes, "King Æthelstan's Books, " *Learning and Literature in Anglo-Saxon England*. M. Lapidge and H. Gneuss (eds.), Cambridge: Cambridge University Press, 1985, pp. 143 – 201, at pp. 147 – 195; Sarah Foot. *Æthelstan: The First King of England*, pp. 118 – 123.

② *Selected English Historical Documents of the Ninth and Tenth Centuries*. F. E. Harmer (ed.), no. 9; Nicholas Brooks. *The Early History of the Church of Canterbury: Christ Church from 597 to 1066*, p. 199.

③ S. Keynes, " King Æthelstan's Books, " *Learning and Literature in Anglo-Saxon England*. M. Lapidge and H. Gnruss (eds.), p. 164.

他已积聚了一批圣徒遗物。① 埃塞尔斯坦对圣物的狂热在欧洲大陆也广为人知，因此，法兰克公爵休（Hugh）投其所好——在 926 年给埃塞尔斯坦国王送来的各种礼物中，就不乏一些珍稀的圣物，如圣莫里斯（St Maurice）的旗帜、一块十字架的碎片和一顶荆棘的王冠。② 大约与此同时，一位不列颠教士也给埃塞尔斯坦国王送来了一些精选的圣骨，因为他知道，在后者的眼中，"它们的珍贵性远胜于这世上的一切东西"。③ 埃塞尔斯坦还差人去欧洲大陆搜罗圣物，包括一些举行弥撒时神父穿的无袖长袍十字塔，伦敦主教西尤德在帕维亚可能还买回来了一些圣徒遗物。④ 为了满足国王对圣物的渴求，一些人甚至铤而走险盗窃圣物。《盎格鲁-撒克逊编年史》883 年的纪事记载说，埃塞尔斯坦的祖父阿尔弗雷德国王在这一年收到了马里努斯（Marinus）教皇派人给他送来的一份厚礼——基督受难十字架上的木块。但埃塞尔斯坦国王很少将圣物据为己有，而是选择慷慨地将它们赠给各地的修道院。埃克塞特、阿宾顿、格拉斯顿伯里和马姆斯伯里等修道院都声称自己曾受惠于埃塞尔斯坦的捐赠。"埃塞尔斯坦向其王国各地的教堂捐赠了大量圣徒遗物。除了传达一种虔诚的姿态，这类捐赠最终可能会给收到这些圣物的教堂带来经济上的利益。"⑤

此外，盎格鲁-撒克逊国王从富有者中选任主教、修道院院长等高级教士这一偏好，在一定程度上也有助于教会积聚财富。虽然我们尚不清楚大多数盎格鲁-撒克逊主教的出身，但很明显，他们中的一些人相当富有。盎格鲁-撒克逊英格兰最后一任坎特伯雷主教斯蒂甘德（Stigand）的净资产高达 750 镑，他在 10 个郡持有地产。⑥ 在 998—1008 年任克雷迪顿主教的埃尔夫沃尔德（Ælfwold）也非常富有。尽管我们无法计算他的净资产总额，但透过埃尔夫沃尔德的遗嘱⑦，我们可以对他的财产窥知一二，除了

① *Selected English Historical Documents of the Ninth and Tenth Centuries*. F. E. Harmer（ed.），no. 18；*English Historical Documents, 500-1042*. D. Whitelock（ed. and trans.），no. 140.
② *English Historical Documents, 500-1042*. D. Whitelock（ed. and trans.），nos. 8 and 24.
③ Ibid, no. 228.
④ *Anglo-Saxon Wills*. D. Whitelock（ed.），Cambridge: Cambridge University Press, 1930, no. 1.
⑤ *Wessex and England from Alfred to Edgar*. D. N. Dumville（ed.），p. 171.
⑥ Mary Frances Giandrea. *Episcopal Culture in Late Anglo-Saxon England*, pp. 147-148.
⑦ *Anglo-Saxon Charters: An Annotated List and Bibliography*. P. H. Sawyer（ed.），no. 1492；*English Historical Documents, 500-1042*. D. Whitelock（ed. and trans.），no. 122, pp. 580-581.

不动产，埃尔夫沃尔德遗赠了一艘船、14 匹马、4 面盾牌和 4 根长矛、3
顶头盔、8 副甲胄、5 本书、3 顶帐篷、2 件壁挂、3 个座套、一件长袍、
一个圣餐杯和一个价值 120 曼库西的圣餐盘。他还提到赠给自己主教座堂
内的每位仆从的黄金合计 165 曼库西外加 5 镑。有学者指出，伍尔夫雷德
（Wulfred）被麦西亚国王琴伍尔夫任命为坎特伯雷大主教的一个优势就是
他非常富有。① 的确，那些在伍尔夫雷德任内颁发的特许状再三提到他以
现金或金银饰品为自己置办不动产。

　　主教的个人财富对其所在的主教座堂的财力有重大的影响。现存的一
些文献资料表明，一些富有的主教会用自己的个人资源来供养其所在的共
同体。例如，虽然克雷迪顿的主教座堂从王室那里得到的捐赠不多，但埃
尔夫沃尔德主教将自己位于桑德福（Sandford）的土地，连同它那里的肉
和人，除了苦役犯都赠给了它。为了帮助坎特伯雷的基督教堂购置不动
产，伍尔夫雷德大主教花了至少 590 曼库西。伦敦主教西尤德遗赠了 4 处
不动产给他的圣保罗大教堂，并为他在霍克森的主教领地留下了 10 镑现
金。② 温切斯特主教埃尔夫西耶（Ælfsige）也把自己的几处不动产遗赠给
了温切斯特的老教堂。③ 坎特伯雷大主教埃尔弗里克（ Æfric，995—1005
年）遗赠了 3 处不动产给坎特伯雷的基督教堂。④ 埃尔默姆主教埃尔弗里
克将诺福克郡和萨福克郡的沼泽地捐给了自己的主教座堂，剩下的则留给
了他的朋友、家人和伯里圣埃德蒙兹修道院。

　　由于只有少数主教的遗嘱留存了下来，我们很难准确判断主教的家族
关系对其主教座堂的财力的影响。但其他原始资料证实了一些主教的慷慨
捐献。例如，特许状显示，在 989—1066 年，坎特伯雷的基督教堂至少从
其大主教那里获得了 7 处不动产，它们约占教堂在这段时期内获得的地产
总数的 1/4。⑤ 一份诺曼征服后的特许状显示，埃克塞特主教利奥弗里克
（Leofric）不仅帮助其主教座堂收回了被非法让渡出去的 15 处不动产，还将

①　Nicholas Brooks. *The Early History of the Church of Canterbury: Christ Church from 597 to 1066*,
　　p. 130.
②　*Anglo-Saxon Wills*. D. Whitelock (ed.), no. 1.
③　Ibid, no. 4.
④　Ibid, nos. 18 and 26.
⑤　*Anglo-Saxon Charters: An Annotated List and Bibliography*. P. H. Sawyer (ed.), nos. 1389, 1640 -
　　1641, 1465.

自己的 3 处不动产赠给了它。① 另据盎格鲁-撒克逊时期最后一任韦尔斯主教吉萨（Giso）的自传记载，他的前任杜达克（Duduc）受任主教前将自己所拥有的一切不动产（包括"申信者"爱德华国王赠给他的）都送给了圣安德鲁教堂。②

埃塞尔默（Æthelmær）从他的兄弟斯蒂甘德那里接管埃尔默姆教区后不久，就把布洛菲尔德（Blofield）的一宗不动产赠给了该主教座堂，③ 他还出钱帮它购买了两处不动产，其中一处原来归埃尔夫加（Ælfgar）伯爵所有。④ 兰利（Langley）本来由埃塞尔默与当地一个叫阿南德（Anand）的人共同持有，但在阿南德突然去世后，埃塞尔默独占了它并将它交给了埃尔默姆的主教座堂。⑤ 对埃尔默姆的主教座堂来说，埃塞尔默的人脉关系、个人财富是无价的：斯蒂甘德被提拔为坎特伯雷大主教后仍积极参与东盎格利亚事务，并为他以前工作过的这座主教座堂寻找好处——将自己在某个时候取得的海姆斯比（Hemsby）送给了它。⑥ 埃尔默姆主教座堂自身的财力很一般，特别是如果将东盎格利亚的人口密度考虑进去的话，F.巴罗教授说它"很穷，且它的主教通常都是平凡无奇的"⑦。来自王室的资助对这个主教座堂的繁荣几乎没有起到任何作用，但由于埃塞尔默家族，它的资产在诺曼征服前夕增加了一半以上。虽然埃塞尔默可能不具有普遍性，但他的主教任期表明，一个富有的当地人受任主教后可以通过自己的个人财富和社会地位彻底地改变其主教座堂的命运。另外，E 本《盎格鲁-撒克逊编年史》关于 1066 年的纪事记载说："彼得伯勒修道院院长利奥弗里克……在任时，该修道院享尽幸福，得尽好处。他受到每个人的爱戴，国王将伯顿修道院和考文垂——这是他的父辈利奥弗里克伯爵所建，还有克罗兰修道院和索尼修道院所辖地区赐给了圣彼得和他。他以金银、圣衣、土地为彼得伯勒修道院谋了许多福利，他所做的事情的确比他以前

---

① Mary Frances Giandrea. *Episcopal Culture in Late Anglo-Saxon England*, pp. 148–149.

② Ibid, p. 149.

③ *Domesday Book, Facsimile Edition* Ⅱ. R. Erskine and A. Williams (eds.), 194b-c.

④ Ibid, 194a-b.

⑤ Ibid, 195b–196c.

⑥ *Domesday Book, Facsimile Edition* ⅩⅡ. R. Erskine and A. Williams(eds.), 195a-b.

⑦ F. Barlow. *The English Church, 1000–1066: A History of the Later Anglo-Saxon Church*, pp. 216–217.

和以后的任何人都多。"

三　立法强制征收教会税

关于教会的土地是否被免除了对盎格鲁-撒克逊王室的各项义务，学者仍持不同的意见，[①] 但可以确定的是，699 年，肯特国王威特雷德颁发特许状，豁免了其王国内所有教堂的各项公共费用。另外，732 年 2 月 20 日，威特雷德的儿子埃塞尔伯特二世（Æthelbert Ⅱ）颁发特许状，将林姆涅（Lympne）河边的一处地产赠给利明奇修院院长邓恩（Dunn），这是现存第一份真实可信的提及教会土地无须向国王服役的历史文件。[②]

在豁免教会大量世俗义务的同时，盎格鲁-撒克逊国王还将各种与教会相关的税贡纳入其世俗立法，并对违反者制定严厉的处罚措施。例如，《伊尼法典》规定，违令不缴纳教堂捐者，将受到 60 先令的处罚并支付 12 倍原来的教堂捐作为补偿。埃塞尔斯坦国王的法令则威胁说，不缴纳什一税者将被上帝剥夺其剩下的 9/10；埃德蒙国王规定，违令不缴纳什一税者将被逐出教会；埃德加国王的第四个法令[③]进一步加大了处罚力度——连续不缴纳什一税和教堂捐的人，将和那些经常不向其领主缴纳租金的人一样，丧失其全部财产甚至生命（第 1.2—1.3 条）。埃德加国王的第二、第三个法令详细规定了对违令不缴纳彼得便士的处罚：初犯者，在原来基础上多缴 30 便士，并必须亲自把它们送到罗马，且要带回一份证明它们已被缴清的文件，回国后再向国王缴纳 120 先令；再犯者，除了前述处罚，交给国王的罚金将增至 200 先令；第三次违反者，将被没收全部财产。

留存至今的记载土地流转的各种文献资料表明，盎格鲁-撒克逊法典中有关教会税的规定在各地得到了较好的执行。以教堂捐和什一税这两

---

① N. Brooks, "The Development of Military Obligations in Eighth-and Ninth-Century England, "*England before the Conquest: Studies in Primary Sources Presented to Dorothy Whitelock*. P. Clemoes and K. Hughes (eds.), Cambridge: Cambridge University Press, 1971, pp. 69-84. 相反的观点参见 Richard P. Abels. *Lordship and Military Obligation in Anglo-Saxon England*. Berkeley, Los Angeles and London: University of California Press, 1988, pp. 43-57。

② *English Historical Documents, 500–1042*. D. Whitelock (ed. and trans.), no. 65; *Anglo-Saxon Charters: An Annotated List and Bibliography*. P. H. Sawyer (ed.), no. 23.

③ *English Historical Documents, 500–1042*. D. Whitelock (ed. and trans.), no. 40.

种最重要的教会税为例。如前所述，教堂捐是最早见于盎格鲁-撒克逊法典的一种教会税，温切斯特主教座堂在9世纪70年代出租伊斯顿土地的合约则是现存最早提到该税的盎格鲁-撒克逊历史文献（它也提到了灵魂税）。之后，温切斯特主教德内伍尔夫在902年和879—909年出租土地的两份合约也要求承租人缴纳教堂捐。① 伍斯特主教座堂在899年和899—904年出租土地的两份合约中最先出现 census ecclesiae，即教堂捐的义务。② 在奥斯瓦尔德任伍斯特主教期间（961—992年），该主教座堂共有15份租约提到过教堂捐，③ 这些土地分散在伍斯特郡、格洛斯特郡、沃里克郡和牛津郡等4个郡内。这表明，作为英国盎格鲁-撒克逊时期最古老的一种教会税，教堂捐经由立法已在英格兰多地执行。最早一批提及什一税的历史文献资料出现在埃德雷德国王统治时期（946—955年），记录他在955年赐地的两份特许状均对缴纳什一税提出了要求。④ 到11世纪，什一税被更多地载入文献资料。例如，伊夫舍姆修道院院长埃尔夫沃德（Ælfweard）在1016—1023年出租其位于诺顿（Norton）的一处4.5海德的地产的租约，⑤ 坎特伯雷大主教埃塞尔诺思（Æthelnoth）在1023—1038年出租里卡尔弗的圣玛丽修道院的土地的租约，⑥ 等等。

第四节　盎格鲁-撒克逊王权对教会事务的干预

在为基督教的传播和发展提供支持和保护的同时，盎格鲁-撒克逊国王按照古日耳曼王权观念——领地范围内的一切都是自己的，将教会的事务纳入自己的管辖范围。"大主教、主教、修道院院长名义上由教士选举，

① *Selected English Historical Documents of the Ninth and Tenth Century*. F. E. Harmer（ed.），pp. 29-30, 60; *Anglo-Saxon Charters*. A. J. Robertson（ed.），p. 29.

② *Anglo-Saxon Charters: An Annotated List and Bibliography*. P. H. Sawyer（ed.），nos. 1415, 1283; *Anglo-Saxon Charters*. A. J. Robertson（ed.），pp. 54-58.

③ Ibid, nos. 1298, 1298, 1299, 1301, 1303, 1305, 1316, 1318, 1324, 1352, 1354, 1363, 1370, 1372, 1373, 1374.

④ *Anglo-Saxon Charters*. A. J. Robertson（ed.），pp. 57-59; *Anglo-Saxon Charters: An Annotated List and Bibliography*. P. H. Sawyer（ed.），no. 563.

⑤ *Anglo-Saxon Charters*. A. J. Robertson（ed.），p. 157.

⑥ *Anglo-Saxon Charters: An Annotated List and Bibliography*. P. H. Sawyer（ed.），no. 1390.

但实际上由国王执掌高级教士的任命权。宗教会议也常常由国王主持，教务成为王国政务的一个重要部分。"[1] 教会内部事务受到世俗王权越来越多的干预。

一　干预高级教士的任免

基督教在其发展的早期就已有了等级分明的职业教士（clerus，字面意思为"蒙上帝拣选者"）。其中，主教是教会等级制度中的关键人物，他的权力主要包括：施行所有的圣礼，并通过圣职任命礼将这种权力转授给他人；单独主持按手礼，任命其教区中的下一级教士；负责教士的纪律，控制其教会的土地；等等。理论上，主教是其教区内全体教徒和教会财产的主人，除教皇外实际上独立于任何更高一级宗教权力机构。

另外，根据早期教会法，主教由教士和教区内的民众选举产生，在其他主教（到 3 世纪末固定为至少 3 位）的见证下接受派立礼后即可到自己的教区去履职。但实际上，由于教会是中世纪西欧君主政治的"主要堡垒"，教士特别是主教等高级教士的支持是王权稳定的重要因素，因此，他们的任免通常是由国王决定的，或至少需要得到国王的认可。不仅如此，国王还将象征主教权力的戒指和权杖"授予"自己选中的人。

（一）对高级教士任免的控制

概括起来看，在整个盎格鲁-撒克逊时期，获得主教、修道院院长等高级教职的途径主要有如下三种。

1. 与王室建立密切联系

通过此途径获得高级教职者通常为国王的亲属或王室私人教堂中的教士。例如，约克主教埃格伯特是诺森伯里亚国王切奥尔伍尔夫的堂兄弟，切奥尔伍尔夫的继任者埃德伯特则是埃格伯特的兄弟。在威塞克斯国王阿尔弗雷德的宫廷中效力的那些非西撒克逊学者也均获得了提拔：阿塞尔来自威尔士的圣大卫（St David's）教堂，他被任命为舍伯恩主教；普莱格蒙德（Plegmund）、埃塞尔斯坦和韦弗思（Waerferth）三人均为麦西亚人，普莱格蒙德在 890 年被任命为坎特伯雷大主教，埃塞尔斯坦自 909 年起掌

---

[1]　F. M. Stenton. *Anglo-Saxon England*, p. 546.

管拉姆斯伯里教区，韦弗思则从 873 年起任伍斯特主教；约翰（John）可能是来自新科尔比（New Corbie）修道院的萨克森人，他后来被任命为阿塞尔尼修道院的首任院长。①

埃塞尔斯坦即位之初，政局不稳。长者爱德华国王去世（924 年 7 月 17 日）后，西撒克逊人希望王子埃尔夫沃德继位，麦西亚人则推举了自幼在麦西亚宫中长大的埃尔夫沃德的同父异母哥哥埃塞尔斯坦为国王。虽然埃尔夫沃德 16 天后也去世了，但威塞克斯境内教俗势力对埃塞尔斯坦继位仍抱较大的敌意。为此，埃塞尔斯坦国王将多名自己私人教堂中的教士安插进威塞克斯那些重要的教区中。例如，926 年，一个叫埃尔夫赫亚（Ælfheah）的弥撒神父被提拔为威尔斯主教；931 年 5 月 29 日，另一个弥撒神父伯恩斯坦（Beornstan）被任命为温切斯特主教。特许状资料显示，在被提拔之前，埃尔夫赫亚和伯恩斯坦均去过埃塞尔斯坦国王的法庭，并署证过他在统治早期颁发的一些特许状：在那份记录埃塞尔斯坦解放一个叫埃德赫尔姆（Eadhelm）的奴隶的文件中，出现了他们二人的名字；② 埃尔夫赫亚还署证了埃塞尔斯坦在加冕登基那天颁发的特许状。③ 其他去过埃塞尔斯坦的法庭并见证了他的一些早期特许状的教士也获得了提拔：933 年万圣节，前述温切斯特主教伯恩斯坦去世，另一位也叫埃尔夫赫亚的国王神父在 934 年被任命为他的继承人；在 929 年受任伍斯特主教之前，来自格拉斯顿伯里修道院的琴瓦尔德（Cenwald）也是王室礼拜堂的一名教士。④

在克努特统治末期，为了确保他与埃玛所生的哈撒克努特继承王位，克努特也重用自己的神父。例如，自 1032 年起管理温切斯特教区的埃尔夫温（Ælfwine）此前是克努特国王的一位神父。另外，塔维斯托克修道院院长利芬（Lyfing）以谨慎著称，深得克努特国王的信任，他在 1031 年曾陪同克努特一同去罗马朝觐，并受命为英格兰人送去了一封信，在该年底，

---

① *Wessex and England from Alfred to Edgar*. D. N. Dumville（ed.），p. 174; C. J. Godfrey. *The Church in Anglo-Saxon England*, pp. 287–289.

② *Selected English Historical Documents of the Ninth and Tenth Centuries*. F. E. Harmer（ed.），no. 19.

③ *Anglo-Saxon Charters: An Annotated List and Bibliography*. P. H. Sawyer（ed.），no. 394.

④ E. E. Barker, "Two Lost Documents of King Æthelstan," *Anglo-Saxon England*（6），1977, pp. 137–143, at pp. 139 and 143.

他被克努特提拔为克雷迪顿主教。[1]

为了摆脱威塞克斯伯爵戈德温家族的控制[2]，"申信者"爱德华国王做了许多准备，其中，提拔自己的神父尤其是从诺曼底带来的朋友为主教是非常重要的一项。《盎格鲁–撒克逊编年史》中有许多这方面的记载：在拉姆斯伯里主教布里特沃尔德于 1045 年 4 月 22 日去世后，爱德华将该教职授予给自己的神父赫里曼（Hereman）；利芬去世（1046 年 3 月 20 日）后，爱德华将德文和康沃尔这两个教区授给自己的神父利奥弗里克（Leofric）；塞尔西主教格里姆基特尔（Grimcetel）逝世（1047 年）后，爱德华将该主教职位授予自己的神父赫卡（Heca）；1049 年，多切斯特主教埃德诺思（Eadnoth）逝世，爱德华将他的教区交给自己的神父乌尔夫（Ulf）；1051 年 3 月，他将伦敦主教瑞米耶日的罗伯特（Robert of Jumieges）提拔为坎特伯雷大主教；等等。

2. 借助亲属关系网络

在盎格鲁–撒克逊后期，奥达和邓斯坦这两个家族在英格兰教会中的影响力稳步增长，其中多名成员占据教会要职，享誉英格兰教士圈子。

邓斯坦"是 10 世纪英格兰最能干和最受爱戴的人物"。[3] 他出生于萨默塞特一个贵族家庭，并与威塞克斯王室有血缘关系。邓斯坦早年能在格拉斯顿伯里的学校和威塞克斯宫中接受良好教育，离不开他的叔叔，即先后任韦尔斯主教、坎特伯雷大主教的埃塞尔赫尔姆（Æthelhelm）以及他的亲属，即温切斯特主教埃尔夫赫亚的庇护。940 年夏天，即埃德蒙国王在切达峡谷（Cheddar Gorge）遭遇意外脱险获救后，邓斯坦受命管理有"西撒克逊首席修道院"之称的格拉斯顿伯里修道院。经过邓斯坦的改革，该修道院后来成为英格兰修道院改革运动的重地，它培养的修道士被源源不断地派往英格兰其他修道院领导改革。因此，有学者指出，"除了奥达，

---

[1]　*English Historical Documents, 500–1042.* D. Whitelock (ed. and trans.), no. 9.

[2]　爱德华在 1041 年返回英格兰时得到了戈德温伯爵的支持和帮助。爱德华继位后，戈德温的长子斯韦恩成为赫里福德伯爵、另一个儿子托斯蒂格（Tostig）在西沃德（Siward）去世后被任命为诺森伯里亚伯爵；1045 年，爱德华娶戈德温的女儿伊迪丝为妻，这场婚姻的意义主要是确保以后的王朝具有戈德温家族的血脉。

[3]　Nicholas Brooks. *The Early History of the Church of Canterbury: Christ Church from 597 to 1066,* p. 242.

他（邓斯坦）是由埃德蒙国王任命的最重要的一位神职人员"。① 邓斯坦的最早传作（创作于 10 世纪末）记载说，埃德威格国王在登基典礼的那天（956 年 1 月的某天）晚宴上置自己的教俗贵族不管，跑去与埃塞尔吉富（Æthelgifu）及其女儿埃尔夫吉富（Ælfgifu）跳舞，邓斯坦在坎特伯雷大主教奥达的鼓动下，与利奇菲尔德主教基内西耶（Cynesige）一起将埃德威格国王强行拉回了宴会大厅，因此招致了国王和这两位女士的敌意——邓斯坦的财产被没收，还被迫到佛兰德斯流亡。② 这个故事的真实性似乎得到了一些证实：在接下来的约 1 年中，邓斯坦和基内西耶的名字均未出现在埃德威格国王颁发的大量特许状中。不过，没过多久，邓斯坦即被埃德威格国王的弟弟埃德加从海外召回。③ 958 年，邓斯坦被任命为伍斯特主教，并从 959 年起兼任伦敦主教，且在埃德威格国王去世（959 年 10 月 5 日）后又进一步被提拔为坎特伯雷大主教。前述的基内西耶实际上也是邓斯坦的亲属，他是在 946 年或 949 年被提拔为利奇菲尔德主教的。

奥达出生在一个盎格鲁-丹麦家庭，他的父亲在 880 年跟随伊瓦尔（Ivar）消灭了古老的东盎格利亚王国。奥达因在去罗马朝觐的途中所展现出的"神奇治愈力量"而声名远播，被埃塞尔斯坦国王召进宫中。926 年，拉姆斯伯里主教埃塞尔斯坦去世后，奥达接管了该教区。④ 941 年，奥达被埃塞尔斯坦国王的继承人埃德蒙提拔为坎特伯雷大主教，并担任该重要教职直至 958 年去世。奥达任坎特伯雷大主教期间最大的一项功绩是复兴和重组了东盎格利亚教会。起初，由于维京人的劫掠，东盎格利亚的教牧事务由伦敦主教兼理，但从 10 世纪中期开始，东盎格利亚有了自己的主教，其主教座堂位于埃尔默姆。先后任多切斯特主教和约克大主教的奥斯基特尔（Oscytel）是奥达的亲戚；自 961 年起任伍斯特主教的奥斯瓦尔德则是奥达的侄子，而且，从 972 年起，奥斯瓦尔德又因自己杰出的才能和威望

① *Wessex and England from Alfred to Edgar*. D. N. Dumville (ed.), p. 183.
② Nicholas Brooks. *The Early History of the Church of Canterbury: Christ Church from 597 to 1066*, p. 223.
③ H. R. Loyn. *The English Church, 940–1154*, p. 11.
④ Sarah Foot. *Æthelstan: The First King of England*, p. 97.

被任命为约克大主教。[①]

3. 购买圣职

买卖圣职（Simony）[②] 与世俗统治者任用教会人员有密切关系，在 11 世纪中后期的西欧宗教改革中，它是一项亟须革除的严重罪行。这一罪行不仅在于实际上的职位出售，更在于将圣职晋升当作政治服务的酬报。在一些地方，教会职位被看作一项重要的收入来源，它们被丑恶地按级出售，且常出售给那些最不胜任的候选人。例如，本尼迪克九世（Benedict IX）在 1032 年被扶上教皇宝座时只有 12 岁，他在 1044 年因道德极端败坏被逐出罗马，由西尔维斯特三世（Sylvester III）接任。不久，本尼迪克重返罗马，并控制了罗马城部分地区，但很快，教皇职位就被他出售了（可能是他对该职位感到厌烦了，也可能是他打算结婚了），价钱说法不一，有说是一千，有说是两千镑银子，购买者则是因虔诚而颇有声望的副主教格雷戈里六世（Gregory VI）。[③]另外，法国国王腓力一世（Philippe I）也是一位恶名昭彰的圣职买卖者。他买卖圣职的最典型的例子是关于一个虔诚的修道院院长的故事。[④] 该修道院院长是腓力的密友，他请求腓力支持自己以候选人的身份当选主教，腓力答应了该请求，承诺将为他物色一个显赫的主教职位。但这位修道院院长没有多少钱，无论如何也不肯购买圣职。可腓力已答应自己的王后，以出售主教职位得到的钱为她买宝石。最后，国王想到了一个解决办法——让新任主教答应在一年内支付获得主教一职所需的钱，等王后一拿到钱，腓力就指控这位主教买卖圣职，把他免职，同时确保那位"高尚的"修道院院长取得该教职。

在盎格鲁-撒克逊时期的英格兰，买卖圣职的记载最早出自比德的笔下。他说，温切斯特主教威尼（Wini）被从主教的职位上赶下来后，花钱从麦西亚国王伍尔夫希尔那里买下了伦敦主教一职。[⑤] 阿尔昆在信中似乎也担心约克教省的神职人员在选举大主教时可能会犯买卖圣职罪。

---

① H. R. Loyn. *The English Church, 940-1154*, p. 16.
② 又称西门主义，它是指为了金钱或出于其他卑劣动机而授予或接受神职的行为。买卖圣职罪的始作俑者是《圣经·新约·使徒行传》中的西门（Simon），此人试图购买圣灵，但未获成功，参见《使徒行传》第 8 章第 18—24 节。
③ 〔美〕威利斯顿·沃尔克：《基督教会史》，第 255 页。
④ 〔美〕布莱恩·蒂尔尼、西德尼·佩因特：《西欧中世纪史》，第 219 页。
⑤ 〔英〕比德：《英吉利教会史》，第三卷第 7 章。

根据英格兰修道院改革派的记载，在奥达于 958 年 6 月 2 日去世后，温切斯特主教埃尔夫西耶通过"行贿"获得了坎特伯雷大主教一职。在达勒姆主教埃德蒙 1042 年去世后，埃德雷德"用金钱"得到了该教区，但仅过 10 个月他就去世了。① 约在 10 世纪中叶，贝德福德（Bedford）修道院院长瑟基特尔（Thurcytel）被革职，但他以一处不动产作为交换，又成功地在伦敦的圣保罗大教堂谋得了一个教士职位。② 1044 年，埃德西耶秘密地将坎特伯雷大主教一职授给了阿宾顿修道院院长休厄德（Siward），因为他"担心有人将它买到手"。③ 另外，阿宾顿修道院院长斯帕罗霍克（Spearhafoc）试图通过行贿得到伦敦主教一职，但未能得逞。④ 最后，乌尔夫在 1050 年被授任为多切斯特主教可能也是通过行贿实现的。

根据教会法规，主教、修道院院长等教职均为终身制，但因年老、身体健康等原因可以提出辞职。例如，718 年，约克主教贝弗利的圣约翰因为年龄原因辞任，他的继承人威尔弗里德二世在 732 年也辞职，但具体原因不详；丹尼尔（Daniel）步入老境后眼睛失明，他在 744 年辞去了温切斯特主教一职，并在第二年就去世了。⑤ 另外，《盎格鲁-撒克逊编年史》记载说：埃德西耶因体弱，在 1044 年将坎特伯雷大主教授给了休厄德，但该事是听从了"申信者"爱德华国王和威塞克斯伯爵戈德温的建议；由于埃尔夫斯坦（Ælfstan）已十分病弱，经国王认可，伍尔弗里克（Wulfric）在 1045 年 12 月 26 日接替他任圣奥古斯丁修道院院长；1052 年，安威格（Arnwig，卒于 1060 年）身体尚健康却辞卸了彼得伯勒修道院院长之职，经国王和众修道士的许可，他将院长之职授给了一个叫利奥弗里克（Leofric）的修道士。这些事例表明，到盎格鲁-撒克逊晚期，辞去主教、修道院院长等职务也需征得国王的同意。

国王也以各种理由罢黜或驱逐教士。比德记载说，法兰克人阿吉尔伯特（Agilbert）被任命为西撒克逊人的主教后不久，琴瓦尔国王因为反感阿

---

① *English Historical Documents, 500-1042*. D. Whitelock（ed. and trans.），no. 9, p. 280.
② Julia Barrow, "The Clergy in English Dioceses, 900-1066," *Pastoral Care in Late Anglo-Saxon England*. Francesca Tinti（ed.），pp. 17-26, at p. 20.
③ 《盎格鲁-撒克逊编年史》1044 年纪事。
④ 同上，1050 年纪事。
⑤ C. J. Godfrey. *The Church in Anglo-Saxon England*, pp. 256-257.

吉尔伯特的异邦语言，擅自让一个会讲撒克逊语的人（即威尼）以温切斯特为中心建立了一个新的教区，阿吉尔伯特对此极为愤懑，遂回到了大陆，但几年后，琴瓦尔又将威尼从主教的职位上赶了下来，具体原因我们不得而知。[①] 林迪斯凡恩主教科尔曼拒绝接受诺森伯里亚国王奥斯威的建议，坚持按爱尔兰人的传统推算复活节日期，因此他及其追随者在惠特比会议结束后也被迫离开了英格兰。

诺曼征服无疑是英格兰教会和政治生活中的一件大事。威廉国王在1070 年撤销了几位英格兰人的主教职务，且之后再也没有任命英格兰人担任主教或修道院院长，它们全部被外国出生的人（虽然不总是诺曼人）占据。

（二）王权干预高级教士任免的影响

1. 使教职人士卷入王国政治斗争

例如，在赴罗马朝觐（855 年）之前，埃塞尔伍尔夫将威塞克斯交给自己的儿子埃塞尔博尔德（Æthelbald）统治，但当他从罗马返回（856年）时，埃塞尔博尔德在舍伯恩主教埃尔斯坦（Ealhstan）与萨默塞特郡长等人的支持下继续统治威塞克斯，埃塞尔伍尔夫则以属王的身份统治肯特人、东撒克逊人和苏塞克斯人。[②] 当埃德加国王于 975 年去世后，他的两个儿子爱德华和埃塞尔雷德均未成年，英格兰王位继承纷争四起，教俗两界重要人士各自站队。坎特伯雷大主教邓斯坦等支持年长的爱德华，温切斯特主教埃塞尔沃尔德则支持爱德华的同父异母弟弟埃塞尔雷德，虽然他当时只有 7 岁。但是，爱德华在位仅 3 年就被人刺杀身亡，人称"殉难者"，埃塞尔雷德继位，即"准备不足者"。"申信者"爱德华国王对自己多年以来受到的冷遇，特别是对被母亲埃玛抛弃并夺取继承权一事耿耿于怀。因为当时有流言称，哈撒克努特国王去世后，埃玛想让挪威国王马格努斯来继承英格兰王位。[③] D 本《盎格鲁-撒克逊编年史》关于 1043 年的纪事记载说，"申信者"爱德华国王在这年复活节星期日那天，在温切斯

---

① 〔英〕比德：《英吉利教会史》，第三卷第 7 章。

② Barbara Yorke. *Kings and Kingdoms of Early Anglo-Saxon England*, pp. 129, 150; P. Stafford, "The King's Wife in Wessex, 800-1066," *Past and Present* (91), 1981, pp. 3-27.

③ F. Barlow. *The Norman Conquest and Beyond*. London: Bloomsbury Academic, 1983, pp. 51-56.

特加冕成为英格兰国王，且他在这一年的圣安德烈节前两周，听从别人的建议，带人从格洛斯特骑马前往温切斯特，剥夺了埃玛所拥有的全部财富，埃玛最亲密的咨询对象——斯蒂甘德也被剥夺了主教职务，他所拥有的一切都转归国王掌握。

2. 使教会陷入内讧的危险境地

最典型的例子是约克大主教埃尔弗里克（Ælfric）与伍斯特主教利芬之间的明争暗斗。根据伍斯特的弗洛伦斯（Florence）的记载，[①] 埃尔弗里克是哈撒克努特国王的坚定追随者，他在 1041 年受命将哈罗德国王的遗体从威斯敏斯特挖出并扔进了泰晤士河。同年，埃尔弗里克伙同其他人在哈撒克努特国王面前告状，说伍斯特主教利芬和戈德温伯爵要对国王的兄弟阿尔弗雷德的死负主要责任，利芬因此被革职，他的教区交由埃尔弗里克兼管。但在第二年，利芬与国王和解，并从埃尔弗里克那里拿回了伍斯特教区。哈撒克努特国王去世后，埃尔弗里克大主教即很少露面，与戈德温伯爵等一起将"申信者"爱德华推上王位的利芬则受到重用，除了伍斯特，利芬还兼领德文和康沃尔两个教区。

3. 使教会职位经常因政治局势的变幻不定而出现空缺

以坎特伯雷大主教一职为例。霍诺留斯去世（653 年 9 月 30 日）后，它空置了近一年半，直到 655 年 3 月 12 日，西撒克逊人多斯德迪特（Deusdedit）才被按立为主教。这是坎特伯雷主教一职第一次被授给英格兰本地人。一些学者认为，多斯德迪特的晋升是肯特国王厄康伯特与威塞克斯国王琴瓦尔这两位基督徒国王合作的结果，因为麦西亚异教徒国王彭达是他们共同的劲敌。[②] 多斯德迪特去世（664 年 7 月 14 日）后，坎特伯雷大主教一职又空置了两三年。根据比德的记载，在 665 年或 666 年，多斯德迪特手下一位精通教会法规的教士威格哈德（Wighard）被肯特国王埃格伯特一世（Egbert Ⅰ）与诺森伯里亚国王奥斯威任命为大主教。[③] 但是，威格哈德在罗马还未被教皇正式祝圣为大主教就染上瘟疫去世了，塔苏斯的西奥多被选为他的继承人。在赴英格兰的途中，西奥多出现了许多延

---

① *English Historical Documents, 500-1042*. D. Whitelock (ed. and trans.), no. 9.
② Nicholas Brooks. *The Early History of the Church of Canterbury: Christ Church from 597 to 1066*, p. 66.
③ 〔英〕比德：《英吉利教会史》，第三卷第 29 章。

误。为此，埃格伯特国王还派了一名管事到高卢去催促，并将西奥多护送至埃塔普勒（Etaples），但西奥多又因疾病在那里停留了一段时间。[①] 当西奥多最终在 669 年 5 月 27 日抵达不列颠时，坎特伯雷大主教一职已经空置了近 5 年。当西奥多于 690 年 9 月 19 日去世时，肯特王国因王位继承问题动荡了好几年。受此影响，坎特伯雷大主教新的人选又被拖延了近两年才被确定——里卡尔弗修道院院长布里特沃尔德在 692 年 7 月 1 日被选为大主教。

二 掌控宗教会议

在基督教早期，主教们经常聚在一起讨论教义信仰和组织问题，后来，这种聚会演变成宗教会议（synods）。在 160 年之后不久，为了谴责孟他努主义（Montanism，一种相信圣灵将要格外降临，因此必须实行最严格的禁欲苦修的思想运动），小亚细亚的主教们举行了一次或几次会议，这是已知的教会史上最早的宗教会议。[②] 到君士坦丁大帝及其继承人统治时期，宗教会议固定成习。民族大迁徙发生后，各蛮族王国也延续了这种定期召开地区性教会会议的传统，主要讨论教会纲纪和组织等实际问题。

盎格鲁-撒克逊人皈依基督教后，除了比德详述的惠特比会议，留存下来的伦敦主教威尔德希尔写给坎特伯雷大主教布里特沃尔德的信表明，705 年 10 月 15 日在布伦特福德曾举行了一次会议，它决定将原属于伦敦教区的萨里转归温切斯特主教管辖。[③] 根据阿尔勒宗教大会的规定，受召参加教省宗教大会是每一位主教义不容辞的义务，如果主教身体不适，应委派一名代理人出席。672 年 9 月，坎特伯雷大主教塔苏斯的西奥多召集英格兰各地主教在赫特福德开会，并制定了适用于英格兰所有教区的教规。这是第一次根据尼西亚规则举行的英格兰宗教大会。除了伦敦主教威尼，出席此次大会的还有东盎格利亚主教比西（Bisi）、罗切斯特主教普塔（Putta）、威塞克斯主教洛西尔（Leuthere）、麦西亚主教温弗里思（Winfrith）以及诺森伯里亚主教威尔弗里德派出的一名代表。尼西亚公会议和后来的查尔西顿公会

---

① C. J. Godfrey. *The Church in Anglo-Saxon England*, p. 129.

② 〔美〕威利斯顿·沃尔克：《基督教会史》，第 67 页。

③ *English Historical Documents, 500-1042*. D. Whitelock（ed. and trans.），no. 164, pp. 792-793, at p. 792; *Councils and Ecclesiastical Documents Relating to Great Britain and Ireland*. A. W. Haddon and W. Stubbs（eds.），pp. 274-275.

议都规定，各地教会必须一年召开两次教省宗教大会。赫特福德宗教会议也做了类似的规定——每年应至少召开一次，如果可能的话会召开两次，并试图将会议的地点固定在克罗费肖。但事实上，直到 679 年，西奥多才在希思菲尔德召开英格兰第二次教省宗教大会。① 到 8 世纪，关于英格兰教省宗教会议活动的记载逐渐增多。其中，747 年在克罗费肖举行的宗教会议是英格兰规模最大的教省宗教会议之一，出席者包括坎特伯雷大主教卡思伯特以及 11 名主教。② 749 年在古姆利（Gumley）举行的宗教大会豁免了麦西亚教堂和修道院在税收和世俗服役方面的重担，但桥梁建设和强化防御除外。③ 奥斯蒂亚主教乔治和托迪主教提奥菲勒在 786 年向教皇哈德良一世汇报说，英格兰宗教大会已经规定，此后每年将召开两次教省宗教大会（第 3条）。④

从很早时候起，盎格鲁-撒克逊的国王就掌控了宗教会议。根据比德的叙述，惠特比会议是由诺森伯里亚国王奥斯威召集的，他不仅在会议正式开始前做了预备发言，会议讨论的最终结果也是以他的决定为准的。除了埃塞克斯和威塞克斯的教会人士，出席 705 年布伦特福德宗教会议的还有它们的国王。为了扩大在亨伯河以南地区的影响力，麦西亚国王经常参加且有时还亲自主持英格兰南部教省的宗教大会。例如，埃塞尔博尔德出席了 747 年的克罗费肖宗教大会和 749 年的古姆利宗教大会。786 年的宗教大会则是由麦西亚国王奥法和威塞克斯国王基内伍尔夫共同主持的。为了向自己"作对"的坎特伯雷大主教詹伯特（Jaenberht）施压或抵消他的影响，奥法国王从 781 年起每年都出席英格兰南部教省的宗教大会。詹伯特去世后，奥法继续参加坎特伯雷和利奇菲尔德两个教省的宗教会议。816 年 7 月 27 日，坎特伯雷大主教伍尔夫雷德在切尔西（Chelsea）召开宗教改革会议，除了英格兰南部教省所有主教，麦西亚国王琴伍尔夫也出席了。⑤ 836 年在克罗夫特（Croft）举行的英格兰南部教省宗教大会是由麦

① 〔英〕比德:《英吉利教会史》，第四卷第 17 章。

② C. J. Godfrey. *The Church in Anglo-Saxon England*, p. 260.

③ *Councils and Ecclesiastical Documents Relating to Great Britain and Ireland*. A. W. Haddon and W. Stubbs（eds.），pp. 286.

④ Ibid, pp. 447 - 461; *English Historical Documents, 500 - 1042*. D. Whitelock（ed. and trans.），pp. 770-774.

⑤ C. J. Godfrey. *The Church in Anglo-Saxon England*, p. 268.

西亚国王威格拉夫（Wiglaf）主持的，这是已知的世俗国王及其随从最后一次参加这类集会。① 之后，英格兰教省宗教会议，如 839 年在阿斯特兰（Astran）以及 845 年在伦敦举行的宗教会议，纯粹为宗教会议。②

不过，随着英格兰在 10 世纪中期逐渐走向统一，由国王召集王国教俗贵族参加的贤人会议与英格兰教省宗教大会此前那种明显的地理上的区别消失了。③ 起初，参加威塞克斯贤人会议的，除了世俗贵族，主要是坎特伯雷教省的主教、修道院院长等高级教士。不久，英格兰北部教省高级教士的名字也出现在了西撒克逊王室的文件中。因此，当“准备不足者”埃塞尔雷德国王于 993 年圣灵降临节在温切斯特开会时，出席者不仅包括整个王国的主教和修道院院长，还有“我的其他大人物”，即各地郡长和国王的塞恩。④ 特许状资料显示，自埃塞尔斯坦统治时期起，每年至少召开 1 次贤人会议已是常态（931 年和 934 年至少召集了 4 次），“如此经常的集会使教省宗教会议成为多余，因为只要他们愿意，前来参加贤人会议的主教和修道院院长一定有充足的机会在没有平信徒的情况下一起商讨教会事务”⑤。

宗教会议的某些职责也逐渐被贤人会议所取代。在盎格鲁-撒克逊后期，贤人会议经常就教会的一些重要问题给出建议，因此，我们经常在世俗法令中见到关于教会纪律的规定。从 10 世纪中叶开始，世俗政权就试图要求所有神职人员独身，埃德蒙国王的第一个法令对不遵守者除了进行宗教惩罚，还要没收其世俗财产（第 1 条）。对此，有学者指出，这种对教士独身的坚持表明，英格兰的空气中此时已弥漫着修道院改革的

① *Anglo-Saxon Charters: An Annotated List and Bibliography*. P. H. Sawyer（ed.），no. 190; *English Historical Documents, 500-1042*. D. Whitelock（ed. and trans.），no. 85.

② *Anglo-Saxon Charters: An Annotated List and Bibliography*. P. H. Sawyer（ed.），nos. 1438, 1194.

③ 关于宗教会议与贤人会议在 10 和 11 世纪间的关系，参见 *Councils and Synods with Other Documents Relating to the English Church* I, A. D. 871-1204. D. Whitelock, M. Brett and C. N. L. Brooke（eds.），pp. 6-7; Levi Roach. *Kingship and Consent in Anglo-Saxon England*，871-978；*Assemblies and the State in the Early Middle Ages*，pp. 22-24。

④ *Anglo-Saxon Charters: An Annotated List and Bibliography*. P. H. Sawyer（ed.），no. 876; *Councils and Synods with Other Documents Relating to the English Church* I, A. D. 871-1204. D. Whitelock, M. Brett and C. N. L. Brooke（eds.），no. 39.

⑤ Nicholas Brooks. *The Early History of the Church of Canterbury: Christ Church from 597 to 1066*, p. 215.

气息了。① 在埃德加、"准备不足者"埃塞尔雷德以及克努特等国王的法令中，不乏世俗的与教会的、尘世的与精神的规定相互渗透的例子。例如，埃德加国王的法令对教士和修道士的纪律提出劝诫，认为自己及其塞恩有责任强制神职人员顺从主教。② 贤人会议也会讨论高级教士的任免。譬如，在同顾问们商议后，埃德蒙国王将奥达提拔为坎特伯雷大主教；奥斯基尔特受任为大主教经过了埃德雷德国王及全体议政大臣的同意；③ 邓斯坦是在贤人会议的建议下被调任坎特伯雷大主教的；伍尔夫斯坦二世是在贤人会议上接受约克大主教一职的。④ 1052 年 9 月，在伦敦城外举行的英格兰贤人会议上，坎特伯雷大主教罗伯特等"被宣布为彻底被逐之徒"。贤人会议有时也会批准修道院院长的任命。例如，在 1044 年的一次贤人会议上，曼尼（Manni）被提拔为伊夫舍姆修道院院长，⑤ "申信者"爱德华国王的亲戚罗瑟尔夫（Rothulf）则在 1050 年的一次贤人会议上被任命为阿宾顿修道院院长。⑥

三　侵吞教会财产等

留存下来的西撒克逊传教士卜尼法斯等写给麦西亚国王埃塞尔博尔德的信⑦表明，从麦西亚国王切奥尔雷德和诺森伯里亚国王奥斯雷德时代起，就出现了国王侵犯教堂、修道院等宗教机构的特权和窃取它们的收益的不法行为。"夺走邻居的钱财实属邪恶，"卜尼法斯引用圣哲罗姆的话义愤填膺地说，"夺走教会的钱财则犯下了渎圣之罪"，而且，据说，在埃塞尔博尔德治下的麦西亚，"郡长及其同伴对修道士和教士施加的暴力和压榨行为甚于其他基督教王国"。757—758 年，教皇保罗一世（Paul Ⅰ）写信给诺森伯里亚国王埃德伯特，说一个叫福思雷德（Forthred）的修道院院长

---

① *English Historical Documents, 500-1042*. D. Whitelock（ed. and trans.），p. 363.
② Ibid, no. 41, 1. 8.
③ 《盎格鲁-撒克逊编年史》971 年纪事。
④ Levi Roach. *Kingship and Consent in Anglo-Saxon England, 871-978: Assemblies and the State in the Early Middle Ages*, pp. 153-154.
⑤ F. Liebermann. *The National Assembly in the Anglo-Saxon Period*, p. 63.
⑥ 《盎格鲁-撒克逊编年史》1050 年纪事。
⑦ *English Historical Documents, 500-1042*. D. Whitelock（ed. and trans.），no. 177, pp. 816-822, at p. 820.

来罗马告状，说自己得自某位女修道院院长的 3 座修道院被埃德伯特武力夺走并赠给了一个叫莫尔（Moll）的贵族。①

在 9 世纪下半叶，英格兰受到了比法兰西更为严重的维京人的摧残：870 年，丹麦人已经征服了东盎格利亚，876 年占领了诺森伯里亚，877 年又占领了绝大部分的麦西亚领土。面对维京人日益严重的入侵，威塞克斯国王阿尔弗雷德组织和领导了盎格鲁-撒克逊人的抵抗，并在 885 年成功地阻止了这些丹麦异教徒的进一步侵略。因此，在他的传记作家阿塞尔的笔下，阿尔弗雷德被描述为一位虔诚的基督徒国王。② 但在 12 世纪阿宾顿修道院修士的口中，阿尔弗雷德国王却是一位"犹大"，即一个抢了原本留给该修道院的土地的暴君国王。③ 无独有偶，坎特伯雷大主教埃塞尔雷德（Æthelred）曾向罗马教廷抱怨，说坎特伯雷的基督教堂的权益遭到了威塞克斯王室的侵犯。教皇约翰八世（John Ⅷ）在 877 年底或 878 年初回信给埃塞尔雷德，让他继续竭尽全力地"抵抗国王和一切作恶之人"，并说自己已写信劝诫阿尔弗雷德国王，要他对大主教表现出应有的尊敬，并要求国王确保大主教所享有的全部特权的安全，使它们不被削弱。④ 有学者指出，虽然约翰八世在信中没有解释阿尔弗雷德做了什么激起了大主教的愤怒，但基于此前大主教与威塞克斯王室的关系，这场争论很可能与阿尔弗雷德声称自己对肯特的王室修道院及其肥沃的地产拥有世俗统治权有关。⑤

由于维京人的劫掠，许多英格兰教堂成为一片废墟，它们拥有的土地也成了人烟稀少的荒地，"维京人劫掠造成的混乱局势使许多教会财产流转到了世俗人士的手中"⑥。其中，最大的受益者当数威塞克斯国

---

① *English Historical Documents, 500－1042*. D. Whitelock（ed. and trans.），no. 184, pp. 830－831; *Councils and Ecclesiastical Documents Relating to Great Britain and Ireland* Ⅲ. A. W. Haddon and W. Stubbs（eds.），pp. 394－396.

② 转引自 Richard P. Abels. *Alfred the Great: War, Kingship and Culture in Anglo-Saxon England*, p. 244。

③ A. T. Thacker, "Athelwold and Abingdon," *Bishop Athelwold: His Career and Influence*. B. A. E. Yorke（ed.），Woodbridge: The Boydell Press, 1988, pp. 45－46.

④ *English Historical Documents, 500－1042*. D. Whitelock（ed. and trans.），no. 222, pp. 881－883, at p. 883.

⑤ Nicholas Brooks. *The Early History of the Church of Canterbury: Christ Church from 597 to 1066*, pp. 175－206.

⑥ D. N. Dumville, "Ecclesiastical Lands and the Defence of Wessex in the First Viking Age," *Wessex and England from Alfred to Edgar*. D. N. Dumville（ed.），pp. 29－54, at pp. 40, and 53－54.

王。如前所述，阿尔弗雷德国王及其儿子长者爱德华国王努力减少创建新的书田，以防止王室土地流失。他们是如何以其他方式奖赏自己的追随者的，尚不完全清楚，尽管它似乎很可能是通过夺取或出租教会土地实现的。[①] 例如，阿尔弗雷德在 882 年将克里奇圣迈克尔（Creech St Michae）的土地赠给自己一个叫埃塞尔斯坦的塞恩，但特许状显示，它在 682 年已被赠给了格拉斯顿伯里修道院。[②] 另外，705—709 年，琴特温国王将韦德莫尔一处约 71 海德的大地产赠给圣威尔弗里德，[③] 但它后来似乎也落入了阿尔弗雷德国王的手中，因为他在 873—888 年立下遗嘱，宣布将它赠给自己的儿子长者爱德华。[④] 据统计，在 9 世纪后期或 10 世纪早期，有 13 处原属于教会的地产落入了威塞克斯王室或郡长等世俗人士手中，其中 8 处在威塞克斯，另外 5 处位于麦西亚西部。[⑤] 东盎格利亚边界和东肯特的海岸线一带对抵御维京人的入侵具有重要战略意义，而为了获得这些地方，阿尔弗雷德不惜向他的主教们施加压力，逼迫他们与自己交换土地。虽然用易受维京人攻击的财产换取更安全的土地（即使不如原来的值钱）对国王和神职人员都有利，但有些交易显然更有利于阿尔弗雷德国王。根据存世的长者爱德华统治时期一份充满哀怨的特许状，温切斯特主教迪内乌夫告诉其王室领主，说自己已说服该主教共同体同意将贝丁顿（Beddington）租给国王，"无论是您自己使用还是将它转租给任何您所喜欢的人"，他接着恳求爱德华国王，"为了上帝的爱和神圣的教会"，不要再从温切斯特主教座堂那里侵吞土地了，"如此，上帝不必因为我们这个时代（教会土地的）减少而责备您和我们"。[⑥]

---

① Robin Fleming, "Monastic Lands and England's Defence in the Viking Age," *English Historical Review* (100), 1985, pp. 247-265; D. N. Dumville, "Ecclesiastical Lands and the Defence of Wessex in the First Viking Age," *Wessex and England from Alfred to Edgar*. D. N. Dumville (ed.), pp. 29-54; Nicholas Brooks. *The Early History of the Church of Canterbury: Christ Church from 597 to 1066*, pp. 204-206.

② *Anglo-Saxon Charters: An Annotated List and Bibliography*. P. H. Sawyer (ed.), nos. 345 and 237.

③ Ibid, nos. 1667, 1668 and 1674.

④ *English Historical Documents, 500 - 1042*. D. Whitelock (ed. and trans.), no. 96; *Anglo-Saxon Charters: An Annotated List and Bibliography*. P. H. Sawyer (ed.), no. 1507.

⑤ Robin Fleming, "Monastic Lands and England's Defence in the Viking Age," *English Historical Review* (100), p. 252.

⑥ *Anglo-Saxon Charters: An Annotated List and Bibliography*. P. H. Sawyer (ed.), no. 1444; *English Historical Documents, 500-1042*. D. Whitelock (ed. and trans.), no. 101, pp. 543-544.

不仅教会地产，一些修道院也成了王室和贵族的居所、地产管理中心、军事要塞等。① 例如，在阿尔弗雷德统治时期，阿宾顿修道院被改建为西撒克逊王室的一座地方行宫。后来，埃塞尔斯坦国王在这里接待了一位法兰克使节；950 年，埃德雷德在这里举办了一次贤人会议。② 887 年年末，阿尔弗雷德将萨默塞特的两座修道院——康格斯伯里（Congresbury）和班维尔（Banwell）——的全部财产当作圣诞礼物送给了他的传记作者阿塞尔。③ 971 年，亨伯河畔的巴罗（Barrow）修道院被埃德加国王送给了温切斯特主教埃塞尔沃尔德。④ 到 10 世纪中后期，伊利和米兹汉姆斯特德等这些盎格鲁-撒克逊早期著名的修道院也已被西撒克逊王室控制。⑤ 可见，与查理·马特一样，阿尔弗雷德国王在热爱圣物和礼拜仪式的同时也经常从教会取地，为了抵御维京人的入侵、保卫自己的王国，他甘愿冒触怒修道士、主教甚至罗马教皇的危险。

此外，在埃德加统治时期，一个叫埃格弗思（Ecgferth）的人将米德尔塞克斯的两处地产（共计约 30 海德）赠给坎特伯雷大主教座堂，条件是他去世后邓斯坦大主教照料他的孀妻和孩子。但是，后来，埃格弗思似乎犯了某种重罪，因此被埃德加国王没收了全部财产，并被剥夺了死后葬在教堂墓地的权利。962 年，埃德加国王将上述两处地产赠给了埃尔夫赫亚（Ælfheah）郡长。邓斯坦替埃格弗思向国王缴纳了偿命金，但埃德加仅同意给埃格弗思一处教堂墓地，上述地产则继续由埃尔夫赫亚郡长持有。⑥ 正如有学者指出的那样："的确，当国王与其贵族的关系和法律条文受到威胁时，埃德加不会对他的大主教表示特别的恩宠。"⑦

受王室影响，其他世俗贵族也趁乱侵占教会财产。以奉行激进改革政策著称的温切斯特主教埃塞尔沃尔德最经典的言论是："在我看来，由于

---

① John Blair. *The Church in Anglo-Saxon Society*, p. 324.

② 关于阿尔弗雷德及其儿子长者爱德华对教会财产的掠夺，也可参见 Nicholas Brooks. *The Early History of the Church of Canterbury: Christ Church from 597 to 1066*, pp. 149-150。

③ C. J. Godfrey. *The Church in Anglo-Saxon England*, p. 285.

④ *Anglo-Saxon Charters: An Annotated List and Bibliography*. P. H. Sawyer (ed.), no. 782.

⑤ Robin Fleming, "Monastic Lands and England's Defence in the Viking Age," *English Historical Review* (100), p. 251.

⑥ *Anglo-Saxon Charters*. A. J. Robertson (ed.), no. 44.

⑦ Nicholas Brooks. *The Early History of the Church of Canterbury: Christ Church from 597 to 1066*, p. 247.

邪恶人士的盗窃和对主没有一点畏惧的国王的同意，以前那些被用来规范修道院生活的规章制度受到了损害。"① 这在"准备不足者"埃塞尔雷德统治初期表现得尤为突出。罗马教皇写信给英格兰一个叫奥尔弗里克（Alfric）的郡长，指责他占据了格拉斯顿伯里那座敬献给圣母玛利亚的教堂，夺取了它合法拥有的一些地产和村庄，并紧抓着它附近的一座住宅不放。② 这是诺曼征服前唯一留存的罗马教皇写给英格兰平信徒的信件，它为"准备不足者"埃塞尔雷德统治时期英格兰的不法行为或无政府状态提供了有力证据。埃尔弗里克郡长的儿子埃尔夫加是"准备不足者"埃塞尔雷德统治初期挥霍教会土地的首批受益人之一，但在莫尔登战役（991 年）结束后，埃塞尔雷德国王开始对自己的行为表示忏悔。《盎格鲁-撒克逊编年史》记载说，他在 993 年下令弄瞎了埃尔夫加，使他成为公众鄙视的罪人。埃塞尔雷德也特别后悔出售阿宾顿修道院，认为这使自己受到了诅咒，因此决定停止这场交易以救赎自己的灵魂。于是，在 993 年圣灵降临节于温切斯特举行的会议结束几星期后，他庄重地恢复了阿宾顿修道院的所有权利，并下令修复一些他之前因年少无知而毁坏过的教堂，如罗切斯特教堂和温切斯特教堂等。尽管如此，到诺曼征服前夕，仍有不少教会地产转入了英格兰世俗贵族的手中。以坎特伯雷的基督教堂为例。戈德温家族控制了它在桑德里奇（Sundridge）、兰波特（Longport）、汉顿汉姆（Haddenham）的 5 处地产，它在哈洛（Harrow）和哈尔顿（Halton）的地产则被利奥夫温家族占领，总价值约为 270 镑。③

---

① *English Historical Documents, 500 - 1042.* D. Whitelock（ed. and trans.），no. 238, pp. 920 - 923, at p. 922.

② Ibid, no. 231, p. 895.

③ Nicholas Brooks. *The Early History of the Church of Canterbury: Christ Church from 597 to 1066,* pp. 300 - 302.

第三章

基督教对盎格鲁-撒克逊王权的影响

在从异教转信基督教的过程中，国王等王室成员被尊奉为圣徒，盎格鲁-撒克逊王权找到了这种新的激发其民众忠诚的替代品。伴随着基督教文化的兴起，神职人员开始在国王的登基仪式上引入涂油礼和加冕礼，这使盎格鲁-撒克逊国王凌驾于普通基督徒之上，成为"承蒙上帝恩典的国王"，理论上神圣不可侵犯。凭借丰富的教会事务管理经验和对文化教育的垄断，神职人员也活跃于王国的政治舞台，他们不仅担任王室信使、出席贤人会议、参与社会治理，甚至在战场上协助国王抵御外敌入侵。另外，共同的基督教信仰为英格兰统一提供了一种不可或缺的精神纽带。尽管如此，不可否认的是，在教会参与创建盎格鲁-撒克逊王权、帮助统治者建立个人统治权的过程中也孕育了立宪君主制的基因。

第一节　"圣化"盎格鲁-撒克逊王权

"在 13 世纪之前，也即在真正的国家理论形成之前，并不存在严格意义上的、自觉的君主制原则；但是在现实中，王权在西方政治生活中占据了主导地位。"[①] 皈依基督教后，盎格鲁-撒克逊国王一度失去了天然的支持者，他们不再被当作神，至少在官方场面上是如此。但通过将国王等王室成员尊奉为圣徒，基督教帮助王权找到了一种新的激发其民众忠诚的替代品。涂油礼和加冕礼的引入，则为盎格鲁-撒克逊国王找到了一种新的重振其"神圣性"

_____

① 〔德〕弗里兹·科恩：《中世纪的王权与抵抗权》，第 32 页。

的方法，他们重新被置于宗教的光环下，继续被视为神圣之人，结果，"新宗教成了一种比有着古老的诸神的宗教更能激发更为深切的忠诚的事物"[1]。

一　盎格鲁-撒克逊人的神圣王权观

日耳曼人"并不比荷马时代的阿该亚人（Achaeans）缺乏王权意识"，[2]王权是他们一种至关重要的社会制度，它在民族大迁徙之前即已存在，塔西佗记载说："他们（日耳曼人）的国王（reges）是按照出身（nobilitate）推举的，而选拔将军（duces）以武力（virtutesumnunt）为标准。"[3]

盎格鲁-撒克逊人的国王通常由部落军事首领转化而来，并将塔西佗笔下的"出身"与"武力"结合在了一起。[4] 一方面，"盎格鲁-撒克逊国王的地位归功于他们作为战争领袖的能力"，[5] 因此，《盎格鲁-撒克逊编年史》中关于第一批盎格鲁-撒克逊国王们的记述多集中于他们的战绩。考古发掘出土的大量武器也证实了早期盎格鲁-撒克逊王国对战事的关注，如在萨顿胡1号墓中，除了一套寻常武器，还有一套华丽的作战装备：一顶头盔，一面精巧的绘有鸟、龙图案的盾，一把饰有珠宝的莱茵剑，一副精致的、镶着珠宝的甲胄以及一根用以支撑宝剑的珐琅质腰带等。[6] 有学者指出，这些仪式而非实用的行头暗示国王是一位伟大的武士。[7] 另一方面，盎格鲁-撒克逊早期统治者也在其王权中掺入宗教因素，他们通常将自己的族谱之树追溯至日耳曼人的异教诸神，声称自己具有神圣的血统，以突出其统治地位的合法性，"每一位撒克逊国王都将其祖先追溯至诸神，沃登神或撒克斯尼神"[8]。其中，最受盎格鲁-撒克逊人重视的异教神祇是战神沃登。在存世的8份盎格鲁-撒克逊早期国王的家谱中，除了东撒克逊人（他们将自己的血统追溯至撒克斯尼神），肯特人、西撒克逊人、东盎

① 〔英〕克里斯托弗·道森：《宗教与西方文化的兴起》，第103页。

② 同上，第70页。

③ 〔古罗马〕塔西佗：《阿古利可拉传　日耳曼尼亚志》，第50页。

④ Henry Mayr-Harting. *The Coming of Christianity to Anglo-Saxon England*, p. 18.

⑤ E. James, "The Origins of Barbarian Kingdoms: The Continental Evidence," *The Origins of Anglo-Saxon Kingdoms*. Steven Bassett(ed.), Leicester: Leicester University Press, 1989, pp. 40—52.

⑥ R. Bruce-Mitford. *The Sutton Hoo Ship-Burial II*. London: Trustees of the British Museum, 1978.

⑦ Barbara Yorke. *Kings and Kingdoms of Early Anglo-Saxon England*, p. 16.

⑧ 〔英〕阿萨·勃里格斯：《英国社会史》，第50—51页。

格利亚人、麦西亚人、伯尼西亚人、德伊勒人和林齐人都视沃登为他们国王的祖先，只有南撒克逊人的王室族谱尚不清楚。[①] 比德也经常提到沃登，并指出："许多王国的王室都宣称自己是沃登的后裔。"[②] 因此，正如一些学者所指出的那样，盎格鲁-撒克逊人的"蛮族国王……是一位享有神圣血统和英雄传统的威名 mana（曼纳，指超自然的神秘力量）的战争首领"。[③]

不过，按照日耳曼人的传统观念，神并不是眷顾某一个人才选他为王，而是眷顾某个家族选他们领导整个部落。因此，从统治家族中选举一人主事是原始日耳曼部落人民的权利。在一些盎格鲁-撒克逊王国，共同的祖先和获得王位的资格似乎是通过使用一个相同字母为开头的名字来表现的。例如，所有的东撒克逊统治者都是斯莱德的直系男性后裔，他们的名字以及那些出现在血统表上的他们亲属的名字都以字母"S"为开头；在埃格伯特之前，绝大部分威塞克斯国王的名字都以字母"C"为开头。[④]

由于国王是从统治家族中选出的，这容易使家族中的其他人产生凭军事力量篡夺王位的念头，国王或王子死于非命的现象在盎格鲁-撒克逊社会中的确时有发生。据不完全统计，国王及其继承人非正常死亡现象在《盎格鲁-撒克逊编年史》中出现27次之多。[⑤] 以诺森伯里亚为例，从7世纪后期到9世纪初，至少有5个家族觊觎诺森伯里亚人的王位。从奥斯雷德在705年继位到厄德伍尔夫（Eardwulf）在808年被罢黜，这一个世纪的时间里，诺森伯里亚共经历了14朝，其间6名国王遭罢黜，他们或被驱逐，或被强行送入修道院；4名国王遭杀害；2名国王自愿放弃王位，但继位的是他们的亲属；2名国王下落不明，且他们的统治都异常短暂。[⑥]《盎格鲁-撒克逊编年史》关于757年的纪事详述了威塞克斯国王基内伍尔夫与其前任西吉伯特及其兄弟基内赫德之间盘根错节的血海深仇。这些使我们想起西哥特人在西班牙建立的王国。据统计，在531—555年，有4位西哥特国王被杀。一位6世纪法兰克编年史家称暗杀为"哥特病"，并补充说，"如

① William A. Chaney. *The Cult of Kingship in Anglo-Saxon England: The Transition from Paganism to Christianity*, p. 29.

② 〔英〕比德：《英吉利教会史》，第一卷第15章。

③ 〔英〕克里斯托弗·道森：《宗教与西方文化的兴起》，第70页。

④ Barbara Yorke. *Kings and Kingdoms of Early Anglo-Saxon England*, pp. 52, 143.

⑤ 张延平：《〈盎格鲁-撒克逊编年史〉述评》，硕士学位论文，哈尔滨师范大学，2012。

⑥ Barbara Yorke. *Kings and Kingdoms of Early Anglo-Saxon England, pp. 88-90.*

果哪一位国王惹怒了他们，他们就用剑追逐他，然后拥立他们愿意的任何一位为国王"。①

二 尊奉国王等王族人员为圣徒

"国王的权威在很大程度上凭借的是臣民对他本人的忠诚，王权的神化是维系君臣关系的重要方面，因此，国王们强调王室与上帝之间的亲缘关系。"② 在从异教转向基督教之初，旧的神圣王权观念仍隐隐约约地存在于盎格鲁-撒克逊人的意识中，他们并没有抛弃其异教祖先，而是将它们向前追溯，一步步推溯至基督，使其与基督教确定的世系表相吻合。③

随着基督教文化特别是修道主义的兴起，包括国王在内的许多盎格鲁-撒克逊王室成员获得了圣徒称号。王族圣徒崇拜是盎格鲁-撒克逊王权适应新宗教环境的表现，产生了积极效果。

（一）基督教圣徒崇拜

基督教徒的精神世界不仅有圣礼、福音书的养育，更有圣徒（hagios，即 saints）为榜样。圣徒崇拜是中世纪天主教会的一个重要方面，"在帝国覆亡以后的时期中，圣徒崇拜在西方的重要意义怎么说也不为过，因为社会天平的两端——在图尔的格雷戈里与圣大格雷戈里等文化领袖中和在平民百姓中——同样感受到了它的影响"④。

在《基督教大辞典》中，"圣徒"被定义为："一个行为与生活都堪称有美德并可为人表率的人。"⑤ 归隐、神贫与极度虔诚是对圣徒的基本要求，奇迹则是圣徒圣洁的典型证据，"所有圣徒死后都能行奇迹，许多圣徒生前就行了许多奇迹"⑥。圣徒被视作上帝与信徒之间的桥梁，他们能够向上帝转达信徒的需求，上帝则通过圣徒展现各种神迹使信徒蒙受神恩。

在教会历史上，最早获得圣徒称号的是那些罗马帝国迫害基督徒时代

---

① 〔美〕布莱恩·蒂尔尼、西德尼·佩因特：《西欧中世纪史》，第76页。
② 王亚平：《修道院的变迁》，东方出版社，1998，第72页。
③ 《盎格鲁-撒克逊编年史》855—858年纪事。
④ 〔英〕克里斯托弗·道森：《宗教与西方文化的兴起》，第27页。
⑤ 丁光训、金鲁贤主编《基督教大辞典》，上海辞书出版社，2010，第566页。
⑥ 〔英〕罗伯特·诺布尔·斯旺森：《欧洲的宗教与虔诚》，龙秀清、张日元译，上海三联书店，2012，第175页。

的"殉道者"（martyrs）。基督教教会史学家认为，在君士坦丁皇帝于 313 年颁布《米兰敕令》（*Edict of Milan*）之前，罗马帝国针对基督徒的大迫害有 10 次。在此期间出现了一批坚定的殉教者和护教者。司提反（Stephen）是第一位，他在耶稣死后不久在耶路撒冷被一伙暴民用乱石打死。[①] 殉教者给幸存的信徒们提供了榜样并鼓舞了他们，"早期基督教会能够拥有力量和道德，很大程度上在于它常遭迫害，产生了许多决意为信仰而死的殉道者"[②]。自然，这些将自己的生命置之度外、为基督教奋斗的人受到了教会的特别尊敬和怀念。他们的名字被保存在教会档案中，他们的遗物则被供奉在教堂的圣坛上。除了宗教节日，教会还会在每年他们的忌日举行隆重的公共仪式，以纪念他们"进入永生"。为了激励一代又一代的信徒，他们的事迹也会被编写成册，即圣徒传，"圣徒传呈现了一幅圣徒的'圣像'，无论对整个社会抑或对具体个人都有影响：它是一个榜样，一个范例，一种告诫"[③]。基督教取得合法地位后，不再有殉道者，在决定谁可获封圣徒这一问题上，罗马帝国东部和西部的做法并不一致。在东部，拥有卓越美德的信徒就可被认作圣徒，出身无足轻重，在西部，圣徒头衔则主要由修道院院长、主教和虔诚的贵族占据。

　　封圣（canonization），即通过整理、评价各地圣徒"候选人"的生平和奇迹，以最终决定谁配被册封为普世认可的圣徒，被认为是罗马教皇"最少有争议的特权之一"。[④] 不过，在基督教兴起的最初几个世纪，圣徒称号并不是在正式仪式上授予的，"谁可列为圣徒是根据公众的舆论"[⑤]。直到 10 世纪末，教皇才开始控制封圣的过程。虽然在教皇格雷戈里九世（Gregory Ⅸ）时期，教廷就已经制定了沿用至今的严格的圣徒册封程序，但直到 12 世纪 70 年代初，教皇才开始全面行使封圣特权。[⑥]

---

① 〔美〕威利斯顿·沃尔克：《基督教会史》，第 26 页。
② 〔荷〕维姆·布洛克曼、彼得·霍彭布劳沃：《中世纪欧洲史》，第 55 页。
③ 〔英〕罗伯特·诺布尔·斯旺森：《欧洲的宗教与虔诚》，第 169 页。
④ Andre Vauchez. *Sainthood in the Later Middle Ages*. Cambridge: Cambridge University Press, 1977, p. 11.
⑤ 〔美〕威利斯顿·沃尔克：《基督教会史》，第 196 页。
⑥ E. W. Kemp. *Canonization and Authority in the Western Church*. Oxford: Oxford University Press, 1948, pp. 99-104；陈文海：《中世纪教廷"封圣"问题研究——对"封圣"过程的非宗教层面考察》，《中国社会科学》2002 年第 4 期；客志松：《天主教封圣程序演变述析》，硕士学位论文，东北师范大学，2018。

（二） 盎格鲁-撒克逊王族圣徒崇拜及其作用

伴随着基督教文化在英格兰的兴起，许多出身王族的盎格鲁-撒克逊人被尊奉为圣徒，"到比德在 731 年完成《英吉利教会史》时，已有相当多的盎格鲁-撒克逊国王、王子和王族女性在教皇的封圣权获得发展之前的年代里就已被当地教会尊奉为圣徒了"①。概括起来看，获封圣徒称号的盎格鲁-撒克逊王族成员主要有三类。

一是在抵御异教徒入侵时阵亡的国王。保卫信仰，对异教徒作战，往往被理解成基督所率领的"天军"征服撒旦所率领的魔鬼的"圣战"。"圣战"尤其被看作信仰基督教的国王的神圣职责，它具体包括"在外部，保卫神圣的教会免遭异教徒的攻击，免遭异教军队的灾难；在内部，通过增强对天主教信仰的认可，对教会加以巩固"②。如前所述，在盎格鲁-撒克逊人皈依基督教的过程中，麦西亚国王彭达是一位顽固的异教徒，他在生前和去世时都为异教徒。不仅如此，比德用"慓悍"（*vir strenuissimus*）③ 一词来形容彭达，即"一个被赋予非凡武士才能的人"，④ 他向四面八方努力扩张麦西亚王国的影响，分别与麦西亚北部的诺森伯里亚人、东面的东盎格利亚人以及南邻的西撒克逊人作战。在战场上，彭达击败并杀死了 5 名已皈依基督教的盎格鲁-撒克逊国王和数名基督徒王子，如诺森伯里亚国王爱德文和奥斯瓦尔德、东盎格利亚国王安纳等。869 年 11 月 20 日，在与维京人作战时，东盎格利亚国王埃德蒙被异教徒首领伊瓦尔（*Ivarr*）斩首。⑤ 这些在抵御异教徒入侵时阵亡的盎格鲁-撒克逊基督徒国王或王子都被尊奉为了圣徒。

二是前述那些自愿放弃王位或其高贵出身遁入修道院的盎格鲁-撒克逊国王、王子或王族女性，如东盎格利亚国王"博学的"西格伯特、

---

① Susan J. Ridyard. *The Royal Saints of Anglo-Saxon England: A Study of West Saxon and East Anglian Cults*. Cambridge: Cambridge University Press, 1988, p. 1.

② 〔英〕J. H. 伯恩斯主编《剑桥中世纪政治思想史（350 年至 1450 年）》，程志敏、陈敬贤、徐昕、郑兴凤译，生活·读书·新知三联书店，2009，第 406 页。

③ 〔英〕比德：《英吉利教会史》，第二卷第 15 章；第二卷第 20 章。

④ J. M. Wallace-Hadrill. *Bede's Ecclesiastical History of the English People: A Historical Commentary*, p. 84.

⑤ Susan J. Ridyard, *The Royal Saints of Anglo-Saxon England: A Study of West Saxon and East Anglian Cults*, p. 211.

埃塞克斯国王琴特温和伊尼、东盎格利亚王安纳的女儿埃塞尔思里思等。

　　三是在王室政治斗争中被谋杀的国王或王子。比德记述说，奥斯威一开始与一个叫奥斯温的人共治诺森伯里亚，后者虔诚、笃信，且政绩卓绝，深受臣民爱戴。但奥斯威在 651 年派人极其残忍地杀害了奥斯温。为了救赎自己的灵魂，奥斯威下令在奥斯温被杀害的地方吉灵建造了一座修道院，并将它交给奥斯温的亲属特朗希尔管理。① 另外，《盎格鲁-撒克逊编年史》记载说，爱德华国王在 979 年 3 月 18 日傍晚被人刺杀身亡，"人们杀了他，但是天上的君主却尊崇他。他生前是尘世的国王，现在死后是天上的圣徒"。② 埃塞尔雷德即位后，先是以极大的尊荣将爱德华的遗体转葬至沙夫茨伯里（Shaftesbury）修道院，后在 1001 年颁布特许状③赐地建造布拉德福德（Bradford）修道院，以专门安置爱德华的遗物。最后，埃塞尔雷德国王还在 1008 年颁布法令，要求全英格兰每年在爱德华的忌日（即 3 月 18 日）举行纪念活动。④ 殉难者爱德华是最后一位被自己的政敌杀害后称圣的盎格鲁-撒克逊国王。据统计，整个盎格鲁-撒克逊时期，英格兰共有 12 位因被政敌杀害而获得圣徒称号的国王或王子。⑤

　　"申信者"爱德华是最后一位获得圣徒称号的盎格鲁-撒克逊国王。在 1043 年继位之前，他曾在诺曼底流亡约 25 年，其间他多选择在修道院中度日。继位后，爱德华促成了英格兰一项空前的建筑项目——重建威斯敏斯特的老修道院。在威斯敏斯特，很早就有一座修道院，可追溯到 7 世纪，后来，大约在 959 年，坎特伯雷大主教邓斯坦对它进行过重建。爱德华的这次重建始于 11 世纪 40 年代末，直到 1065 年 12 月，即爱德华去世（1066 年 1 月）前，才完成献堂仪式。爱德华去世后常被塑造成一位"童贞国王"，他也经常以一个修道院的苦行僧形象出现在画

---

①　〔英〕比德：《英吉利教会史》，第三卷第 20、24 章。

②　*English Historical Documents, 500–1042*. D. Whitelock（ed. and trans.），p. 231.

③　*Anglo-Saxon Charters: An Annotated List and Bibliography*. P. H. Sawyer（ed.），nos. 1275, 899.

④　*English Historical Documents, 500–1042*. D. Whitelock（ed. and trans.），no. 44, p. 444.

⑤　D. W. Rollason, "The Cults of Murdered Royal Saints in Anglo-Saxon England," *Anglo-Saxon England* (11), 1983, pp. 1–22.

像中。爱德华的虔诚也得到了罗马教廷的确认，1161 年 2 月 7 日，教皇亚历山大三世（Alecander Ⅲ）颁发圣谕，宣布将爱德华的名字列入"圣徒名录"，作为全体基督徒的"楷模"而受到崇拜。[①] 不过，在认真考察了隐藏在有关其虔诚的传说故事背后的真实情况后，爱德华国王的现代传记作者写道："他不是一个非凡的人物，但他也不是一个圣洁的低能者。同他那个阶层和时代的许多人一样，他只是一个平庸的人。"[②]

国王等王室成员被尊奉为圣徒并非盎格鲁-撒克逊社会独有的现象。在欧洲大陆，法兰克国王克洛泰尔一世（Clothar Ⅰ）的王后、东法兰克国王亨利二世（Henry Ⅱ）及其王后等人的圣洁人所共知；爱尔兰和威尔士教会对圣洁的统治家族的概念也不陌生，在前往爱奥纳岛之前已在爱尔兰创建了数座修道院的科伦巴据说是乌伊·奈尔（Ui Neill）王室的一员；在东欧，据说匈牙利国王斯蒂芬（Stephen）去世（1038 年）后，他的陵墓上方展现了许多神迹；等等。然而，不同的是，盎格鲁-撒克逊人的王族圣徒崇拜具有普遍性和持久性的特点，即王族圣徒崇拜在盎格鲁-撒克逊英格兰出现的频次非常高，而且，这类崇拜一旦建立起来，就会受到教会人士和圣徒传记作者的持续关注。[③]

关于王族出身与称圣（sanctity）之间的联系，W. A. 钱尼曾提出：身为移民时代那些神圣统治者的直系后裔，盎格鲁-撒克逊圣徒国王的圣洁，犹如其神性一样，几乎是其君王身份的不可避免的附属物。[④] 对于刚刚从异教转向基督教的世俗统治者而言，将国王等王室成员尊奉为圣徒有助于王权与圣洁的威望搭上关系，使王权获得新的神性，"在皈依基督教之后的一段时间里，这样的造圣过程……能够提高王室家族的威望且可恢复一些他们至少在异教时代晚期就已被赋予的神秘性"[⑤]。以

---

① Susan J. Ridyard. *The Royal Saints of Anglo-Saxon England: A Study of West Saxon and East Anglian Cults*, p. 1.

② 转引自〔英〕约翰·布莱尔《盎格鲁-撒克逊简史》，第 158—159 页。

③ Susan J. Ridyard. *The Royal Saints of Anglo-Saxon England: A Study of West Saxon and East Anglian Cults*, p. 3.

④ William A. Chaney. *The Cult of Kingship in Anglo-Saxon England: The Transition from Paganism to Christianity*, pp. 77-84.

⑤ Alan Thacker, "Dynastic Monasteries and Family Cults: Edward the Elder's Sainted Kindred," *Edward the Elder, 899-924*. N. J. Higham and D. H. Hill (eds.), pp. 248-263; Janet L. Nelson, "Royal Saints and Early Medieval Kingship," *Studies in Church History* (10), 1973, pp. 39-44.

东盎格利亚国王安纳为例，比德说他"是一位极为高尚的人物，是一位有着高尚后代的父亲"，[①] 不仅他自己在去世后被尊奉为圣徒，他的 4 个女儿——埃塞尔思里思、塞克斯伯格、萨思里德、埃塞尔伯格均献身做了修女并都获得了圣徒的称号。这样，"尽管王权由于逐渐消失在基督教世界这一更为广阔的统一体中而失去了它古老神圣的特权，以及它与好的收成和在战争中取胜的部分神秘的联系，但是它却通过与教会的密切联系而获得了新的声望，并从教会中逐渐获得了新的神圣性"[②]。

三　在国王的登基典礼上引入"圣化礼"

起初，盎格鲁-撒克逊人的国王登基仪式较为简单：新当选者登上高台或大土堆，由部落长老授予其头盔和刀剑，到场的亲兵、贵族随即大声欢呼以示认可，然后举行欢宴结束。国王登基不举行宗教仪式，没有任何特别的宗教印记，也不采用任何一种可以昭示国王神圣性的古称。总之，他们都不过是普通的基督教徒，也可以说是俗人。但随着圣化礼即涂油礼和加冕礼的引入，盎格鲁-撒克逊国王找到了一种重振其神圣性的新方法。

（一）"圣化礼"的引入

涂油礼起源于古代东方世界，在那里，国王被理所当然地视为神圣之人，其神圣性是由意义极为明确的仪式来表现的，即登基时在他们身体的某些部位涂抹事先已被祈福过的膏油。后来，这种做法被基督教借鉴，用于新入教者的坚信礼以及为主教和教士举行的授职礼。可能受《旧约圣经》中撒母耳[③]膏大卫[④]为王、以利沙[⑤]膏耶户[⑥]为王等记载的启发，入主西罗马帝国的日耳曼人将这种起初仅用于初入教者或教士的涂油礼引入了他们国王的登基典礼。

国王涂油礼最早可能在凯尔特各民族中流行。爱奥纳修道院院长阿多姆

---

① 〔英〕比德：《英吉利教会史》，第三卷第 18 章。
② 〔英〕克里斯托弗·道森：《宗教与西方文化的兴起》，第 75 页。
③ 《旧约圣经》中最后一位士师和最早一位先知。
④ 《圣经》故事人物。古希伯来统一王国第一位国王，在《圣经》中地位很高。
⑤ 《圣经》故事人物，以色列人的先知。
⑥ 《圣经》故事人物，以色列人的国王。

南（Adomnan）记载说，在达尔里亚达国王克劳尔（Conall）于 574 年去世后，科伦巴将艾丹膏立为他的继承人。① 但有可靠证据表明，国王涂油礼的记载最早见于西哥特人在西班牙建立的王国。② 第一位举行涂油礼的是西哥特国王万巴（Wamba），他在 672 年 9 月接受了涂油礼，但记述此事件的这位同时代的作者显然认为该仪式在万巴之前即已存在。因此，我们可以肯定，国王涂油礼在 672 年之前就已经传入西班牙了。751 年，法兰克宫相矮子丕平在苏瓦松被涂油，成为在教士那里接受涂油礼的首位法兰克国王。

《盎格鲁-撒克逊编年史》关于 787 年的纪事记载说，埃格弗里思在这一年接受涂油，与他的父亲奥法共治麦西亚，这是英国历史上第一次提到国王登位时的涂油仪式。克里斯托弗·道森教授断定，盎格鲁-撒克逊国王的涂油仪式是从凯尔特人那里传入的，③ 但马克·布洛赫基于奥法与加洛林王室间的密切联系，认为它受在此之前约 30 年即已实施该仪式的法兰克人的影响。④ 不论怎样，在新国王的就职典礼中引入神圣元素——涂油礼——这一习俗在 8 世纪后期也被引入了英格兰。自埃格弗里思在 787 年接受涂油礼起，这种仪式很快就在盎格鲁-撒克逊人的辖境内传播开来。

"加冕礼（coronation）是欧洲君主制国家始自中世纪的一项重要的政治与宗教仪式，8—9 世纪逐渐形成规范的礼仪。"⑤ 800 年 12 月 25 日，在罗马圣彼得大教堂，教皇利奥三世将一顶"皇冠"（couronne）戴在了加洛林国王查理曼的头上，宣布他为皇帝。而在此之前，法兰克诸王登基时佩戴的王权象征物是冕，即饰以珍珠、宝石的织料帽圈。例如，都尔教会主教格雷戈里记载说，克洛维在都尔城是戴着冕出现在其臣民面前的。⑥ 在盎格鲁-撒克逊早期的英格兰，王权的象征物通常是头盔，"在 900 年以前，被用于国王加冕的是头盔而不是王冠"。⑦ 迄今为止，考古人员共发现

---

① 〔美〕泰德·奥尔森：《活着的殉道者：凯尔特人的世界》，第 124 页。

② 〔法〕马克·布洛赫：《国王神迹：英法王权所谓超自然性研究》，张绪山译，商务印书馆，2018，第 418—419 页。

③ 〔英〕克里斯托弗·道森：《宗教与西方文化的兴起》，第 79 页。

④ 〔法〕马克·布洛赫：《国王神迹：英法王权所谓超自然性研究》，第 424 页。

⑤ 张炜：《威斯敏斯特建筑群与中世纪英王加冕礼》，《经济社会史评论》2018 年第 3 期。

⑥ 〔法兰克〕都尔教会主教格雷戈里：《法兰克人史》，第二卷第 38 章。

⑦ Janet L. Nelson, "The Earliest English Coronation *Ordo*," *Authority and Power: Studies Presented to Walter Ullmann*. B. Tierney and P. Linehan (eds.), Cambridge: Cambridge University Press, 1980, pp. 29–48, at pp. 44–46.

了两顶头盔，它们分别出自萨顿胡 1 号墓和本蒂农庄（Benty Grange）墓。① 至少从 10 世纪开始，英格兰已经有国王"头戴王冠"的记录。例如，埃塞尔斯坦 925 年在金斯顿（Kingston）登基时戴的就是一顶真正的王冠，而非传统的头盔。另外，仅存于 10 世纪晚期之后的英格兰第二部《圣务指南》（Ordo）也提到了王冠。

像主教授职礼一样，国王的登基礼逐渐将涂油礼与加冕礼结合在了一起。由于查理曼在接受皇冠之前已接受涂油礼，所以教皇没有为其涂油。第一位在同一庄严肃穆的仪式上既接受涂油又被加冕的是查理曼的儿子"虔诚者"路易（816 年）。大约从这时起，这两个仪式就变得不可分离了，在法国，从秃头查理（Charles the Bald）开始，在英格兰，从 9 世纪开始，国王连续地同时接受涂油礼和加冕礼。据 12 世纪的史籍记载，英格兰国王登基典礼的全部内容和程序大致为：在威斯敏斯特大教堂祈祷大厅的祭坛前面，身披王袍的王位继承人出场，大主教将圣油涂抹在他的头上和颈上，然后，大主教将祭坛上的王冠取下为新王加冕，并授之以权杖、宝剑、戒指、徽章、笏等，接着，大主教为新王吟诵祷文，完毕后向全场宣布已将王的"职位"从上帝那里传授给新王；新王随之登上临时设置的御座，到场的宫廷官吏与教俗贵族等由王族成员引导到新王面前庄严宣誓效忠；接着，新王发表加冕誓词，许诺要遵循神命，施以良法仁政，保护臣民和教会；之后，全场向新王三呼"国王万岁"（Vivat rex），以示拥护和祝贺；最后为隆重的弥撒仪式与欢宴，新王接受"圣餐"。

（二）圣化礼对盎格鲁-撒克逊王权的影响

"自万巴在 672 年、秃头查理在 848 年、奥托一世在 936 年以及埃德加在 973 年被涂油加冕之后，（西哥特人统治下的）西班牙、西法兰克、东法兰克和英格兰这 4 个王国一直由受膏的基督教国王统治"。② 概括起来看，圣化礼对盎格鲁-撒克逊王权的影响主要体现在两个方面。

第一，它赋予国王一种近乎教士的身份，使其凌驾于其他平信徒之

---

① R. Bruce-Mitford. *Aspects of Anglo-Saxon Archaeology: Sutton Hoo and Other Discoveries*, pp. 223–252.

② *Politics and Ritual in Early Medieval Europe*. Janet L. Nelson（ed.）, London and Ronceverte: the Hambledon Press, 1986, pp. 247–248.

上。为国王举行圣化礼的外在形式十分接近为教士举行的按立礼：它们使用了同一种物质——圣油，戒指和长长的权杖则是主教的象征的拷贝。因此，人们从一开始就强烈相信，君王的祝圣和教士的祝圣之间存在着密切的联系。在《列王纪》中，撒母耳将罐中的油浇注在扫罗的头上，并对他说："你……将成为另一个人了。"因此，接受圣职叙任油的统治者被认为具有了新的神圣人格，即通过接受涂油，国王由俗人转化成了具有教士品格并拥有与上帝沟通的超自然神秘力量的"新人"。10 世纪东法兰克国王加冕典礼仪式的用语这样说："上帝的恩典在今天已把你变成另一个人，并通过涂油仪式使你成为他的神性的分享者。"① 涂油礼使君王们受到吹捧，可以凌驾于普通民众之上。797 年，出席法兰克福宗教会议的意大利北部主教不仅称查理曼为"主和父""所有基督教徒最稳健的总督"，而且还确切地称他为"国王和教士"。而在此前数年，想要查理曼和卡洛曼为自己效劳的教皇斯蒂芬三世恭维他们说："你们是神圣的家族，王室出身的教士。"虽然国王们清楚地知道自己不是纯然的教士，但他们也已不再将自己看作普通的基督徒或俗人。法兰西的路易七世在 1143 年的一份公文里说道："朕知道，依照《旧约》规定，并且在我们的时代，依照教会法，只有国王和教士能被授予神圣的涂油礼。这些不同于常人的、位于上帝子民的顶端、与神圣的涂油礼结合起来的人物，应该得到世俗的臣民和精神上的福祉，国王和教士们应该彼此共享这些。"② 这样，"虽然君王并没有因涂油祝圣成为一名真正的牧师，但他却因此被从平信徒的行列中拉了出来，成了神职人员和民众之间的中保"③。

　　一些祈祷文也试图在国王涂油礼和圣职涂油礼之间建立某种对等关系。例如，兰斯（Reims）大主教辛克马（Hincmar）在为秃头查理举行圣化礼时说道："愿上帝以光辉的王冠为你加冕……以此涂油礼你成为国王，此油得到圣灵的恩典，他曾以此油为教士、国王、预言者和殉难者涂油。"类似的，古老的盎格鲁-撒克逊仪典书这样说道："啊，上帝……您以圣油

---

① 〔英〕克里斯托弗·道森：《宗教与西方文化的兴起》，第 79 页注释。
② 〔法〕雅克·勒高夫：《中世纪文明（400—1500 年）》，徐家玲译，格致出版社，2011，第 289 页。
③ Fritz Kern. *Kingship and Law in the Middle Ages*, p. 38.

实施涂油礼为您的仆人亚伦（Aaron）① 祝圣，使之成为祭司，后来您以同样的膏油造就了祭司、国王和预言者，去统治以色列……我们祈求您，全能的父啊，请您屈尊赐福，用这取自您的一种造物的油，圣化您面前的仆人……授予他权力，让他忠诚地追随亚伦的榜样，为您效劳。"② 根据教皇特使在786年帮助英格兰教会制定的第12条教规，"选举"国王，如同加入教士行列，要服从同样的有效条件。③

　　第二，它使国王成为"神命之王"，理论上神圣不可侵犯。如前所述，在皈依基督教之前，为了得到臣民的拥护并提升王权的威望，盎格鲁-撒克逊国王通常将自己的血统谱系溯至部落战神沃登。虽然臣民对国王超自然出身的信仰能够保持忠诚感，但国王不仅常遭废黜，有时甚至连身家性命都难保，王位总是岌岌可危。而且，现存的盎格鲁-撒克逊法典中有关偿命金的规定也表明，国王并没有超然于全体社会成员之上，"王之偿命金虽然数目过大，几乎无人能付得起，但它的存在却又表示王的人身似乎还不是神圣不可侵犯"④。但在基督教教义中，尘世的国王是受上帝派遣来统治其臣民的，他们是"神命之王"。教皇大格雷戈里在写给肯特国王埃塞尔伯特的信中指出："全能的天主召唤所有善人承担起统治他的臣民的责任，以便通过他们之手把他仁慈的礼物赐给他们统治下的所有臣民。"⑤ 丕平在一份文告中也自豪地说："以涂油礼，神命已将我扶持到宝座上。"⑥ 对圣化礼举行之日接受神圣烙印所持的记忆，使君王对其权利的正当性更加理直气壮。因此，在1046年，亨利三世皇帝对列日主教瓦佐（Wazo）说："我，有权统辖万物，也接受过圣油涂敷之礼。"⑦ 为了表达王权的宗教性，国王开始将"承蒙上帝恩典"（gratia Dei，即by the Grace of God）这一著名字眼加入自己的名号中。据考证，

① 《圣经》中人物，摩西之兄，犹太教第一位祭司长。
② 转引自〔法〕马克·布洛赫《国王神迹：英法王权所谓超自然性研究》，第56页。
③ *English Historical Documents, 500–1042*. D. Whitelock (ed. and trans.), no. 191, pp. 836–840; *Councils and Ecclesiastical Documents Relating to Great Britain and Ireland* Ⅲ. A. W. Haddon and W. Stubbs (eds.), pp. 447–462.
④ 马克垚：《英国封建社会研究》，第6页。
⑤ 〔英〕比德：《英吉利教会史》，第一卷第32章。
⑥ 转引自〔法〕马克·布洛赫《国王神迹：英法王权所谓超自然性研究》，第52页。
⑦ 转引自〔法〕雅克·勒高夫《中世纪文明（400—1500年）》，第289页。

这个称号的最早记录可追溯到在 6 世纪晚期占据意大利北部的伦巴第人，但威塞克斯国王伊尼的法典前言也表明，7 世纪的盎格鲁-撒克逊人也已熟悉这一公式。从 8 世纪开始，它成了西欧和南欧所有国王的标准名称。[①]

由于王权是由上帝设立的，所有人都必须绝对服从。王权的敌对者将被视为亵渎神圣之人。英格兰 786 年宗教大会制定的第 12 条教规声称："没有人敢密谋杀害国王，因为他是上帝的受膏者。"约 856 年，埃塞尔伍尔夫从罗马朝觐返回，但被他的儿子埃塞尔博尔德剥夺了对威塞克斯的统治，阿尔弗雷德国王的传记作者阿塞尔称此举"与所有基督教人们的习俗相反"[②]。埃德蒙国王的第一个法令[③]禁止在国王的身边打架斗殴，对此，有学者指出，这标志着一场旨在强调王权神圣不可侵犯性的运动的兴起。[④]约克大主教奥斯瓦尔德的传作（作于 995—1005 年）严厉谴责了那些谋杀殉难者爱德华国王的贵族，说"他们拥有如此受诅咒的思想，如此黑暗邪恶的盲目，不怕向上帝的受膏者下手"[⑤]。996 年的一份赐地文书中也引用了《圣经》诗篇中的话："你不能碰我的受膏者。"[⑥]

恩舍姆修道院院长埃尔弗里克写道："没有人能使自己成为国王，只有人民才有选择他们最满意的人为王的自由意志。然而一旦他加冕为王，他就拥有统治人民的权力，他们却不能把他加在他们身上的枷锁除去。"[⑦]这表明，一旦被祝圣，国王就不能被免职，不管他统治有多失败。因此，尽管"准备不足者"埃塞尔雷德的统治不尽如人意，但约克大主教伍尔夫斯坦仍然支持国王。1013 年，丹麦国王斯韦恩被英格兰人接受为自己新的统治者，"准备不足者"埃塞尔雷德与诸王子则被迫流亡至诺曼底，伍尔夫斯坦在其《狼给英格兰人的布道书》（*Sermon of the Wolf to the English*）中尖锐地批评了英格兰人对上帝和君王的这种不忠："殉难者爱德华遭遇

① Walter Ulmann. *Principles of Government and Politics in the Middle Ages*. London: Routledge, 2010, p. 54.
② *Alfred the Great: Asser's Life of King Alfred and other Contemporary Sources*. Simon Keynes and Michael Lapidge (eds.), p. 70.
③ *Councils and Synods with Other Documents Relating to the English Church I, A. D. 871–1204*. D. Whitelock, M. Brett and C. N. L. Brooke (eds.), pp. 60–63.
④ *English Historical Documents, 500–1042*. D. Whitelock (ed. and trans.), p. 363.
⑤ Ibid, p. 915.
⑥ Ibid, p. 576.
⑦ Ibid, p. 925.

了背叛，被杀害……之后（"准备不足者"）埃塞尔雷德被赶出了这个国家。"在他看来，维京人是上帝派来惩罚那些丧失了道德准则之人的，就像以前英格兰人惩罚那些肆意妄为的不列颠人一样。可能受此影响，当斯韦恩在1014年2月意外去世后，英格兰人没有让他的儿子克努特继承王位，而是让埃塞尔雷德回国继续统治。1014年，伍尔夫斯坦帮助埃塞尔雷德国王起草了一部旨在强调王室神圣性和所有人都应该保持忠诚的法令，[1]国王在其中被描述为"耶稣基督在基督教民众中的代理人"，人民则应该"极其虔诚地信仰基督教……并忠诚地支持他们唯一的国王"（第2条及其附录）。可见，圣化礼的引入，明显地提升了国王的身份地位，因为它"给予国王的统治以神圣的认可，并使他实际上无法被从该职位上罢免"，[2]有助于使原始孱弱的"蛮族"王权向神圣的"基督教王权"转化。当麦西亚国王奥法在787年令人为他的儿子埃格弗里思举行涂油礼时，他一定是看到了上述思想观念的某些有利前景。

不过，虽然涂油礼和加冕礼的引入在一定程度上提升了盎格鲁-撒克逊国王的身份地位，但从中衍生出的君权神化并没有成为防止盎格鲁-撒克逊国王权力瓦解的坚强壁垒。《盎格鲁-撒克逊编年史》记载说，806年，接受了涂油礼的厄德伍尔夫国王被从诺森伯里亚驱逐了出去；946年，埃德蒙国王在帕克尔彻奇（Pucklechurch）被一个叫利奥法（Leofa）的人刺杀身亡；978年3月18日傍晚，爱德华国王在狩猎时被刺杀；等等。可见，没有任何神灵可以一直为盎格鲁-撒克逊人的国王提供"庇护"，他们仍需提防暗杀行为。不仅如此，教士的祈福并不能造就一位新国王或君主，相反，圣化礼必须发生在贤人会议的"选举"之后，即便后者在本质上可能只是一种形式，但若不经过"选举"仍将被认为是反常的。也就是说，"祝圣不是授予继承王位的权利，它只是通过神圣的确认来强化一种既存的权利"[3]。圣化礼只应授给那些已经得到民众普遍认可的统治者，简言之，只有在获得人民明确的或心照不宣的同意的情况下，为君王举行的祝圣才被认为具有法律约束力。此外，尽管这种宗教性的圣化礼令臣民肃然起敬且印象深刻，但它也绝非不

---

[1] *English Historical Documents, 500-1042.* D. Whitelock (ed. and trans.), no. 46.

[2] Mary Frances Giandrea. *Episcopal Culture in Late Anglo-Saxon England*, p. 55.

[3] Fritz Kern. *Kingship and Law in the Middle Ages*, p. 46.

可或缺。虽然对于完善的国王职位，圣化礼在某种程度上是必要的，但是，没有它，或在接受它之前，国王还是国王。事实上，许多国王在接受祝圣之前就已经在实施那些统治行为了。例如，埃德加国王自 959 年就开始执政了，但他的涂油加冕礼直到 973 年才举行。因此，我们不可高估基督教神权政治文化对盎格鲁-撒克逊人政治心态与观念的影响。

第二节　协助盎格鲁-撒克逊王权处理世俗事务

理论上，教会各品级神职人员的首要任务是引导信徒"通过荆棘丛生的窄途，获得永恒的拯救"。但事实上，神职人员从很早起就介入各种世俗事务了，在 4 世纪末和 5 世纪初，即罗马帝国解体和蛮族入侵之际，"主教和教士已成为自治城市的主要官员"[①]。留存下来的各种文献资料显示，盎格鲁-撒克逊主教、修道院院长等也大量涉足政治事务，他们或以王室信使的身份出访，代表国王处理王国间的事务；或应邀出席贤人会议，与其他世俗贵族共商王国要务；或提供真诚的祈祷，甚至亲自领军作战，以协助抵御异教徒入侵；等等。

一　担任王室信使

从基督教化初期起，神职人员就深得盎格鲁-撒克逊国王的信任，他们经常作为王室的使节被派去出访处理公务。比德记载说，在 642—644年，一位叫厄塔（Utta）的神父被派往肯特，帮助诺森伯里亚国王奥斯威迎娶伊恩弗莱德公主。[②]《盎格鲁-撒克逊编年史》中关于 887—890 年的纪事表明，在阿尔弗雷德统治晚期，高级教士与郡长一起受命将西撒克逊人的礼物送至罗马教廷。929 年或 930 年，应东法兰克国王"捕鸟者"亨利（Henry the Fowler）的请求，埃塞尔斯坦国王将自己同父异母的妹妹埃德吉思（Eadgyth）嫁给亨利的儿子奥托（Otto），陪同埃德吉思一起前往的是伍斯特主教琴瓦尔德。[③] 埃塞尔斯坦国王的另一个同父异母妹妹埃德吉富

---

① 〔法〕基佐：《欧洲文明史》，第 37 页。
② 〔英〕比德：《英吉利教会史》，第三卷第 15 章。
③ S. Keynes, "King Æthelstan's Books," *Learning and Literature in Anglo-Saxon England.* M. Lapidge and H. Gneuss (eds.), pp. 199-200.

（Eadgifu）嫁给了西法兰克国王"单纯的"查理（Charles 'the Simple'），他们的儿子是人称"海外归来者"（d'Outremer）的西法兰克国王路易四世（Louis Ⅳ）①。路易自幼在西撒克逊人的宫中长大，936年，拉姆斯伯里主教奥达受托与法兰克公爵休商谈将他送回法兰西继承王位的事宜。②《盎格鲁–撒克逊编年史》记载说，994年，温切斯特主教埃尔夫赫亚克（Ælfheah，1006年被提拔为坎特伯雷大主教，后在1023年被异教徒杀害殉难）和埃塞尔沃德郡长受命将英格兰的人质送到挪威王子奥拉夫·特里格瓦松（Olav Trygvason）那里，他们还以盛大的礼仪带奥拉夫到安多弗与"准备不足者"埃塞尔雷德国王见面；1049年，威尔特主教赫里曼和伍斯特主教奥尔德雷德（Aldred）为"申信者"爱德华国王的事务前往罗马去见教皇。

除了帮助国王处理公务，高级教士受命照看国王的亲属的情况也很常见。《盎格鲁–撒克逊编年史》记载说，737年，舍伯恩主教福瑟尔（Forthhere）陪同西撒克逊国王埃塞尔赫德的王后弗里索吉思（Frithogyth）前往罗马；1013年，丹麦国王斯韦恩被推举为英格兰国王后，彼得伯勒修道院院长埃尔夫西耶（Ælfsige）陪伴埃塞尔雷德国王的王后埃玛渡海前往她的兄弟理查那里，伦敦主教埃尔夫亨（Ælfhun）则负责照料爱德华、阿尔弗雷德两位王子。

二　出席贤人会议

协商和求得共同点是日耳曼王权的基本特征。一位8世纪早期的作家——《法兰克人史纪》（*Liber Historiae Francorum*，即 *The Book of the History of the Franks*）的作者——认为，与最优秀者（*the optimates*）共同执政是一种首要的高贵的美德。创作于10世纪中期的《奥达章程》（*Constitution of Oda*）劝告统治者要有审慎的顾问，约克大主教伍尔夫斯坦也强调国王应经常采纳贤明人士的意见。③ 英格兰7—11世纪时的一项重要政治

① Sarah Foot. *Æthelstan: The First King of England*, pp. 47, 52.
② Nicholas Brooks. *The Early History of the Church of Canterbury: Christ Church from 597 to 1066*, p. 220.
③ Levi Roach. *Kingship and Consent in Anglo-Saxon England, 871–978: Assemblies and the State in the Early Middle Ages*, pp. 147–148.

习俗——贤人会议，为盎格鲁-撒克逊国王与其贵族合作统治王国搭建了一个重要的平台。

（一）贤人会议及其主要职责

贤人会议可以追溯至古日耳曼人的民众大会和贵族议事会。塔西佗记载说："日耳曼人中，小事由酋帅们商议；大事则由全部落议决。人民虽有最后议决之权，而事务仍然先由酋帅们彼此商讨。会议的日期是固定的，……但若有紧急事务则不在此例。……大家都带着武器就座。……于是在国王或酋长们之中，或以年龄、或以出身、或以战争中的声望、或以口才为标准，推选一个人出来讲话；人们倾听着他，倒并非因为他有命令的权力，而是因为他有说服的作用。如果人们不满意他的意见，就报以啧啧的叹息声；如果大家很满意他的意见，就挥舞着他们的矛：这种用武器来表示同意的方式，乃是最尊敬的赞同方式。"①

民族大迁徙后，塔西佗时代的日耳曼酋帅逐步向国王转变，但这种在采取任何重大步骤之前必须寻求忠告的观念继续留存。兰斯大主教辛克马在9世纪70年代为卡洛曼二世写的《宫廷政制》（De ordinepalatii）中指出，加洛林帝国每年通常会有两次集会，一次是常规性的集会，一次是只有王国最重要的人物和统治者的首席顾问参加的更为专门的预备性的集会。辛克马关于法兰克王国每年有一次常规性的集会的陈述与法兰克人早期的一个机构 Marchfield 非常吻合，它起初在每年3月初举行，后在8世纪中叶被移至每年5月召开，并被改称为 Mayfield。留存下来的大量证据表明，7世纪和8世纪的法兰克人确实会在每年的3月1日举行一次重要的政治集会。这意味着，辛克马关于每年会有一次常规性集会的这种显而易见的观念代表了古老的法兰克政治实践在9世纪的一种延续。②

在英格兰，这种由全体部落出席的古代集会逐渐发展成这片土地上最有权势和最重要的人士讨论具有国家和地方意义的事件的集会，它被称作贤人会议。比德记载说，诺森伯里亚国王爱德文召开会议，征询他的贵族

---

① 〔古罗马〕塔西佗：《阿古利可拉传 日耳曼尼亚志》，第52页。
② Timothy Reuter, "Assembly Politics in Western Europe from the Eighth century to the Twelfth," *The Medieval World*. P. Linehan, J. L. Nelson and M. Costambeys (eds.), London and New York: Routledge, 2018, pp. 511-529, at p. 514.

朋友以及主要大臣对接受基督教这件事的意见；肯特国王埃塞尔伯特为其臣民制定成文法令也是听从了国内贤明人士的建议。[①]"7 世纪的时候，差不多每一个盎格鲁-撒克逊王国里都有某种被称为'witenagemot'[②] 的机构在发挥着作用。"[③] 有学者指出，贤人会议是古代日耳曼部落会议的一种贵族化的发展，它是日耳曼共和时代的一种残留，因为新生的盎格鲁-撒克逊王权不可能创建这样的会议来束缚自己的双手。[④]

留存的证据表明，贤人会议会对盎格鲁-撒克逊王国的需求做出反应，为各种"国家行为"（acts of state）提供了一个自然的论坛，"任何超出常规意义的管理行为，从庄严地宣布一份王室遗嘱到验证记录授予土地给平信徒或教会人士的特许状，都将在贤人议会上发生"[⑤]。概括起来看，贤人会议上处理的事务主要有 4 类。

1. 选举或罢黜国王和高级贵族

日耳曼人的王权观念以血亲权（kin-right 或 blood-right）和民主选举为基础，混合了世袭继承权与选举权的观念。　方面，王位是由整个家族所有的，即统治家族的所有成员都是王室成员（royal），包括家族中所有的成年男性成员，同时通常还包括女性和未成年者，甚至婚姻外所生子嗣即私生子，都有资格获得王位。"国王"（king）这个词本身就表达了"血亲权"的含义，因为从词源上说，它本身就暗示了"国王的儿子"或"统治家族的子孙"的含义。另一方面，具体由哪一个拥有王室血统的人来继承王位，即，将家族不可争辩的权利整体性地转变为个别君主确切的王位继承权，通常要取决于许多不同的情形，尤其要取决于共同体的选举或欢呼赞同（acclamation）。

从当政王朝（a stirps regia）的家族成员中挑选一人主事是盎格鲁-撒

---

① 〔英〕比德：《英吉利教会史》，第二卷第 13、5 章。

② 现代历史学家习惯以"witenagemot"这个复合词来指称盎格鲁-撒克逊时期英格兰的国家集会，但在盎格鲁-撒克逊时期的法典和特许证书中，并没有出现此专业术语。约翰·麦迪科特教授指出，在诺曼征服之前，"witenagemot"仅出现过 9 次，且主要出现在 1051—1052 年的危机时期（J. R. Maddicott. *The Origin of the English Parliament*, 924-1327. Oxford: Oxford University Press, 2010, p. 50）。

③ Peter Hunter Blair. *An Introduction to Anglo-Saxon England*. Cambridge: Cambridge University Press, 2003, p. 216.

④ F. Liebermann. *The National Assembly in the Anglo-Saxon Period*, p. 3.

⑤ H. R. Loyn. *The Governance of Anglo-Saxon England, 500-1087*, p. 102.

克逊人的权利，"君主可以更换，条件是永远从同一家族中选立"①，贤人
会议成员作为盎格鲁－撒克逊英格兰全体居民的代表（虽然不是现代意义
上的）决定国王人选。《盎格鲁－撒克逊编年史》记载说，1014 年 2 月，
斯韦恩国王去世，英格兰的议政大臣，包括教俗两方面一致决定派人邀请
在诺曼底流亡的埃塞尔雷德回国；1016 年，埃塞尔雷德国王去世，在伦敦
的全体议政大臣以及伦敦市民推选他的儿子"刚勇者"埃德蒙为国王。贤
人会议也有权罢黜不得民心的国王。根据《盎格鲁－撒克逊编年史》757
年的纪事记载，威塞克斯的议政大臣们剥夺了西吉伯特的王位，因为他的
所作所为有失公正。

任免高级教士，如前所述，通常是由盎格鲁－撒克逊国王决定的，或
至少需要得到他的认可。不过，在做出这些决定之前，国王经常会征求其
议政大臣的意见，而这种咨询通常就发生在贤人会议期间。

2. 制定和实施法令

"法律是国王谋求社会福利的基本工具，因为凭借法律他可以实施正
义和反复灌输正义。"② 贤人会议具有立法机构的职能，阿尔弗雷德国王在
其法典③的前言中指出，他之前的法令都是主教和其他顾问（即贤人）在
英格兰各地举行的"会议"上发布的。

存世的资料表明，盎格鲁－撒克逊法典在颁布之前通常经过了某种形
式的民主协商或表决，"我们虽然将盎格鲁－撒克逊法律称之为这位或那位
国王的法律，但我们必须注意，没有哪一位英格兰国王是在没有征询其智
者的意见并征得他们同意的情况下独立立法的"④。在埃塞尔斯坦统治时
期，死刑的年龄从 12 岁提高到了 15 岁，⑤ 而这是他与"他的主教、郡长
和地区长官"持续商议的结果。新法令的实施在很大程度上依赖于王国高
级权贵的支持，在对既有法令进行实质性修改或增补之前，也需要征求他
们的意见。例如，埃塞尔斯坦国王的第三个法令实际上是坎特伯雷大主

---

① 〔法〕马克·布洛赫：《国王神迹：英法王权所谓超自然性研究》，第 42 页。
② 〔英〕J. H. 伯恩斯主编《剑桥中世纪政治思想史（350 年至 1450 年）》，第 19 页。
③ *English Historical Documents, 500–1042.* D. Whitelock (ed. and trans.), no. 33, pp. 407–416.
④ 〔英〕F. W. 梅兰特：《英格兰宪政史》，李红海译，中国政法大学出版社，2010，第
4 页。
⑤ Patrick Wormald. *The Making of English Law: King Alfred to the Twelfth Century I, Legislation and its Limits*, p. 298.

教、肯特贵族和其他民众联名写给国王的一封信，说他们愿意接受他之前颁布的两个法令，并提出了若干修改建议。[①]

贤人会议也扮演着"高等法庭"的角色，审判严重的犯罪行为，如强奸罪、谋杀罪、纵火罪等。在处理这类司法案件的过程中，国王也只是会议的召集人和主持人，无权独自判决案件，而由与会者集体裁决。[②]

3. 审议和决定外交政策

贤人会议不仅协商和决定与罗马教廷的关系，如前述诺森伯里亚国王爱德文召集王国内的贤明人士开会商量是否接受基督教，也可决定缔结王国间的婚姻。《盎格鲁-撒克逊编年史》记载说，926 年 1 月 30 日，诺森伯里亚人的国王西特里克与威塞克斯国王埃塞尔斯坦在塔姆沃斯会晤，埃塞尔斯坦将自己的姊妹嫁给西特里克。而在阿宾顿的一次会议上，埃塞尔斯坦国王的同父异母妹妹埃德海尔德（Eadhild）被许配给了法兰克公爵休。[③]

贤人会议也决定选择和平或发动战争。比德记载说，诺森伯里亚国王埃格弗里思不顾朋友们的极力劝阻，莽撞地率领一支军队进攻和践踏皮克特人地区，结果被皮克特人杀死，年仅 40 岁。[④] 871—978 年的多次会议也揭示了贤人会议与军务间的密切联系。譬如，在 934 年那场进攻苏格兰的重要军事行动中，埃塞尔斯坦国王至少召集了 3 次贤人会议（5 月 25 日在温切斯特、6 月 7 日在诺丁汉以及 9 月 13 日在白金汉），商讨的内容可能包括做出入侵决定、北征路上部署作战方案以及凯旋途中的总结等。

4. 处理各类赏罚和交易

土地、权利和影响力的积累（它们有同时发生的趋势）对中世纪贵族来说是至关重要的。在整个盎格鲁-撒克逊时期的英格兰，与授权、确权、交换、赔偿以及租赁等有关的事务都必须在贤人会议上做出决定，它是盎格鲁-撒克逊统治者与其臣属建立个人联系的一种重要的社交场合。"盎格鲁-撒克逊特许状似乎完全是由王国集会颁发的，这是它的一

---

① 李秀清：《日耳曼法研究》，商务印书馆，2005，第 90 页。
② 程汉大、李培峰：《英国司法制度史》，清华大学出版社，2007，第 19 页。
③ Sarah Foot. Æthelstan: The First King of England, pp. 47-48.
④ 〔英〕比德：《英吉利教会史》，第四卷第 26 章。

个极其重要的特征。"① 盎格鲁-撒克逊特许状不仅是一种法律和管理文件，也是书田土地保有权的一个基本特征，以后的交易只需移交现有文件即可进行，即"依法占有的让渡"（livery of seisin），它们还被用于展现赠与人和领受人之间的特定关系。

（二）贤人会议上的教会人士

关于贤人会议的出席情况，同时期的叙述性原始资料着墨相对较少，但根据存世的盎格鲁-撒克逊特许状的证人名单，我们可以窥知一二。从根本上说，这种证人名单由欧洲大陆私有特许状必须有人作证的要求发展而来，后者则源自罗马晚期法律中关于私人交易必须有人见证的规定。在罗马法中，证人名单包含所有那些可能被要求就交易作证的人，但在盎格鲁-撒克逊英格兰，证人名单似乎演变成了一种认证方法，旨在证实一份文件是在国王和贤明人士同意的情况下颁发的。

证人名单资料显示，盎格鲁-撒克逊主教、修道院院长等高级教士经常出席贤人会议，与郡长、塞恩等其他世俗贵族一起帮助国王出谋划策。这样，随着基督教文化的兴起，"不论它们在四五世纪时的地位如何，英格兰这类集会的性质在基督教传入后被无可挽回地改变了"②。

"教会和教会人士在王国政府及一般行政机构中的突出地位是盎格鲁-撒克逊晚期英格兰社会的突出特征之一。主教们都是大人物，他们在社会中扮演了积极的角色，是贤人会议上国王的天然顾问……"③ 的确，在坎特伯雷教会臣服于威塞克斯王权之后，大主教就几乎从未缺席过威塞克斯的贤人会议，受其管辖的英格兰南部教省的其他所有或大多数主教通常也会跟着出席，他们的名字被命令按一定的次序列于特许状的证人名单中。而且，随着威塞克斯王权在 10 世纪向北扩展至诺森伯里亚，约克大主教在928—939 年、944—950 年以及 954—955 年也受邀出席了威塞克斯国王召集的贤人会议，他们的名字紧跟在坎特伯雷大主教的后面。④

---

① Levi Roach. *Kingship and Consent in Anglo-Saxon England, 871-978: Assemblies and the State in the Early Middle Ages*, p. 28.

② F. Liebermann. *The National Assembly in the Anglo-Saxon Period*, p. 13.

③ H. R. Loyn. *The Governance of Anglo-Saxon England, 500-1087*, p. 154.

④ *Anglo-Saxon Charters: An Annotated List and Bibliography*. P. H. Sawyer (ed.), nos. 399-400, 403-404, 409-410, 413 and 416.

出席贤人会议"是主教们义不容辞的职责……"[1]"不可能存在没有主教的贤人会议"，[2] 而且，"主教在其中构成了最为持久、有时还是最强有力的力量"[3]。但是，证人名单资料也表明，只有那些忠诚于国王的主教才会被邀请参加贤人会议。以温切斯特主教弗里塞斯坦（Frithestan）为例，在存世的埃塞尔斯坦国王于 925—927 年颁布的特许状中，我们没有发现他的名字。考虑到温切斯特教区的重要性（威塞克斯王国的城镇和教会中心），我们可以相当肯定，弗里塞斯坦在这些年里缺席了贤人会议，不是因为经办人的疏忽。如前所述，在长者爱德华国王去世（924 年 7 月 17 日）后，埃塞尔斯坦与他的同父异母兄弟埃尔夫沃德之间曾短暂出现过王位继承斗争，当时支持埃尔夫沃德的力量主要来自威塞克斯中部，自 909 年起任温切斯特主教的弗里塞斯坦可能就是其支持者之一。因此，直到一年多之后，即 925 年 9 月 4 日，埃塞尔斯坦才在泰晤士河畔的金斯顿被加冕为国王。在这期间具体发生了什么我们已不得而知，但人们很容易将埃塞尔斯坦加冕的明显延迟与政治上的不稳联系起来，特别是埃塞尔斯坦与以温切斯特主教弗里塞斯坦为代表的西撒克逊贵族之间的紧张关系。在埃塞尔斯坦加冕登基当天颁发的特许状中，我们没有看到弗里塞斯坦主教的名字，[4] 他的名字也没有出现在埃塞尔斯坦在 926 年颁发的 3 份特许状中。[5] 当弗里塞斯坦于 931 年去世后，埃塞尔斯坦迅速将一位自己信得过的弥撒神父伯恩斯坦任命为他的继承人。

另一个例子是约克大主教伍尔夫斯坦一世（Wulfstan I）。作为英格兰北方政治舞台上最重要的人物，我们也有充分的理由相信，无论何时出席贤人会议，他的名字都会被列入特许状的证人名单。的确，在 931 年被任命为约克大主教之后的头几年里，伍尔夫斯坦的名字定期地出现在埃塞尔斯坦国王颁发的特许状的证人名单中。但在 935 年，伍尔夫斯坦的名字突然从证人名单中消失了，之后也是断断续续出现。身为英格兰仅次于坎特伯雷大主教的高级神职人员，伍尔夫斯坦如果在场却不被

[1]　F. Liebermann. *The National Assembly in the Anglo-Saxon Period*, p. 7.
[2]　Ibid, p. 31.
[3]　〔英〕F. W. 梅特兰：《英格兰宪政史》，第 40 页。
[4]　*Anglo-Saxon Charters: An Annotated List and Bibliography*. P. H. Sawyer (ed.), no. 394.
[5]　Ibid, nos. 395-397.

列入证人名单，这是不可想象的。如前所述，埃塞尔斯坦国王虽然在927年首次将诺森伯里亚这个北方古老的盎格鲁－撒克逊王国置于自己的统治之下，但在接下来的几年里该地区却在酝酿一个以约克为中心的反对他的统治的大联盟，并最终在937年引发了著名的布朗南堡战役。尽管埃塞斯坦国王在这场战役中取得了巨大的胜利，但《盎格鲁－撒克逊编年史》的记载表明，约克的政治局势在他去世后极不稳定，对该地区的控制以令人目眩的速度发生了变化：939年10月27日，埃塞尔斯坦国王逝世，18岁的埃德蒙王子继位；940年，诺森伯里亚人背弃誓约，推选来自爱尔兰的奥拉夫为他们的国王；943年，埃德蒙国王将奥拉夫国王和伍尔夫斯坦大主教包围于莱斯特，但他们在夜间成功逃走；946年5月26日，埃德蒙国王去世，他的弟弟埃德雷德继位，他立即将诺森伯里亚全部置于自己的统治之下；952年，埃德雷德国王下令将伍尔夫斯坦大主教送进尤丹堡堡垒，因为经常有人向国王控告他；954年，埃德雷德吞并了诺森伯里亚王国，伍尔夫斯坦大主教在多切斯特重新得到他的主教管区（约克）。结合这些历史事件，我们可以确定，伍尔夫斯坦大主教的缺席与他摇摆不定的政治立场密切相关。缺席往往与已知的历史事件相吻合，这一事实也进一步证明了证人名单的可靠性：如果缺席贤人会议的人物也会被常规地列入证人名单，我们将不会看到像弗里塞斯坦或伍尔夫斯坦一世这样的人会被排除在证人名单之外。因此，在研究贤人会议的成员构成之后，弗兰克·斯坦顿爵士指出："直接效忠于国王的贵族的出席是它一个始终如一的元素。"①

证人名单资料也显示，起初，似乎只有很少几位修道院院长参加贤人会议。例如，虽然我们在埃塞尔斯坦国王在931—934年颁布的那些特许状中发现了若干修道院院长的名字，② 但在他于935年以后颁发的王室文件中，除了两件，③ 修道院院长的名字在其他文件中消失了。修道院院长也没有署证埃德蒙和埃德雷德国王颁发的王室文件。不过，从955年开始，特别是在964年完成对温切斯特、彻特西和米尔顿的修道院改革之后，王

---

① F. M. Stenton. *Anglo-Saxon England*, pp. 550–551.
② *Anglo-Saxon Charters: An Annotated List and Bibliography*. P. H. Sawyer（ed.），nos. 409, 412, 423, 416, 417, 418, 422, 425, 379, 1604, 393, 410, 423, 453.
③ Ibid, nos. 518 and 539.

室文件中修道院院长名字的数量增加了，而在此之前，埃塞尔沃尔德是唯一一位定期署证王室特许状的修道院院长，尽管文件中偶尔也会出现格拉斯顿伯里、巴斯和坎特伯雷的圣奥古斯丁等修道院院长的名字。① 在接下来的 6 年里，只有另一位修道院院长，即埃克塞特的塞德曼（Sideman）加入了证人名单的行列。但在 970 年，这种情况发生了改变：在 969 年，只有 9 位修道院院长署证王室特许状，而到了 970 年，该数字达到了 18位。970 年是英格兰修道院改革的一个转折点，它不仅标志着修道院院长开始出席国王的宫廷会议，而且所有这些院长都来自改革后的修道院。到972 年，由于温什科姆修道院的加入，署证王室文件的修道院数量增至 19座。② 改革后的修道院院长成为王室文件证人名单上的常客，这展现了他们新获得的影响力。

参加贤人会议的还有许多其他神职人员，他们中的一些可能是跟随主教和修道院院长一起前来的，但其他一些可能与宫廷有直接关系。有学者指出，虽然这类神职人员的名字或证言始终不稳定，且他们在长者爱德华国王之后就消失了，但一定有一些人一直在出席贤人会议，且他们的人数可能和塞恩差不多（多数情况下为 40 人以上）。③

附在盎格鲁-撒克逊特许状后面的证人名单会按组列出，且通常按以下顺序排列：国王、主教、郡长、塞恩。证人名单上偶尔也会出现王后、王子的名字，它们通常紧随国王之后。如前所述，在埃德加国王之前，修道院院长很少署证王室文件，且他们通常列名于郡长之后，但从 10 世纪60 年代起，他们开始更频繁地作证，且地位有所上升——署名于主教之后、郡长之前；教士只在阿尔弗雷德大帝和长者爱德华统治时期署证过王室特许状，他们的名字位于郡长和在场的修道院院长之后，但在塞恩之前。因此，透过盎格鲁-撒克逊特许状的证人名单，我们也能观察到一种粗略的社会等级秩序，即，除了国王等王室成员，神职人员的社会地位普遍优于世俗人士。

① *Anglo-Saxon Charters: An Annotated List and Bibliography*. P. H. Sawyer（ed.），nos. 586, 658, 660, 673, 708, 675, 582, 597, 633, 663.
② Ibid, nos. 786, 788.
③ Levi Roach. *Kingship and Consent in Anglo-Saxon England, 871–978: Assemblies and the State in the Early Middle Ages*, p. 42.

三　参与社会治理

　　亲自或通过官员维护正义与惩治犯罪被视为中世纪统治者的重要职责。① 在存世的盎格鲁－撒克逊法典中，有许多涉及维护和平、防止偷盗和匡扶正义的条款。"从 8 世纪起，法兰克和盎格鲁－撒克逊的国王们被认为是由上帝指定来审理特别重大案件的法官，他们不停地巡视王国各地，倾听冤屈，审理恶劣的犯罪案件以及有关寡妇、孤儿及其他无保护人的案件。"② 然而，"对王国的责任不是由国王一人而是由大贵族们和国王一起承担的"③，其中，主教等神职人员是盎格鲁－撒克逊时期英格兰地方治理的积极参与者。

（一）引入成文法观念

　　"法律是国王谋求社会福利的基本工具，因为凭借法律他可以实施正义和反复灌输正义。"④ 早在移居不列颠之前，盎格鲁－撒克逊人就已经形成了一套较成熟的法律制度，但这些被用来调整社会关系的风俗习惯是口耳相传的。除了一种全新的宗教信仰，以奥古斯丁为首的罗马传教团也为盎格鲁－撒克逊人带来了读写文化。在传教士的帮助下，盎格鲁－撒克逊人古老的风俗习惯开始被记载下来。比德记述说，肯特国王埃塞尔伯特"仿效罗马人的作法给他的臣民制定了各种法令。这些以英文写成的法令他们至今仍在遵守和执行"。⑤

　　"随着蛮族皈依基督教，他们也获得了较高层次文化的因素"⑥，《埃塞尔伯特法典》是将罗马－基督教的成文法传统带给盎格鲁－撒克逊人的第一次尝试，它的颁布，"标志着肯特王国已经进入了欧洲较先进的日耳曼王国的行列"⑦。很快，其他盎格鲁－撒克逊国王也颁布了成文法令，如威塞克斯国王伊尼在 688—694 年颁布的法令，是在肯特王国以外产生的第一部盎格鲁－撒克逊法典。据统计，到诺曼征服前，整个英格兰共制定过 11 部法典。⑧

---

① Richard W. Southern. *The Making of the Middle Ages.* New Haven: Yale University Press, 1992, p. 141.

② 李秀清:《日耳曼法研究》，第 479 页。

③ 〔英〕J. H. 伯恩斯主编《剑桥中世纪政治思想史（350 年至 1450 年）》，第 335 页。

④ 同上，第 19 页。

⑤ 〔英〕比德:《英吉利教会史》，第二卷第 5 章。

⑥ 〔英〕克里斯托弗·道森:《宗教与西方文化的兴起》，第 25 页。

⑦ D. P. Kirby. *The Earliest English Kings*, p. 29.

⑧ 《牛津法律大辞典》，北京社会与科技发展研究所组织翻译，光明日报出版社，1988，第 45 页。

（二）协助制定或修改法令

在世的盎格鲁-撒克逊法典的前言显示，法令的制定或对已有法令所做的任何实质性的修改都离不开神职人员的帮助。伊尼法典的序言提到，该法典是在伊尼国王的父亲琴雷德（Cenred）和温切斯特主教赫迪（Haedde）、伦敦主教厄康沃尔德等人的建议和指导下制定的。[①] 与伊尼差不多同时代的肯特国王威特雷德在 695 年也颁布了一部法令，它的序言明确指出，这年秋天，在一个叫 Berghamstyde 的地方，召开了一次由重要人物组成的审议法令的集会，参加者除了国王，还有坎特伯雷大主教、罗切斯特主教等。[②]

不仅如此，由于当时只有教会拥有受过教育的成员，所以负责起草法令者也多为神职人员。例如，埃塞尔斯坦国王的第 6 个法令是由伦敦主教与国王的管事共同起草的；埃德加国王于 962 或 963 年在威波特斯坦（Wihtbordesstan）颁布的第 4 个法令可能是由坎特伯雷大主教邓斯坦起草的；等等。约克大主教伍尔夫斯坦二世是英格兰 11 世纪口才最好、作品最多的高级教士，他出生在英格兰东部丹麦法区的一个富裕家庭，集政治家、立法者、讲道者和宗教法规专家于一身。[③] 除了撰写教会论文、训诫文和编纂了一部令人印象深刻的教会法规集，伍尔夫斯坦二世还负责起草了"准备不足者"埃塞尔雷德统治后期的法典，[④] 他为克努特国王起草的法律则是盎格鲁-撒克逊时期英格兰最后一部综合性法典，"它主导了此后一个世纪的立法重建"[⑤]。

此外，盎格鲁-撒克逊法典得以存世，在很大程度上也归功于英格兰各地修道士们的抄录活动。通常情况下，在贤人会议上制定的法令会被抄录许多副本，以分发各地付诸实施，帕特里克·沃莫尔德教授强调了主教们在法律起草和流通中的关键作用。[⑥] 存世至今的那些盎格鲁-撒克逊法典

---

① *English Historical Documents, 500–1042*. D. Whitelock（ed. and trans.），no. 32, pp. 398–407, Pro-logue.

② Ibid, p. 396.

③ Mary Frances Giandrea. *Episcopal Culture in Late Anglo-Saxon England*, pp. 36–37.

④ 埃塞尔雷德的第 5—10 个法令和所谓的"爱德华与古思伦之间的条约"均出自伍尔夫斯坦大主教之手。

⑤ Patrick Wormald. *The Making of English Law: King Alfred to the Twelfth Century I, Legislation and its Limits*, p. 365 and note 458.

⑥ Ibid, Cf.

多为保管在宗教机构中的副本。肯特国王埃塞尔伯特的法典被誉为"基督教文化和盎格鲁-撒克逊文化碰撞产生的第一颗文化果实",① 但它仅存于罗切斯特大教堂图书馆一部名为 *Textus Roffensis* 的 12 世纪文献中。有学者指出,该文献可能是在罗切斯特主教厄努尔夫（Ernulf）的鼓动下编撰的,他此前曾是坎特伯雷的一名修道院副院长。②

（三）协助法令的实施

"法律的制定和争论的解决是一枚硬币的两面。"③ 贤人会议可能会对某些严重的犯罪行为,如强奸、谋杀、纵火等做出惩罚,但一般而言,盎格鲁-撒克逊法令付诸实施主要还是依靠地方法庭。在维护地方秩序和惩罚罪犯方面,主教们与其他世俗贵族们一样扮演了明确的和核心的角色,他们在国王与地方政府打交道时充当其眼睛和耳朵,在中央和地方政府之间架起了一座桥梁。

"在郡法庭上,主教坐在伯爵的旁边,宗教申诉在百户区法庭上听讼……"④ 教皇哈德良一世的使节的汇报⑤也表明,盎格鲁-撒克逊主教参与英格兰世俗法庭的审判是常态。埃德加国王在 959—963 年颁布法令,⑥明确要求,主教不仅要和郡长一起出席郡法庭,还要在那里阐述教会法规和世俗法规（第 5.2 条）。在 1019—1020 年致英格兰人的信⑦中,克努特国王要求郡守必须与主教合作,公正地审判,否则将失去国王的友谊、财产甚至生命（第 11 款）。

另有迹象显示,盎格鲁-撒克逊国王也将"私人司法权"授予主教

---

① C. Warren Hollister. *The Making of England: 55B. C. to 1399*. Toronto: D C Heath & Co. , 1992, p. 41.

② *English Historical Documents, 500-1042*. D. Whitelock （ed. and trans. ）, p. 358.

③ Levi Roach. *Kingship and Consent in Anglo-Saxon England, 871-978: Assemblies and the State in the Early Middle Ages*, p. 105.

④ Kenneth Hylson-Smith. *Christianity in England from Roman Times to the Reformation: From Roman Times to 1066*, p. 255.

⑤ *Councils and Ecclesiastical Documents Relating to Great Britain and Ireland* III. A. W. Haddon and W. Stubbs （eds. ）, pp. 447-462; *English Historical Documents, 500-1042*. D. Whitelock （ed. and trans. ）, no. 191, pp. 836-840, at p. 837.

⑥ *English Historical Documents, 500-1042*. D. Whitelock （ed. and trans. ）, no. 40. pp. 431-433, at p. 433.

⑦ Ibid, no. 48, pp. 452-454, at p. 453.

与世俗领主。虽然有学者指出，"在 10 世纪之前，没有明确的证据表明一个世俗的领主拥有一个正式的法庭"，[①] 但到 10 世纪中期，国王将部分审判权授给教会和世俗领主已较为普遍，它们在盎格鲁-撒克逊特许状中常被表述为 sake and soke，有时附加 toll and team 和 infangenetheof 等。"sake 的意思是争端，而 soke 的意思是寻求一个领主或一个集会以解决此项争端，所以这一名词的含意即为给予此地的受地者以司法权"，[②] "toll 是指有权在该地产上征收牲畜等交易税，team 是指可以在那里设立法庭审判盗窃牲畜等物之权，infangenetheof 则是指有权审判被抓获的持有盗窃之财物的贼"[③]。

有三个因素可以解释教会人士对盎格鲁-撒克逊司法活动的这种积极参与。首先，它被视为主教的重要职责之一。盎格鲁-撒克逊后期一部专门论述主教角色的小册子《主教》（Episcopus）指出："主教将为那些被托付给他们照料的人提供精神上的保护，使他们免受撒旦的诡计之害，教导他们辨别真伪，与世俗统治者合作镇压邪恶行为。当出现争端时，主教有决定权。他们不是脱离社会之人，而是社会的组成部分之一，被授权维持道德秩序，并确保教会的土地和财产得到保护。在精神和世俗事务中，人们期望主教是正义行为的积极支持者，他的首要目标是和平与和谐，为实现这一目标，他应与世俗法官密切合作。"[④] 其次，当时不存在专门处理涉及神职人员犯罪的教会法庭。当基督教还是一个受迫害的教派时，它的教徒们曾试图避开罗马帝国的法庭而通过主教们的仲裁来解决他们之间的争端。使徒圣保罗曾告诫科林多的基督教徒，要他们不要把争论交给法庭，而要在教会共同体内部靠仲裁来解决争端。[⑤] 5 世纪末，教皇杰拉斯一世（Gelasius Ⅰ）认为，至少在涉及宗教事务的场合，教会人员犯罪必须由教会法庭而不应当由世俗当局来审判，"基督教的导师和牧师不由国内法或世俗当局而由主教和牧师来治理，而这正是全能的上帝的意志"[⑥]。但是，

---

① H. R. Loyn. *The Governance of Anglo-Saxon England 500-1087*, p. 128.

② 马克垚：《英国封建社会研究》，第 25 页。

③ 同上，第 26 页。

④ H. R. Loyn. *The English Church, 940-1154*, pp. 6-7.

⑤ 《科林多前书》，第六章第 4 节。

⑥ A. J. Carlyle. *A History of Mediaeval Political Theory in the West I*. London: William Blackwood and Sons, 1903, p. 187.

在盎格鲁-撒克逊时期，英格兰并不存在独立的教会法庭，主教对犯罪教士的审判是在郡和百户区的法庭上进行的，与教会有关的各种决定也是在世俗法庭上做出的，宗教和世俗司法事务之间并无明确的界限。最后，证明犯罪与否离不开教士的帮助。由于当时还不存在现代意义上的法官，证据主要是通过严酷的考验，即神判法（ordeal），或者根据他人的保证宣告被告无罪的人证法（compurgation）举出的。[①] 神判法诉诸一种超自然的力量，以神灵是否显现神迹来判断嫌疑人是否有罪。人证法则根据他人的证词宣布嫌疑人无罪，它要求被告召集一群"誓言助手"（12—25人）在法庭上为自己的清白宣誓。在神判法中，神职人员需要事先为圣铁、圣水等祈祷。1215年，教皇会议禁止教士们参与神判法，之后，由上帝来完成的审判就交给证人和陪审团来完成。而在人证法中，在教堂的圣坛处按严格的宗教仪式所做的发誓也需要由神职人员来主持，发假誓者将受到严惩。

四 协助抵御入侵

兰斯大主教辛克马曾在857年或858年断言，在9世纪时的英格兰，支付给战士的报酬属于"公共开支"；那里的主教辖区和修道院无需承担军事服役，因为它们获赠的地产相对来说要贫乏得多。[②] 显然，身在欧洲大陆的辛克马并不太了解英格兰的实际情况。如前所述，到9世纪中期，英格兰各主教座堂和相当多的修道院已经获得了慷慨的捐赠。而且，在盎格鲁-撒克逊时期，为国王提供军事服役是所有书田持有人的一项义务，它是以每个人所继承的土地海德数为基础计算的。[③] 教会土地在9世纪也被评估，顺从地把强壮的战士送到王室军队中去服役。[④] 不仅如此，到盎格鲁-撒克逊后期，在维京人的劫掠日益严重的背景下，盎格鲁-撒克逊教会不仅要为王国的和平提供虔诚的祈祷，一些高级教士甚至要亲自领军作战。

---

① *English Historical Documents, 500-1042*. D. Whitelock（ed. and trans.），pp. 364-367.

② *Politics and Ritual in Early Medieval Europe*. Janet L. Nelson（ed.），p. 117.

③ N. Brooks, "The Development of Military Obligations in Eighth-and Ninth-Century England," *England before the Conquest: Studies in Primary Sources Presented to Dorothy Whitelock*. P. Clemoes and K. Hughes（eds.），pp. 69-84.

④ Ibid, p. 70.

（一）履行三项义务

虽然按照惯例，盎格鲁-撒克逊神职人员可能无须亲自服役，但记载土地流转的早期特许状表明，他们名下的地产并没有被豁免对王室的全部义务。[①] 英格兰 11 世纪的著名文件《人民的权利与等级》明确规定，所有书田持有者必须负担三项义务——军役、筑堡、修桥。[②] 这与法兰克统治者对那些由教会持有的土地所提出的权利要求非常相似。[③]

在 749 年的一份麦西亚文献中，出现了关于土地持有人有义务建造桥梁和防御工事的最早记载。[④] 到奥法统治时期，麦西亚全体土地持有者必须履行的职责又增加了军役一项。[⑤] 代表麦西亚人统治惠凯的乌特雷德（Uhtred）在 770 年赐地给埃塞尔蒙德（Athelmund）的特许状最早提到修桥和筑堡这两项公共义务。[⑥] 较早提到修桥、筑堡和兵役这三项公共义务的是琴伍尔夫国王在 801 年签发的一份背书。[⑦]

有学者指出，军役、筑堡和修桥三项负担的规定改变了人们对为王室服役的传统看法，并对盎格鲁-撒克逊王权未来的发展产生了重要影响。[⑧] 按照日耳曼人传统的亲兵制，国王或军事首领必须以土地等作为奖赏，以回报其追随者所提供的服务，但这类奖赏属于暂时性授予。书田虽然使王室土地被永久性地割让了出去，其持有人可以自由处置，但国王对其保留的三大负担的权利使为王室服务成为享有土地所有权者的一种义务，而不是必须通过不断购买才能换得的东西。在巩固国王与贵

---

① N. Brooks, "The Development of Military Obligations in Eighth-and Ninth-Century England, "*England before the Conquest: Studies in Primary Sources Presented to Dorothy Whitelock*. P. Clemoes and K. Hughes (eds.), p. 73.

② 马克垚：《英国封建社会研究》，第 13 页。

③ N. Brooks, "The Development of Military Obligations in Eighth-and Ninth-Century England, "*England before the Conquest. Studies in Primary Sources Presented to Dorothy Whitelock*. P. Clemoesand K. Hughes (eds.), pp. 69–84.

④ *Councils and Ecclesiastical Documents Relating to Great Britain and Ireland Ⅲ*. A. W. Haddon and W. Stubbs (eds.), p. 286; C. J. Godfrey. *The Church in Anglo-Saxon England*. p. 263.

⑤ Nicholas Brooks. *The Early History of the Church of Canterbury: Christ Church from 597 to 1066*, p. 115.

⑥ *English Historical Documents, 500–1042*. D. Whitelock (ed. and trans.), no. 74, pp. 502–503, at p. 502; *Anglo-Saxon Charters: An Annotated List and Bibliography*. P. H. Sawyer (ed.), no. 59.

⑦ *English Historical Documents, 500–1042*. D. Whitelock (ed. and trans.), no. 73, pp. 500–502.

⑧ Barbara Yorke. *Kings and Kingdoms of Early Anglo-Saxon England*, pp. 165–167.

族之间的关系方面，亲自效力王室和赠送礼物仍然很重要，但不可否认的是，这种平衡已转向了有利于国王的这一边。国王因此有更多的时间和精力治理王国内部事务，而无需像此前那样通过不断地领导征战以换取支持和服务。

到 9 世纪，军役、筑堡、修桥三项义务被推广至英格兰各地。① 很可能是鉴于维京人对林迪斯凡恩修道院的洗劫，奥法要求肯特人也必须服兵役，并特别强调了肯特遭受异教徒袭击的可能性。② 威塞克斯国王阿尔弗雷德是一位杰出的军事战略家，他在埃丁顿战役结束后重组了征兵体制，并大量建造设防的工事——堡垒（burhs），以抵御维京人对威塞克斯可能发起的再度攻击。③ 习惯上，人们将西撒克逊人的堡垒体系与阿尔弗雷德国王联系在一起。事实上，从他的哥哥埃塞尔博尔德国王统治时期起，威塞克斯特许状中就经常提到筑堡一事，④ 一些西撒克逊堡垒，如多塞特郡的韦勒姆等在阿尔弗雷德即位之前就已经存在了。阿尔弗雷德的贡献主要在于推广了堡垒体系，并向这些堡垒安置常驻的民兵。⑤ 长者爱德华继位后，继续在交通要塞或重要城镇建筑设防的堡垒，他的姐姐埃塞尔弗莱德则在麦西亚西部筑堡。《盎格鲁-撒克逊编年史》记载说，910 年，她在布雷姆斯堡（Bremesburh）筑堡，到 915 年，埃塞尔弗莱德已下令建造了 10 处堡垒。"阿尔弗雷德式堡垒"是一项重要的革新，这种四周环以沟渠的防御工事既是战时附近民众的庇护所，也能对敌人构成拦截，牵制其机动性，⑥ 它们不仅决定性地解除了维京人对威塞克斯王国造成的威胁，也在

① N. Brooks, "The Development of Military Obligations in Eighth-and Ninth-Century England, "*England before the Conquest. Studies in Primary Sources Presented to Dorothy Whitelock*. P. Clemoes and K. Hughes (eds.), *passim*.
② *Anglo-Saxon Charters: An Annotated List and Bibliography*. P. H. Sawyer (ed.), no. 133; *English Historical Documents, 500-1042*. D. Whitelock (ed. and trans.), p. 845.
③ Richard P. Abels. *Lordship and Military Obligation in Anglo-Saxon England*. pp. 58-78.
④ N. Brooks, "The Development of Military Obligations in Eighth-and Ninth-Century England, "*England before the Conquest. Studies in Primary Sources Presented to Dorothy Whitelock*. P. Clemoes and K. Hughes (eds.), pp. 78-54.
⑤ N. Brooks, "England in the Ninth Century: The Crucible of Defeat, "*Translations of the Royal Historical Society*, 5th series, 1979, pp. 29, 1-20.
⑥ D. Hill, "The Burghal Hidage: The Establishment of a Text, "*Medieval Archaeology* (13), 1969, pp. 84-92; *Alfred the Great: Asser's Life of King Alfred and Other Contemporary Sources*. S. Keynes and M. L-apidge (trans.), pp. 193-194, 339-341.

后来收复被维京人占领的土地方面发挥了重要作用。堡垒的建造和守卫都由附近乡村地区的居民负责。筑堡是西撒克逊人最憎恨的必须向王室履行的义务之一，阿尔弗雷德国王在实施时曾遇到过一些困难，他还向主教和修道院长施压，要他们分摊各种财政支出，如支付向维京人换取和平所需的费用以及建造和维护堡垒的资金。虽然这些措施看起来似乎没有征用教会土地那么邪恶，但教会因此付出的代价可能会更大。例如，由于拿不出应支付给丹麦人的那部分钱，温切斯特主教埃尔弗思（Ealhferth）被迫将埃塞尔伍尔夫国王赠给其主教座堂的两宗不动产转让给了阿尔弗雷德，阿尔弗雷德则替他支付了上述那部分费用。[①] 这在当时可能是一种标准的操作程序。

与郡长一样，主教在帮助建立阿尔弗雷德式的堡垒体系中发挥了关键作用，他们的顺从和协作对该策略的成功实施至关重要。根据9世纪80年代颁发的一份特许状，麦西亚郡长埃塞尔雷德及其妻子埃塞尔弗莱德"在他们的朋友韦弗思主教的请求下"，下令在伍斯特修建防御工事。[②] 898年，伍斯特主教韦弗思、坎特伯雷大主教普莱格蒙德等与阿尔弗雷德国王在彻特西会面，商讨翻新伦敦城的防御工事。[③] 尼古拉斯·布鲁克斯教授指出："在提供防御工事堡垒方面，教会的兴趣绝不亚于国王的……如果要想使他们的教堂将来免遭维京人海盗的袭击，主教们就有充分的理由尽其所能地为阿尔弗雷德创建堡垒这种有效的防御体系提供帮助。"[④]

（二）提供真诚的祈祷

早期基督徒拒绝在罗马帝国的军队中服役。凯撒里亚的瓦西里认为，即便为保卫国家疆土而进行的杀戮也是罪恶的。奥利金则解释说，基督教徒不会拿起武器来战斗，而应为国家正义的保卫者做真诚的祈祷。教皇扎迦利（Zacharias）在747年致法兰克人及其统治者的一封信中区分了两种职责：一种是参加战斗；另一种是作为教士为这些参战的人祈祷胜利。阿

① *Anglo-Saxon Charters: An Annotated List and Bibliography*. P. H. Sawyer（ed.），nos. 354, 385.

② Ibid, no. 223; *English Historical Documents, 500–1042*. D. Whitelock（ed. and trans.），no. 99; *Selected English Historical Documents of the Ninth and Tenth Centuries*. F. E. Harmer,（ed.），no. 13.

③ Richard P. Abels. *Alfred the Great: War, Kingship and Culture in Anglo-Saxon England*, p. 270.

④ Nicholas Brooks. *The Early History of the Church of Canterbury: Christ Church from 597 to 1066*, p. 154.

尔昆在796年代表查理曼答复教皇利奥三世时，引用了这句话："保卫教会、巩固信仰是我们的事，你们只需以祈祷帮助我们战斗。"① 人们相信祷告的力量，残存的早期祷告文中就包括为皇帝和为军队的祷文，愿他们"能为了我们永久的和平而制服所有蛮夷之所"。比德记载说，伯尼西亚国王埃塞尔弗里思在切斯特屠杀了许多来自班戈（Bangor，在威尔士北部）修道院的手无寸铁的教士，他们是前来为参战的士兵向天主祈祷的。②

在盎格鲁－撒克逊晚期，基于信众纳捐的祷告一度成为英格兰人抗击维京人入侵的第一道防线。"准备不足者"埃塞尔雷德国王的第七个法令要求为国王祈祷（第3.2条），他的第五个法令（第4.1条）、第六个法令（第2.2条）和第七个法令（第6.2—6.3条）以及克努特国王的第一个法令（第4.3条）则都要求为基督徒祈祷，为处于危险中的人祈祷，等等。《盎格鲁－撒克逊编年史》992年纪事记载说，"准备不足者"埃塞尔雷德国王将一次重大的军事行动交给了他的两位郡长——汉普郡郡长埃尔弗里克（Ælfric）和诺森伯里亚伯爵索雷德（Thored）——以及两位主教，即伦敦或罗切斯特主教埃尔夫斯坦（Ælfstan）和多切斯特主教埃什威格（Æscwig）。③一些学者指出，埃尔夫斯坦与埃什威格的作用应是提供一种精神上的支持，而非战场上的真正指挥，他们可能像多切斯特主教埃德诺思在1016年阿兴顿战役中所做的那样，为"激战中的士兵祷告"。④ 在"准备不足者"埃塞尔雷德国王的第七个法令中，有一个强制性的祈祷和禁食方案，与此同时，他还发行了一种银币，它的正面是一只上帝的羔羊，反面是一只鸽子，象征圣灵。羔羊和鸽子都是和平的象征。然而，事实证明，在由丹麦国王发动的以征服英格兰为目标的战争中，"准备不足者"埃塞尔雷德国王及其大臣所采取的上述非常措施都无济于事。

（三）亲自领军作战

亚历山大主教亚塔纳修曾提出，在战争中杀敌值得嘉奖。虽然理论上一个高级教士不能杀人，他们通常会让世俗领主代替自己在战场上作战以

---

① 〔英〕J. H. 伯恩斯主编《剑桥中世纪政治思想史（350年至1450年）》，第300页。

② 〔英〕比德：《英吉利教会史》，第二卷第2章。

③ 《盎格鲁－撒克逊编年史》992年纪事。

④ Mary Frances Giandrea. *Episcopal Culture in Late Anglo-Saxon England*, p. 67.

履行义务，但资料显示，在盎格鲁-撒克逊晚期维京人入侵日益严重的大背景下，许多英格兰主教、修道院院长等高级教士曾亲自领军作战。《盎格鲁-撒克逊编年史》中有多处这类记载：825 年劳顿战役结束后，舍伯恩主教埃尔斯坦受命与威塞克斯国王埃格伯特的儿子埃塞尔伍尔夫以及伍尔夫赫德（Wulfheard）郡长一起率大军前往肯特，他们驱逐了麦西亚人在那里的属王贝尔德雷德（Baldred）；848 年，埃尔斯坦主教在帕雷特（Parret）河口与奥斯里克（Osric）郡长率领的多塞特人以及恩伍尔夫（Eanwulf）郡长率领的萨默塞特人同丹麦军队作战，他们在那里大肆杀戮，并取得了胜利；871 年，埃尔斯坦主教的继承人赫蒙德（Heahmund）在梅雷顿战役中阵亡；903 年，修道院院长琴伍尔夫等跟随长者爱德华国王在霍姆（Holme）同支持埃塞尔沃尔德王子发动叛乱的丹麦军队交战；1016 年 10 月 18 日，"刚勇者"埃德蒙国王与克努特在埃塞克斯的阿兴顿发生激战，多切斯特主教埃德诺思、拉姆西修道院院长伍尔夫西耶（Wulfsige）等英格兰显贵均参加了战斗；1056 年，为了征讨威尔士国王格里菲思，赫里福德主教利奥夫加（Leofgar）"放弃了他的精神武器圣油和十字架，拿起长矛和剑"；1066 年 10 月 14 日，彼得伯勒修道院院长利奥弗里克（Leofric）参加了黑斯廷斯战役；等等。另外，1013 年，丹麦国王斯韦恩率领的军队横扫惠特灵大道（Watling Street）以北各地，埃塞尔默离开恩舍姆修道院，率领西部军队负隅顽抗，但他发现这种抵抗是徒劳的，最终不得不投降。

主教等亲自领军作战并不全是因为他们热衷于世俗事务。在中世纪早期，保护自己辖区内的信众免受来自异教徒的伤害是主教的一项重要职责。众所周知，当汪达尔人和西哥特人攻打罗马城时，当时的执政官已经失去了作用，是当时的教皇大格雷戈里组织罗马市民保住了罗马城。因此，当得知一支由爱尔兰人和威尔士人组成的联合大军在阿斯克河一带大肆破坏后，伍斯特主教奥尔德雷德在 1049 年 7 月 29 日同那里的人们一起进行抵抗。①

不可否认，领军作战经常将神职人员的生命置于危险的境地。除了前述在梅雷顿战役中阵亡的舍伯恩主教赫蒙德，《盎格鲁-撒克逊编年

---

① 《盎格鲁-撒克逊编年史》1047 年纪事。

史》还记载说，在 893—896 年与丹麦人的作战中，罗切斯特主教斯威思伍尔夫（Swithwulf）、多切斯特主教埃尔赫德（Ealhheard）与其他数名威塞克斯王国最优秀的人士死去了；在霍姆战役（903 年）中，修道院院长琴伍尔夫等显贵阵亡；在阿兴顿战役中，多切斯特主教埃德诺思、拉姆西修道院院长伍尔夫西耶等阵亡；1056 年 6 月 16 日，征讨威尔士国王格里菲思的赫里福德主教利奥夫加被杀，被杀的还有与他在一起的教士等许多优秀人士；虽然彼得伯勒修道院院长利奥弗里克没有阵亡于黑斯廷斯，但他在那里患染了疾病，并在回来不久后（万圣节前夕）就逝世了；等等。

在神职人员参与的各类世俗活动中，似乎只有战事这一项引发了时人的批评。恩舍姆修道院院长埃尔弗里克写道，主教的战斗应该是一种精神上的，如果他们放弃精神上的敌人而致力于同尘世的敌人开战，则弊大于利。约克大主教伍尔夫斯坦在 1020—1023 年起草的小册子《诺森伯里亚教士法》（*Law of the Northumbrian Priests*）① 禁止教士携带武器进入教堂，违者将被罚款（第 37 条）。虽然尚不清楚这些反对神职人员参加战争的禁令仅是一种修辞习惯，还是一种被坚定接受的信念，但透过前述克雷迪顿主教埃尔夫沃尔德的遗嘱，我们可以管窥教会与世俗社会之间模糊的界限，以及盎格鲁-撒克逊晚期英格兰神职人员的好战特性。

第三节　促进英格兰走向统一

众所周知，无论过去还是现在，英格兰都是大不列颠及北爱尔兰联合王国最重要的组成部分。但是，当奥古斯丁传教团在 6 世纪末抵达时，英格兰尚被分割为众多小"王国"。从 10 世纪开始，英格兰才逐渐被置于一个国王的统治之下。在英格兰从分散走向统一的过程中，基督教作为一种共同的信仰，不仅提供了一种统一文化的意识，其神职人员也努力帮助国王培养一种公共和平和统一的观念，将盎格鲁-撒克逊教会早

---

① *Councils and Synods with Other Documents Relating to the English Church I*, A. D. *871 - 1204*. D. Whitelock, M. Brett and C. N. L. Brooke（eds.）, no. 63; *English Historical Documents, 500 - 1042*. D. Whitelock (ed. and trans.), no. 52.

期那些重要的区域性圣徒提升为全国性圣徒则显然有助于英格兰实现心理上的统一。

一　英格兰的统一

英格兰在 10 世纪以后才被看作一个统一的王国，现知最早使用"盎格勒沁"［*Angelcynn*，字面意思为英格兰人（的土地）］一词的是威塞克斯国王阿尔弗雷德，而到世纪交替之际，"英格拉兰"（*Englaland*）这个词已经出现了。国王称谓的改变以及铸币权的集中较好地反映了英格兰政治局势的这种变化。

（一）国王称谓的改变

起初，盎格鲁-撒克逊国王多以小王国或部落的统治者自冠，自称为"肯特国王""麦西亚国王"等，带有狭隘的部落意识。随着王国疆域的扩张，国王的政治视野开始超越局部区域，并采用新的头衔。如前所述，麦西亚国王奥法的统治时期是英格兰历史的一个重大转折，在一组据称形成于 772—780 年的特许状中，他被称作"英格兰人的国王"（*rex Angl-orum*，即 king of the English）。不过，由于包括坎特伯雷大主教詹伯特等在内的肯特人的抵抗，奥法将亨伯河以南置于自己及其儿子埃格弗里思统治之下的计划最终失败。虽然从 785 年到他去世（796 年 7 月 29 日）时为止，奥法的权力逐渐达到了巅峰，但他也不得不承认自己只是麦西亚人的国王，因此，在这一时期的肯特特许状中，他与他的儿子埃格弗里思仅被冠名为"国王"（*rex*）或"麦西亚人的国王"（*rex Mercio-rum*）。

威塞克斯国王阿尔弗雷德是统一的英格兰的真正奠基者。虽然他的祖父埃克伯特和父亲埃塞尔伍尔夫将西撒克逊的统治权从威尔特郡和汉普郡周围扩展到了泰晤士河以南的英格兰大部分地区，但他们治下的王国在本质上仍然只是一个扩大了的威塞克斯王国，因此，他们在特许状中被称为"西撒克逊人的国王"（*occidentaliumSaxonum rex*，即 king of the West Sax-ons）。①阿尔弗雷德不仅在埃丁顿（878 年）击败了由古思伦领导的斯堪的

---

① *Anglo-Saxon Charters: An Annotated List and Bibliography*. P. H. Sawyer（ed.），nos. 277, 300, 302.

纳维亚军队，还在879—883 年的某个时刻将之前那个独立的麦西亚王国并入了威塞克斯，并任命了一位叫埃塞尔雷德的郡长代表自己统治该地区。这从根本上改变了威塞克斯王国的面貌，之后，阿尔弗雷德被称为"盎格鲁-撒克逊人的国王"（rex Angulsaxonum，即 king of the Anglo-Saxons）或"盎格鲁人和撒克逊人的国王"（rex Anglorum et Saxonum，即 king of the Angles and Saxons）。这些头衔是撒克逊人的王国威塞克斯与它的北方邻居盎格鲁人的王国麦西亚的合并的见证。有学者指出："这些选词清晰地表达了阿尔弗雷德对于一个新近被创造的政治组织的权威，在该政治组织中，尽管人们有着不同的民族起源，即威塞克斯的撒克逊人和麦西亚的盎格鲁人，但他们是被作为一个整体来进行统治的。"① 显然，阿尔弗雷德不再将自己仅仅看作是一位西撒克逊人的国王，他创造了新的国王头衔，以使人们记住盎格鲁人和撒克逊人已经被联合在一个君王统治之下这一事实。在《阿尔弗雷德国王传》（Vita Ælfrediregis）中，威尔士教士阿塞尔始终如一地称呼阿尔弗雷德的前任为"西撒克逊人的国王"，却一直称呼阿尔弗雷德为"盎格鲁-撒克逊人的国王"。这种对头衔的精心使用反映了同时代人对于政治局势改变的理解和认可。② 在记述阿尔弗雷德国王去世时，《盎格鲁-撒克逊编年史》说他是"除丹麦统治区以外的全体英格兰人的国王"③。

长者爱德华继承了父亲阿尔弗雷德的"盎格鲁-撒克逊人的王国"，并将它扩展到惠特灵大道以东，东盎格利亚和所谓的东米德兰兹（East Midlands）的"五堡"（Five Boroughs）地区也被纳入其中。爱德华还在920 年直接控制了麦西亚。然而，尽管取得了如此多成功，爱德华和他的同时代人仅将他的王国视为其父的王国的一个扩展版本，因此他在特许状中继续被称为"盎格鲁-撒克逊人的国王"。④

更根本的变化首先发生在阿尔弗雷德的孙子埃塞尔斯坦统治时期（924—939 年）。尽管埃塞尔斯坦最初继承的也是"盎格鲁-撒克逊人的王

① Sarah Foot. Æthelstan: The First King of England, p. 25.
② Alfred the Great: Asser's Life of King Alfred and Other Contemporary Sources. S. Keynes and M. Lapidge（trans.），pp. 38 and 50.
③ 《盎格鲁-撒克逊编年史》900 年纪事。
④ S. Keynes, "Edward, King of the Anglo-Saxons," Edward the Elder, 899 – 924. N. J. Higham and D. H. Hill（eds.），pp. 40–66.

国”，并因此在最早的两份特许状中继续被称为“盎格鲁-撒克逊人的国王”，① 但在 927 年征服诺森伯里亚之后，出现在埃塞尔斯坦的特许状和铸币上的是麦西亚国王奥法曾使用过的更具野心的头衔——“英格兰人的国王”，或“全不列颠人的国王”（rex totius Britanniae，即 king of all Britain）的变体。所有以埃塞尔斯坦国王的名义在 928—935 年颁发的特许状几乎无一例外地称他为“英格兰人的国王”，它们全部出自一个叫“埃塞尔斯坦 A”（Æthelstan A）的抄写员之手。② 这一组引人注目的历史文献见证了埃塞尔斯坦国王在征服所有英格兰土地和获得周围所有统治者的服从方面所取得的巨大成就。在稍后的一些特许状中，也出现了类似的称谓。③ 可见，当阿尔弗雷德和长者爱德华治下的王国被看是西撒克逊-麦西亚联盟时，它开始让位于一种更加统一的王国愿景。

另外，英格兰 10 世纪的王室文件经常赋予国王以某种模糊的优越性，一些伍斯特特许状甚至称他们为“最高统治者或皇帝”（imperator）。例如，在一份特许状中，埃塞尔斯坦国王被称作“巴塞勒斯”（basileus），它是拜占庭人对他们的皇帝的称呼。④ 坎特伯雷的基督教堂收藏的那本出自大陆的福音书手稿中的献辞称埃塞尔斯坦为“英格兰人的国王和整个不列颠岛的统治者”。⑤ 埃塞尔斯坦国王的继承人埃德蒙和埃德雷德被称作“诺森伯里亚的皇帝”，或“丹麦人的皇帝”。970 年一份真实可信的特许状称埃德加为“奥古斯都皇帝”（imperator augustus）：“我，埃德加，蒙上帝恩泽，全阿尔比恩（Albion，不列颠岛的古代雅称）令人敬畏的皇帝。”⑥ 这一年还出现了其他一些不同寻常的头衔，它们试图表现埃德加对不列颠岛上不同民族的统治，这在之前或之后那些可信赖的特许状中都找不到。⑦ 克努特国王也宣称：“我，克努特皇帝，因基督的恩惠，我将这座岛屿上的盎格鲁人王国置于我的统治之下。”他的传记作家总结说：“当他征服了 5 个

---

① *Anglo-Saxon Charters: An annotated List and Bibliography*. P. H. Sawyer (ed.), nos. 394, 396, 397.

② Ibid, nos. 399-400, 403, 405, 407, 412-413, 416, 418-419, 422-423.

③ *Anglo-Saxon Charters: An Annotated List and Bibliography*. P. H. Sawyer (ed.), nos. 425-426, 434 and 458.

④ 如 *Anglo-Saxon Charters: An Annotated List and Bibliography*. P. H. Sawyer (ed.), no. 430。

⑤ *Learning and Literature in Anglo-Saxon England*. M. Lapidge and H. Gnruss (eds.), pp. 143-157.

⑥ *Anglo-Saxon Charters: An Annotated List and Bibliography*. P. H. Sawyer (ed.), no. 775.

⑦ Ibid, nos. 777, 778, 779, 781.

王国，即丹麦、英格兰、威尔士、苏格兰和挪威后，成为皇帝"。① 可见，从埃塞尔斯坦统治时期起，皇帝之梦在不列颠群岛这块摆脱了加洛林皇帝控制的土地上的确持续了一段时间。不过，这并不意味着这些国王曾声称自己是皇帝，相反，他们更满足于被特许状、法令、铸币、加冕仪典书和叙事体的编年史称为"国王"。"皇帝"此时只是一个领地名称，但"不列颠国王"（Rex Britanniae）、"不列颠君主或皇帝"（Imperator Britanniae）等头衔的使用显示出了对英格兰统一地区最高权力的要求。

（二）铸币权的集中

大约从公元前 1 世纪中叶起，不列颠的凯尔特部落就开始大规模生产硬币了。但随着罗马军队在 5 世纪早期撤离，不列颠有很长一段时间没有货币。在盎格鲁-撒克逊诸王国中，最先恢复铸币生产的是与法兰克宫廷有密切联系的肯特。第一批肯特铸币很可能是在 6 世纪晚期铸造的，它们模仿了墨洛温人的金币 tremisses。在坎特伯雷的圣马丁教堂出土的一个金饰窖藏中，除了悬置的法兰克金币，还有一枚形似硬币的圆形奖章，上面刻着当时陪伴法兰克公主贝尔塔来肯特的刘德哈德主教的名字。到 7 世纪 50 年代，除了肯特，埃塞克斯王国的主要城市伦敦也开始生产金币了。另外，考古人员在萨顿胡 1 号墓中也发现了 37 枚法兰克金币。

随着银的加入，墨洛温金币的价值越来越低，到 7 世纪 60 年代末，它在纽斯特里亚被纯银币取代。盎格鲁-撒克逊英格兰很快也做出了类似的调整。肯特和伦敦的铸币厂率先生产了这种小而厚的新货币，它们通常被称作锡特（sceattas）。② 776—780 年，通过模仿加洛林国王矮子丕平和查理曼发行的新铸币德尼厄尔（deniers，法语地区从 8 世纪至 1794 年使用的一种银质硬币），肯特国王埃格伯特二世（Egbert Ⅱ）和希伯特最先在英格兰生产了一种大而薄的银制铸币，即银便士。③ 在麦西亚国王奥法称霸

---

① 〔法〕雅克·勒高夫：《中世纪文明（400—1500 年）》，第 286—287 页。
② D. Hill and E. M. Metcalf. *Scattas in England and on the Continent*: The Seventh Oxford Symposium on Coinage and Monetary History, Oxford: British Archaeological Reports, 1984, pp. 5-70, 158-159.
③ C. E. C. Blunt, "The Coinage of Offa," *Anglo-Saxon Coins: Studies Presented to F. M. Stenton*. R. H. M. Dolley (ed.), London: Edward Arnold, 1961, pp. 39-63, at pp. 40-41, 53.

亨伯河以南时期，这种银便士被推广至除诺森伯里亚①之外的英格兰各地，此后直到 13 世纪，它实际上是英格兰人唯一的货币。

　　起初，铸币生产并不是盎格鲁-撒克逊国王独有的特权。例如，盎格鲁-撒克逊主教可能很早就获得了铸币权。已知第一个因担任教会职务而铸造硬币的是约克大主教埃格伯特。他的铸币十分特别，它们展示了一个站立的、手持十字架和象征主教职务的权杖的大主教形象。但埃格伯特的铸币可能是个例外，因为在他去世后直到 9 世纪之前，约克大主教似乎都没有发行铸币。② 但从詹伯特到普莱格蒙德，所有坎特伯雷大主教都在其任内发行了正面刻有自己名字的铸币，它们通常出自两名铸币师之手，这是坎特伯雷教会特权的一种可见的标记。而且，在伍尔夫雷德之前，坎特伯雷大主教通常将自己的名字刻在铸币正面，背面则为麦西亚国王的名字。③ 伍尔夫雷德大主教设计了一种新铸币，其正面首次镌刻削发、身着象征大主教权威的披肩的高级教士的正面半身像，该设计灵感可能来自最早采用半身像设计的教皇哈德良一世或利奥三世教皇的铸币，背面则去掉了麦西亚国王的名字，先后代之以铸币厂所在的城镇和铸币师的名字。在整个盎格鲁-撒克逊时期，英格兰很少有比伍尔夫雷德大主教及其继承人切奥尔诺思（Ceolnoth）的铸币更加漂亮或设计得更好的铸币了。然而，正如一些学者指出的，大主教的铸币上出现高级教士的半身像，麦西亚国王的名字却被去掉，是对王权的一种蔑视和挑衅，"当伍尔夫雷德将国王的名字从大主教的铸币上抹去，完全以自己的名义发行铸币时，这对麦西亚国王的确是一种严重的激怒行为"④。

---

① 诺森伯里亚不仅没有像英格兰其他各地那样采用那种新型"便士"铸币，而且，由于 8 世纪 90 年代的海盗袭击活动，铸币生产在诺森伯里亚中断了一段时间。到恩雷德（Eanred）统治时期（808—840 或 841 年），诺森伯里亚铸造了一种贬值了的锡特铸币，它们通常被称为 stycas。而且，随着时间的推移，这种铸币逐渐贬值，到埃塞尔雷德二世（Æthelred Ⅱ）统治时期（879—911 年），它们变成了一堆黄铜。参见 Barbara Yorke. *Kings and Kingdoms of Early Anglo-Saxon England*, p. 97。

② C. E. Challis. *A New History of the Royal Mint*. Cambridge: Cambridge University Press, 1992, pp. 6, 15.

③ 关于这一时期由坎特伯雷大主教生产的铸币，参看 C. E. Blunt, C. S. S. Lyon and B. H. H. Stewart, "Coinage of Southern England, 796-840," *British Numismatic Journal* (32), 1964, pp. 9-10, 19-22, 40-41, 69-71.

④ C. J. Godfrey. *The Church in Anglo-Saxon England*, p. 268.

随着英格兰在 10 世纪中期逐渐被统一为一个单一的王国，威塞克斯国王加强了对铸币生产的控制，铸币权被视为王权的重要组成部分，由国王控制的货币制度初步形成。约从阿尔弗雷德时期开始，国王认为铸造货币应为国王的特权，其他任何人不得发行货币。[①] 埃塞尔斯坦国王在格拉利（Grately）颁布的法令[②]是英国有关铸币的最早立法。[③]《格拉利法令》加强了国王对货币铸造的控制，如规定王国领地内只允许一种货币流通，其他流入英国的和已有的除便士之外的货币则逐渐退出流通领域；还详细规定了在每个城镇工作的铸币师的人数，并要求分散在各地的铸币师应从伦敦得到铸模，以保持货币的统一性；严惩伪造货币的行为；除了规定铸币师人数的市镇，其余市镇均可拥有一名铸币师，这客观上推动了铸币厂的大量设立，并初步建立起铸币厂网络。而且，《格拉利法令》收回了坎特伯雷大主教的铸币权。埃塞尔赫尔姆是自詹伯特以后第一位没有以自己的名义发行铸币的坎特伯雷大主教，他的继承人也没有生产过铸币。有学者指出，对坎特伯雷大主教这种特权的限制是英格兰在 10 世纪就已实现了超前统一的另一个标志。[④] 后来，针对当时英格兰铸币设计样式不完全统一、重量和成色存在一定波动等现象，埃德加国王在 973 年又发动了一次全国规模的货币改革，并最终确立了中世纪早期英格兰的货币制度。

二 基督教会与英格兰统一

统一是盎格鲁-撒克逊时期英格兰最大的政治主题。在这一历史进程中，基督教的精神纽带作用不可或缺。"没有宗教的支持，世界帝国（the world-empire）始终是不可能的。由各族人民、部落和城邦所组成的这个联合体，既然缺乏有如现代的民族感情这样一种强有力的纽带，因而除了共同的宗教以外，也就找不到任何其他可行的团结纽带了。"[⑤] 如

① R. S. Kinsey, "Anglo-Saxon Law and Practice Relating to Mints and Moneyers,"*British Numismatic Journal* (29), 1958-1959, pp. 12-40.

② *English Historical Documents, 500-1042*. D. Whitelock (ed. and trans.), no. 35.

③ George C. Brooke. *English Coins: From the Seventh Century to the Present Day*. London: Methuen and Co. Ltd., 1932, p. 56.

④ Nicholas Brooks, "The Cathedral Community at Canterbury, 597-1070,"*Anglo-Saxon Myths: State and Church, 400-1066*. Nicholas Brooks (ed.), pp. 101-154, at p. 132.

⑤ 〔美〕乔治·萨拜因：《政治学说史》，第 300 页。

前所述，英格兰在 10 世纪后期初步实现了统一，首次出现了统治全国的君主政体。统一的英格兰是如何形成的？一个极简短的回答可能是：凭借武力。的确，当维京人在 8 世纪末开始袭击英格兰时，经过不断的征战，"七国"已只剩诺森伯里亚、麦西亚、威塞克斯和东盎格利亚 4 个王国，而当曾经帮助西撒克逊人摧毁其所有对手的维京人被威塞克斯国王阿尔弗雷德及其子孙征服后，一个统一的英格兰王国在 10 世纪后期出现了。除了借助军事胜利，通过综合运用其他手段，阿尔弗雷德及其继承者们成功地使自己被接受为所有英格兰人的国王。基督教是可以使英格兰王国内拥有不同法律和传统的民族在政治上维持统一的东西之一。对此，英国著名法学家、历史学家 F. W. 梅特兰指出，英格兰在 1066 年以前是"逐渐地，通过征服形成了更大的王国，直至最后形成英吉利王国。这条道路是通过接受基督教教义和组建英格兰教会而铺就的"①。在盎格鲁-撒克逊英格兰走向统一的过程中，基督教会的精神纽带作用主要体现在以下三个方面。

（一）提供一种广阔的统一文化的意识

"教会的一致这一事实使各王国之间、各民族之间保持了某种联系，虽然其他一切都是趋向于分离的……一种共同的信念，亦即一种被人们所承认和作为真理而接受的共同的思想，是人类社会根本性的基础，是隐蔽的纽带。"② 如前所述，移居到不列颠的朱特人、盎格鲁人、撒克逊人等起初都是异教徒，但在 6 世纪 90 年代之后的三四代人中，所有的盎格鲁-撒克逊国王及其臣民都皈依了基督教。作为一种共同的信仰，基督教为盎格鲁-撒克逊人提供了一种广阔的统一文化的意识。虽然在盎格鲁-撒克逊人基督教化的早期，有关复活节日期的争论险些使英格兰教会分裂成两个截然不同的宗教团体，但最终这种危险在惠特比会议上成功被化解，"惠特比的裁决确保英格兰不会因为两大教派而产生分裂，它将在统一的基督教之下团结起来"③。随后召开的赫特福德宗教大会（672 年）则是真正意义上的英格兰教会的正式开端，"在此之前，更确切地说，英格兰只有数个

---

① 〔英〕F. W. 梅特兰：《英格兰宪政史》，第 38 页。
② 〔法〕基佐：《法国文明史》（第一卷），沅芷、伊信译，商务印书馆，2009，第 285 页。
③ 〔美〕克莱顿·罗伯茨、戴维·罗伯茨、道格拉斯·R. 比松：《英国史》（上），第 46 页。

区域性的教会"①。

宗教的统一为几个世纪后英格兰走向政治统一创造了前提,"信仰的统一为以后结束群雄争霸、实现英格兰的政治统一打下了基础"②。到 8 世纪初期,一部分盎格鲁-撒克逊人已开始意识到,他们在种族和文化上是一个统一体。比德可能比同时代其他人更强烈地意识到了这一点,因此,他使用"英格兰人"这一术语来为其教会史著作命名。从 8 世纪末开始的维京人入侵则强化了这种意识。西撒克逊的宫廷作家阿塞尔称威塞克斯国王阿尔弗雷德为"盎格鲁人和撒克逊人的国王",或"不列颠岛上所有基督徒的统治者",③ 强调将这两个民族融合在一起的一个关键因素是共同的基督教信仰。该用语也暗示了阿尔弗雷德对臣服于自己的威尔士人的统治权,以及不列颠岛上那些忠诚的基督徒臣民与当时占领英格兰北部和东部的丹麦异教徒之间的对比。因此,有学者指出,阿塞尔写作《阿尔弗雷德传》的部分目的就是说服威尔士的国王和高级教士们接受基督教国王阿尔弗雷德的统领,以共同抵抗异教徒的入侵。④

(二) 帮助培养公共和平和统一的观念

自西罗马帝国崩溃以后,基督教教会一直以构建和维护神命的君主政治统治秩序为其神圣天职,因为社会的动荡与分裂,也意味着教会的受害乃至毁灭,"对教会而言,没有什么比公共秩序解体和地方权势者的无政府主义更有害"⑤。神职人员大多抱有建立一个统一和有秩序的基督教王国的理想,努力帮助世俗国王在社会上培养一种公共和平的观念。从埃塞尔斯坦统治时期开始,英格兰教会的神职人员便帮助国王们更加频繁地颁布法令并使之细化,其内容主要涉及维护和平、打击盗贼、确立教会等级、规范商人的行为与市场活动等方面,统一是其中强调的一

---

① C. J. Godfrey. *The Church in Anglo-Saxon England*, p. 133.
② 王宪生:《英国早期的基督教及其影响》,《郑州大学学报》(哲学社会科学版) 1992 年第 3 期。
③ W. H. Stevenson. *Asser's Life of King Alfred*. Oxford: The Clarendon Press, 1904, pp. 147–152; *Alfred the Great: Asser's Life of King Alfred and Other Contemporary Sources*. S. Keynes and M. Lapidge (trans.), pp. 227–228.
④ 〔美〕克里斯托弗·A. 斯奈德:《不列颠人:传说和历史》,第 195 页。
⑤ H. Tiliman. *Pope Innocent III*. Amsterdam and London: North-Holland Publishing Company, 1983, pp. 89–90.

个重点。

在盎格鲁-撒克逊英格兰走向统一的过程中，前述 10 世纪中后期的修道院改革运动也是一个重要的促进因素。在这场著名的教会改革运动中，一些最杰出的教会领袖特别强调统一。改革初期的特许状显示，为那些新建造的修道院制定一种一致同意的规章被认为是必要的，约 970 年，具有英格兰特色的《修道院规章》颁布，它被要求在所有新建造的或经过改革的修道院执行，以实现修道生活的统一。在此背景下，新修建的修道院的地理位置就显得十分重要：所有在埃德加统治早期改革或重建的修道院都位于威塞克斯，但是，在 970 年之后的那几年里新建或重建的修道院全都位于麦西亚和诺森伯里亚，这有助于促进威塞克斯与麦西亚、诺森伯里亚的融合。这种对统一的信念本身在一定程度上就显示了这场修道院改革运动与英格兰统一之间的联系。① 不仅如此，在温切斯特主教埃塞尔沃尔德的作品中，我们也能感受到教会人士对"英格兰"作为一个单一的实体的特别重视。例如，他说，埃德威格国王因为"分散了他的王国和分裂了它的统一"而受到批评，埃德加国王则相反，他"承蒙上帝的恩宠，获得了对整个英格兰的统治权，并使分裂的王国重新统一了起来"。② 针对英格兰在埃德加国王去世后出现的王位继承权之争，拉姆齐的伯特费斯（Byrht-ferth）谴责了各种煽动性的言论或行为，认为它们使王室成员之间、贵族之间、部族之间以及主教和教士与他们的信众之间走向了敌对。因此，同时期东法兰克那些重要的王室修道院仍在支持的由王室家族成员共治王国的传统观念在英格兰的新修道院中并不受欢迎。③ 埃塞尔沃尔德的学生、恩舍姆修道院院长埃尔弗里克对共同统治这一观念是如此厌恶，以至于他在其翻译作品中删掉了所有提及古罗马人联合统治的内容。④ 虽然教会人士重视团结在任何时候也许都并不罕见，但英格兰 10 世纪的历史生动地说明了这种观念在某种程度上可能会影响政治发展。我们可将这种

① 关于这场改革运动所形成的凝聚力，最有力的论证来自尼古拉斯·班顿（Nicholas Banton）教授，参见他的专题论文 "Monastic Reform and the Unification of Tenth-Century England," *Religion and National Identity*. S. Mews（ed.），pp. 71–85。

② *English Historical Documents, 500–1042*. D. Whitelock（ed. and trans.），p. 920.

③ K. J. Leyser. *Rule and Conflict in an Early Medieval Society: Ottonian Saxony*. London: Hodder and Stoughton Educational, 1979, pp. 16–17.

④ *English Historical Documents, 500–1042*. D. Whitelock（ed. and trans.），p. 60.

发展归功于在这个决定性的时刻充任国王顾问的修道院改革者们的各种努力。

（三） 为统一王国提供全国性的守护神

共同的圣徒崇拜在统一民众的心理方面也起到了重要作用，"在一个将王室权力与英格兰大部分地区的地方虔诚联系起来的网络中，对圣徒的崇拜是其中的节点和连接物"[1]。以阿尔弗雷德为代表的威塞克斯国王显然意识到了这一点，因此他们不遗余力地将盎格鲁－撒克逊教会早期一些重要的地区性圣徒提升为全国性的圣徒。其中，最典型的是林迪斯凡恩主教圣卡思伯特和诺森伯里亚圣徒国王奥斯瓦尔德。

1. 圣卡思伯特

在盎格鲁－撒克逊教会早期，林迪斯凡恩主教圣卡思伯特融合了爱尔兰修道院制度与罗马修道院制度的优秀品质，是将脱离尘世闭门沉思的生活发挥到极致的典型。687 年 3 月 27 日，圣卡思伯特在法恩岛上去世，他的遗体被葬在林迪斯凡恩的教堂里。875 年，由于维京人的劫掠，卡思伯特的遗物被从林迪斯凡恩教堂取出，先被暂置在切斯特勒斯特里，后在999 年被安放在达勒姆。

威塞克斯王室对圣卡思伯特的重视可追溯到阿尔弗雷德统治时期。据说，在 878 年与丹麦人决战的埃丁顿战役前夕，圣卡思伯特托梦给阿尔弗雷德国王，许诺他会取得此次大战的胜利，且他的继承人有朝一日能统治全英格兰。[2] 尽管无法确认该故事的真实性，但可以肯定的是，圣卡思伯特受到了西撒克逊国王的无比尊崇：作为报答，阿尔弗雷德国王在临终前嘱咐长者爱德华，将一对臂环和一座黄金香炉捐献给当时保管着圣卡思伯特遗物的修道院，并命令他要经常礼拜圣卡思伯特。长者爱德华国王谨记父亲的嘱托，并在自己生命垂危之际对埃塞尔斯坦提出了类似的要求，即尊崇圣卡思伯特，将他奉为众圣徒之首。[3] 在著名的布鲁南堡战役开始之前，埃塞尔斯坦国王专门绕道前往切斯特勒斯特里，以瞻仰历经数年漂泊

---

[1] James Campbell. *The Anglo-Saxon State*. London and New York: Bloomsbury Academic, 2003, p. 42.

[2] A. Thacker, "Dynastic Monasteries and Family Cults: Edward the Elder's Kindred," *Edward the Elder, 899-924*. N. J. Higham and D. H. Hill (eds.), p. 255.

[3] Sarah Foot. *Æthelstan: The First King of England*, p. 209.

后终于被暂置在此的圣卡思伯特的遗物，他还带去了大量贵重礼物——一幅他自己的画像，若干法衣、器皿、枝状大烛台以及其他金银物件，[①] 埃塞尔斯坦还嘱咐一同出征的同父异母弟弟埃德蒙王子，说如果自己在此次远征中不幸罹难，一定要把他的遗体运回，葬在圣卡思伯特的那座圣殿内。[②] 在战争之前拜访圣地，表明埃塞尔斯坦国王也渴望获得圣卡思伯特的佑护。圣卡思伯特似乎没有让他失望，《盎格鲁-撒克逊编年史》记载说，埃塞尔斯坦离开切斯特勒斯特里后，向北行进，"横扫了苏格兰"，并在布鲁南堡大获全胜。不过，正如约翰·布莱尔教授指出的，埃塞尔斯坦国王的这次慷慨捐献更体现了一种互惠互利的关系：因维京人的劫掠而穷困潦倒的北方教会从威塞克斯王室那里得到了珍贵的福音书手稿和大量财宝，威塞克斯王室则因北方教会贡献的这位伟大的全国性圣徒而增光添彩。[③]

2. 圣奥斯瓦尔德

在盎格鲁-撒克逊人皈依基督教的初期，诺森伯里亚国王奥斯瓦尔德是"第一位真正虔诚的英格兰国王"，[④] 他是比德想要呈现给其 8 世纪读者的一位理想的基督徒国王的典范。[⑤] 奥斯瓦尔德是伯尼西亚国王埃塞尔弗里思与德伊勒公主阿查的儿子，他是在苏格兰西南部的达尔里亚达王国避难时皈信基督教的，登上王位后他派人去艾奥纳修道院请来了修道士艾丹来向他的臣民传教。比德说他不仅帮助艾丹在自己的王都班堡附近的林迪斯凡恩岛上建造了一座修道院，并"在所有方面都随时谦恭地听从主教的意见"，甚至亲自帮助不精通英语的艾丹主教翻译经典。642 年 8 月 5 日，奥斯瓦尔德在一个叫马塞菲尔思（Maserfelth）的地方被麦西亚异教徒国王彭达杀死，年仅 38 岁。除了对教会事业发展做出的贡献，奥斯瓦尔德被尊为圣徒更多的是因为他是在抵御异教徒入侵时阵亡的，因此被看作殉难者。[⑥]

---

① *English Historical Documents, 500-1042*. D. Whitelock（ed. and trans.), p. 94.

② Sarah Foot. *Æthelstan: The First King of England*, p. 209.

③ John Blair. *The Church in Anglo-Saxon Society*, p. 348.

④ C. J. Godfrey. *The Church in Anglo-Saxon England*, p. 103.

⑤ 〔英〕比德：《英吉利教会史》，第三卷第 2—3、6—7、9—13 章。

⑥ J. M. Wallace-Hadrill. *Early Germanic Kingship in England and on the Continent*. Oxford: Oxford University Press, 1981, p. 83-85.

　　在盎格鲁-撒克逊教会的早期历史上，奥斯瓦尔德是英格兰最著名的圣徒之一。不仅如此，由于诺森伯里亚传教士威利布罗德等在欧洲大陆的活动，奥斯瓦尔德的各种事迹也在这里广为流传。15 世纪，人们不仅在瑞士的楚格专门修建了一座纪念这位殉难的诺森伯里亚国王的教堂，并专门遣使前往英格兰的彼得伯勒修道院，搜寻到奥斯瓦尔德生前所使用的兵器的一块碎片。[①]

　　在统一英格兰的过程中，威塞克斯王室对奥斯瓦尔德这位诺森伯里亚圣徒国王也表现出了极大的尊崇。根据比德的叙述，奥斯瓦尔德的遗骸起初被保存在林齐的巴德尼修道院，[②] 但《盎格鲁-撒克逊编年史》记载说，它们在 909 年被威塞克斯国王阿尔弗里德的女儿埃塞尔弗莱德和她的丈夫麦西亚郡长埃塞尔雷德取出，转葬至他们在格洛斯特新建的教堂内。[③] 根据一份创作于 1304 年的手抄本，埃塞尔斯坦在 925 年加冕登基后颁发特许状，授予格洛斯特教堂完全的自由，并豁免了它的一切世俗服役，据说这不仅是他与埃塞尔雷德郡长达成的协议，也是他父亲长者爱德华国王的愿望。[④] 埃塞尔斯坦甚至宣称自己是奥斯瓦尔德的亲属。的确，比德曾记载说，威塞克斯国王基内吉尔斯受洗后不久，奥斯瓦尔德娶了他的女儿为妻。不过，现存的威塞克斯王室族谱显示，埃塞尔斯坦与基内吉尔斯显然分属威塞克斯王室两个不同的分支：埃塞尔斯坦家族是查乌林的后代，基内吉尔斯的祖先则是查乌林的兄弟卡撒。[⑤] 不仅如此，奥斯瓦尔德这一脉也在他的儿子埃塞尔沃尔德去世后中断了。

第四节　基督教对盎格鲁-撒克逊王权的制约

　　尽管基督教在理论上帮助提升了盎格鲁-撒克逊王权，且其神职人员在盎格鲁-撒克逊世俗事务中发挥了许多积极作用，但基督教的某些教义

---

① 〔英〕罗伯特·诺布尔·斯旺森：《欧洲的宗教与虔诚》，第 170 页。

② 〔英〕比德：《英吉利教会史》，第二卷第 20 章；第三卷第 11 章。

③ 《盎格鲁-撒克逊编年史》909 年纪事；Victoria Thompson. *Dying and Death in Later Anglo-Saxon England*. Woodbridge: the Boydell Press, 2004, pp. 8-26.

④ Sarah Foot. *Æthelstan: The First King of England*, p. 206.

⑤ Barbara Yorke. *Kings and Kingdoms of Early Anglo-Saxon England*, p. 134, table 16.

与盎格鲁-撒克逊人的传统观念仍存在着某种对立。例如，尚武的盎格鲁-撒克逊人似乎很难接受基督教关于克己和宽恕的伦理，比德记载说，埃塞克斯国王西格伯特"只要敌人请求，他就总会宽宥他们并饶恕他们的过错"，因此被自己的亲属杀害。[①] 修道主义的兴起在一定程度上也给王国的军事安全带来了危险。这是因为包括国王在内的社会各个阶层人员纷纷献身宗教，必然会导致在战场上厮杀的人数减少，这不仅会削弱对外扩张的军事势力，也将无力有效保卫海疆。比德在给约克主教埃格伯特的信中抱怨说，由于赐给修道院的土地太多，许多贵族子弟或退役兵士的子弟再也拿不到一块地，他们中的一些人因此漂洋过海离开了他们本来应该为之战斗的故土。[②] 此外，书田这种土地保有权观念在一定程度上也削弱了盎格鲁-撒克逊人传统的个人忠诚的纽带，并引发了统治危机，"将不动产从王室的控制下（永久性地）转让出去和豁免教会尤其是修道院对王室的各种税款和服役，可能是诺森伯里亚王国从7世纪晚期开始走向严重衰弱的原因"[③]。不过，从长远来看，教会对盎格鲁-撒克逊王权的不利影响，更多地体现在它所宣称并积极实践的自己对世俗国王的道德品行拥有监督权，以及潜藏在国王圣化礼中的那些制约因素这两个方面。

一　裁判国王的道德品行

在选择上帝"在尘世的代理人"这一问题上，教会以适宜性（suitability）为标准。它主要包括两个方面：一是是否具有"善意"（goodwill），即是否信仰基督教、支持上帝的事业、支持教会和运用手中的剑去传播基督教；二是是否有相应的能力和实力，即他不能只是一个"好人"，还必须是一个"能人"。[④] 军事和政治上的失败或"无用"是墨洛温国王遭到背弃的一个重要原因。这些显然与日耳曼人传统的依据血缘继承王位的观念相冲突。

从很早起，基督教就认定自己对包括国王在内的所有人都有执行道德戒

---

① 〔英〕比德：《英吉利教会史》，第三卷第22章。
② *English Historical Documents, 500–1042*. D. Whitelock（ed. and trans.），no. 170, pp. 799–810, at p. 805.
③ Henry Mayr-Harting. *The Coming of Christianity to Anglo-Saxon England*, p. 20.
④ Fritz Kern. *Kingship and Law in the Middle Ages*, pp. 27–28.

律的权利和义务。米兰主教安布罗斯（Ambrose）断言：在道德问题上谴责世俗统治者，不仅是教士的权利，而且是他的义务。[1] 安布罗斯不仅宣讲这一教令，也将它付诸实施：390 年，罗马帝国皇帝狄奥多西一世（Theodosius I）因塞萨洛尼亚总督被谋杀而大动肝火，下令屠杀该地居民，安布罗斯则以罕见的道德上的勇气拒绝主持圣餐仪式，直至狄奥多西一世当众表示忏悔。[2] 此外，在斥责上层人物的过错时，君士坦丁堡主教约翰·克里索斯托（John Chrysostom）也表现得大胆无畏，他斥责妇女衣着奢侈，这引起了有权有势的东罗马帝国皇后的仇视，因为她认为这是在针对自己。后来，克里索斯托又谴责为皇后的银质塑像所举行的奉献仪式，因为它就设在他的主教座堂旁，这让皇后愈加认定他是在有意与自己作对。[3]

在麦西亚，教会人士对国王私生活的不满在一定程度上促成了王朝的更迭。在埃塞尔博尔德之前，麦西亚王位长期在彭达的后代中传承。彭达的孙子切奥尔雷德道德败坏，西撒克逊传教士卜尼法斯说他整日沉迷于宴乐，[4] 人心似乎开始转向被切奥尔雷德驱逐的埃塞尔博尔德，他是彭达的兄弟伊奥瓦（Eowa）的后代。在克劳兰德的沼泽地隐修的古斯拉克是麦西亚王室的另一位成员，他不仅收留了埃塞尔博尔德，并给予他极大的道德支持，预言说王冠很快就会戴到他头上，因为"我曾祈求怜悯的主给予你帮助，他也听到了我的请求，并将授权你来统治自己的部落、管理你的人民。他将使你的敌人屈服于你的脚下，他们的财产也都将归你所有"[5]。古斯拉克去世一年后，埃塞尔博尔德果真登上了麦西亚王国的宝座。根据保存在伍斯特的麦西亚国王列表，切奥尔雷德去世后，继任王位的是一个叫切奥尔沃尔德（Ceolwald）的人，他是切奥尔雷德的兄弟，但他仅统治数月即被埃塞尔博尔德取代。切奥尔雷德的劣行似乎也招致了自己的堂姊妹——马奇温洛克修道院院长米尔德伯——的不满。据说，在切奥尔雷德

---

[1] 〔美〕乔治·萨拜因：《政治学说史》，第 306 页。
[2] 〔英〕威利斯顿·沃尔克：《基督教会史》，第 161 页；〔英〕乔纳森·哈里斯：《拜占庭简史》，第 23—24 页。
[3] 〔美〕威利斯顿·沃尔克：《基督教会史》，第 163 页。
[4] *English Historical Documents, 500 - 1042.* D. Whitelock（ed. and trans.），no. 177, pp. 816 - 822, at p. 817.
[5] *Felix, Felix's Life of Saint Guthlac.* Bertram Colgrave（ed.），Cambridge: Cambridge University Press, 1956, pp. 149-151.

还活着时，马奇温洛克修道院的一位修道士就已预见到了他死后将受到的可怕惩罚，而使这则听起来很像是公然批评切奥尔雷德的幻象广为人知的很可能就是米尔德伯自己。[1]

　　然而，终结了彭达家族对麦西亚王位的垄断的埃塞尔博尔德的个人生活也令人担忧。因为卜尼法斯等人曾在746—747年写信给他，勇敢地谴责他与奉献给天主的修女通奸，"毫无疑问，这是一种双重的罪"。他还没收教会的收益，这是"像谋杀一样令人发指的罪行"。在信的最后，他们以切奥尔雷德和诺森伯里亚国王奥斯雷德因为类似的错误已经落得的可悲下场为例，敦促埃塞尔博尔德及时修正自己的行为。[2] 埃塞尔博尔德是否听从了劝诫我们不得而知，但如前所述，757年，他在一个叫塞金顿的地方被自己的侍卫刺死了。

　　在后来的英格兰修道院改革家留下的资料中，埃德威格国王常被描绘成一个行为放荡之人，这很可能与他在加冕礼当天的晚宴上置教俗两界大贵族于不顾，而选择与埃塞尔吉富以及她的女儿埃尔大吉富在一起有关。埃德威格的这种拙劣表现招致了坎特伯雷大主教奥达等人的不满，也给自己的统治带来了巨大的麻烦。《盎格鲁-撒克逊编年史》记载说，在957年下半年的某个时间，麦西亚人和诺森伯里亚人背弃了他们对埃德威格国王的忠顺，转而奉他的弟弟埃德加为国王。现存的埃德威格国王的特许状也显示，从957年起，奥达不再出席埃德威格国王的法庭，在958年也仅出席了一次。而在此前，即在任拉姆斯伯里主教期间（926—941年），他经常参加埃塞尔斯坦国王的各种政务会议，并在调任坎特伯雷大主教（941年）后持续出席埃德蒙和埃德雷德国王的各种会议。有学者指出，奥达缺席埃德威格国王的各种会议可能是一种蓄意的政治行为，即对埃德威格日益严重的统治危机不满的一种回应。[3]

二　"圣化礼"的潜在制约

　　虽然基督教圣化礼使盎格鲁-撒克逊国王具有了准教士的特性，使之

---

①　Barbara Yorke. *Kings and Kingdoms of Early Anglo-Saxon England*, pp. 111-112.

②　*English Historical Documents, 500-1042*. D. Whitelock（ed. and trans.），no. 177, pp. 816-822, at pp. 817, 820.

③　Nicholas Brooks. *The Early History of the Church of Canterbury: Christ Church from 597 to 1066*, p. 222.

凌驾于普通信徒之上，且在理论上变得神圣不可侵犯，但它强调主教权力的各种弦外之音几乎同样巨大，"在另一方面，教会祝圣的宪政重要性也得到了加强"①。这是因为在国王的圣化礼上，大主教不仅为国王涂油，还将王冠、戒指、权杖等王权象征物递交给国王，这预示着世俗权力对精神权力的依赖，表明任免国王的权力掌握在上帝在人间的代表——主教手中，"国王现在是主教们的创造物，并且，从完全的字面意义来说，是他们的得力助手"②。加冕礼使教皇或大主教成为皇帝或国王与上帝之间必不可少的中介，而在此之前，人们普遍认为，皇帝和国王就是上帝自然的代言人，是"蒙上帝恩典的王"。正因为如此，有学者指出，教皇为丕平、查理曼举行圣化礼的行为是"精心准备的计划"，目的在于强调"他（教皇）充当了上帝与国王之间的中介"。③ 最早敏锐地意识到教会支配王权可能带来的危险的是东法兰克国王"捕鸟者"亨利，他谢绝了美因茨（Mainz）大主教主动提出的为他举行涂油礼和加冕礼的建议。对此，有学者指出，在亨利执拗地坚持在不要"教廷的祝福"的情况下执政的背后只有一种动机，即担心让人看上去他的国王职分只是从教士手中获得的。④

另外，正如12世纪史籍所记载的那样，新王在登基典礼上通常要发表加冕誓词，公开保证自己将"遵守为上帝慈悲而托付我统治的人民所制定之法律法规"，并履行相关职责。这表明"所有构成仪式活动的审慎的典仪和象征都来自古代的观念，这种观念认为……如果臣民们必须服从国王，那么国王自己也必须恪守他的誓言，即他不但要做一位统治者，还要做上帝的臣仆"⑤。参加829年巴黎大公会议的主教们宣称，基督徒国王的职责包括："公正公平地统治和管辖上帝的子民，提供和平与和睦。此外，国王必须是教堂的保护者，是上帝、寡妇、孤儿及其他贫穷困苦的人们的仆人。他还必须尽可能地让自己显得热情和令人生畏，这样才不会有不义之事发生，并且即使发生了，他也不会让任何人怀有其大胆的错误举动不

---

① Fritz Kern. *Kingship and Law in the Middle Ages*, p. 45.
② Janet L. Nelson, "National Synods, Kingship and Royal Anointing," *Politics and Ritual in Early Medieval Europe*. Janet L. Nelson (ed.), p. 253.
③ Walter Ulmann. *Principles of Government and Politics in the Middle Ages*, p. 65.
④ 〔法〕马克·布洛赫：《国王神迹：英法王权所谓超自然性研究》，第430页。
⑤ 〔英〕克里斯托弗·道森：《宗教与西方文化的兴起》，第85页。

会被人发现的希望。所有人都知道，没有什么事情能逃过惩罚。"① 从 10 世纪早期起，英格兰国王在加冕仪式上也都承诺，将维护和平、保护教会、防止偷盗和匡扶正义等。例如，埃德加国王宣誓说："以神圣三位一体的名义，我向我的臣民保证三件事情。第一，上帝的教会以及王国内所有基督徒将享有真正的和平；第二，我禁止所有等级人的抢劫等所有错误行为；第三，我真诚要求所有审判公正和宽容，这样，仁慈和怜悯的上帝就会许给我们永久的恩惠。"② 类似的，"准备不足者"埃塞尔雷德国王也保证说："我以圣父、圣子、圣灵的名义向王国境内的基督教臣民宣誓，保证做到以下三件事。第一，保证王国境内教会和所有教众享有真正的太平；第二，禁止对任何人（无论什么阶层）有暴力或不公正行为；第三，保证判决公正和仁慈，公正和仁慈的上帝将以他永远的仁德宽恕我们。"③最初，这三大"善政"承诺均出现在仪式的结尾，但在 10 世纪后期修订后的第二部《圣务指南》中，它们被列在了国王正式接受圣化礼之前。有学者指出："这些变化的效果是进一步增加了国王宫廷中神职人员的权力。"④ 珍尼特·L. 纳尔逊教授则认为："位置的改变意味着（国王）职责的改变，一份国王意图的宣言，即由新登基的国王在其宝座上发布的某种计划性声明，现在被校订变成了一个承诺，这是之后要进行的圣化礼隐而不露的先决条件。"⑤

　　遵守诺言、履行相关职责的统治者将受到拥护，反之，那些不得民心者将遭罢黜。《盎格鲁-撒克逊编年史》757 年纪事记载说，西吉伯特国王被西撒克逊人罢黜，"因为他的所作所为有失公正"。863 年，教皇尼古拉一世（Nicholas Ⅰ）致信梅斯主教，指出："国王们若想统治好，首先他们自己要行得正，然后才能统治他人；如果他们不能根据法律来统治，他们就是暴君，

---

①　〔法〕雅克·勒高夫：《中世纪文明（400—1500 年）》，第 292 页。

②　*Sources of English Constitutional History: A Selection of Documents From A. D. 600 to the Present.* Carl Stephenson (ed. and trans.), New York and London: Harper and Brothers Publishers, 1937, p. 18.

③　转引自〔英〕F. W. 梅特兰《英格兰宪政史》，第 65—66 页。

④　Mary Frances Giandrea. *Episcopal Culture in Late Anglo-Saxon England*, p. 51.

⑤　Janet L. Nelson, "The Second English *Ordo*," *Politics and Ritual in Early Medieval Europe*. Janet L. Nelson (ed.), pp. 361–374, at p. 369; Nicholas Brooks. *The Early History of the Church of Canterbury: Christ Church from 597 to 1066*, p. 246.

反抗他们是一种权利和义务。"① F. W. 梅特兰教授指出，"在诺曼征服之前的很长时间里，英国国王都要行加冕和涂圣油礼"，但"这种仪式并不被认为赋予了国王对于其臣民之服从任何不可撤销的权利；国王会很轻易地被弃置一边，也没有主教反对说涂了圣油就不能被世俗的权力所废黜"。② 关于国王失败的命运，有人曾做过一个形象的比喻："如果一个放猪人没有照料好猪群，你就会把他赶走，让他受到侮辱，也不付给他工钱，如果一位君主没有统治好他的人民，而是把他们引向了罪恶，那么剥夺他的权力和荣誉不是更合情合理吗？"③ 虽然埃塞尔雷德在斯韦恩去世后被请回继续统治英格兰，但他的回归是有条件的，即"他需要比以前更加公正地统治子民"，《盎格鲁-撒克逊编年史》记载说，埃塞尔雷德承诺自己"将是一位仁慈的国王，改革所有他们厌恶的事情。只要他们一致拥护他，永无叛心，他就会宽恕他们以前针对自己的所有不当之言和不当之事"。这表明，到盎格鲁-撒克逊晚期，国王需要"公正地"治理国家的观念已被普遍接受。

---

① 转引自李秀清《日耳曼法研究》，第 119 页。
② 〔英〕F. W. 梅特兰：《英格兰宪政史》，第 65 页。
③ 转引自〔英〕J. H. 伯恩斯主编《剑桥中世纪政治思想史（350 年至 1450 年）》，第 338 页。

| 第四章 |

盎格鲁-撒克逊王权与教会之间的冲突与调适

随着盎格鲁-撒克逊教会财富的增加和社会影响力的扩大，从 7 世纪后期开始，它与王权的关系出现裂缝。但在维京人的劫掠日益严重的背景下，教会重新调整了其政治立场，转而寻求王权的军事保护，且在英格兰统一的过程中，日益沦为王权的附庸。

第一节　"威尔弗里德事件"

C 本《盎格鲁-撒克逊编年史》关于 678 年的纪事记载说，约克主教威尔弗里德被诺森伯里亚国王埃格弗里思从主教的位置上赶下台。另据比德的记叙以及埃迪斯·斯蒂芬斯（Eddius Stephanus）在威尔弗里德去世后不久为他创作的生平传记，威尔弗里德被免职后三次被逐出诺森伯里亚，他则两次亲赴罗马进行上诉。该事件在当时产生了广泛的社会影响，是非常重大的教会事务，因此，有学者称其为"威尔弗里德事件"。[1]

一　威尔弗里德其人

约 634 年，威尔弗里德出生在诺森伯里亚，母亲是一位虔诚的基督徒。14 岁时，威尔弗里德离家进入林迪斯凡恩修道院。654 年，威尔弗里德抵

---

[1]　李隆国：《教诲和谐：从对主教威尔弗里德事件的叙述看比德的写作特色》，《世界历史》2010 年第 6 期。

达罗马，"这在当时的诺森伯里亚是前所未有的壮举"①。在这里，他结识了教皇身边一位叫卜尼法斯的领班神父，在他的指导下，威尔弗里德系统地学习了四卷福音书，并掌握了"英格兰和苏格兰的分裂分子"还没注意到的真正推算复活节日期的方法。

威尔弗里德对盎格鲁-撒克逊早期教会产生了重要影响。首先，在664年的惠特比会议上，他与林迪斯凡恩主教科尔曼激烈交锋，他的语言流利，气势动人，成功将真正的推算复活节日期的方法和削发式等引入诺森伯里亚。其次，威尔弗里德还将圣本尼迪克规章带入诺森伯里亚，且由于他的努力，以前只是在肯特才为人所知的教堂唱诗的歌曲开始在英格兰各教会里被教唱起来。最后，由于威尔弗里德、其外甥伯温（Beornwine）以及一个叫希迪拉（Hiddila）的神父的努力，南撒克逊人以及怀特岛上的异教徒都放弃了异教信仰，②他们的皈依标志着盎格鲁-撒克逊人基督教化的基本完成。比德盛赞威尔弗里德，说他"是一位十分可敬的人物，在英吉利历任主教中他第一个学会把普世生活方式传授给英吉利各教会"。③

但在另一方面，威尔弗里德喜欢奢华。以他的里彭修道院为例。整座建筑金碧辉煌，祭坛上挂着的"紫织金幔帐"的颜色与他为新教堂定做的福音书一致："福音书所用羊皮纸被染成了紫色，上面的文字用最纯粹的金粉写成，并配有精美插图"，福音书还被放在一个"由纯金打造并镶有无价宝石"的盒子里。完工庆典也场面宏大，与建筑华丽的风格十分相配，庆祝宴会则持续了三天三夜。④此外，威尔弗里德在离世前也表现得像一位盎格鲁-撒克逊贵族：他先将自己所有的财富——金、银、宝石——都区分开来，放在里彭修道院一一展示，然后宣布将其中的四分之一捐赠给罗马，四分之一捐赠给穷人，里彭和赫克瑟姆修道院保留四分之一，剩下的四分之一则留给自己忠实的追随者们。

威尔弗里德的这种高调炫耀可能引起了其他英格兰教会人士的反感。例如，在自己的教会史作品中，比德就流露出了对爱尔兰传教士漠视世俗

---

① C. J. Godfrey. *The Church in Anglo-Saxon England*, p. 115.
② 〔英〕比德：《英吉利教会史》，第四卷第 13、16 章。
③ 同上，第四卷第 2 章。
④ *English Historical Documents, 500-1042*. D. Whitelock（ed. and trans.），no. 154, pp. 752-758, at p. 754.

物品的那个时代的留念，他称赞林迪斯凡恩首任主教艾丹，说他："既不想得到也不迷恋今世上的任何东西。把世上国王和富人赠给他的一切东西立即分给他遇到的穷人是他的乐趣。"① 因此，对比德来说，要接受威尔弗里德的生活方式似乎也很难。另外，威尔弗里德还反对坎特伯雷大主教西奥多提出的关于"主教人数应随教徒人数的增加而增加"的建议，他当时正独自管理着庞大的诺森伯里亚教会，因而没有出席西奥多在 673 年于赫特福德举行的有"英格兰第一次宗教大会"之誉的宗教会议。在威尔弗里德被从主教的位置上赶下来后，西奥多立即将他的教区一分为二，并为它们任命了两名主教，即博萨（Bosa）任德伊勒主教、伊塔任伯尼西亚主教。与此同时，西奥多还在林齐建立了一个新教区，它是埃格弗里思国王刚从麦西亚人那里夺来的，首任主教为一个叫埃德赫德（Eadhaeth）的人。

二　威尔弗里德与诺森伯里亚国王的争执

威尔弗里德张扬的性格、对财富和权力的追求等，为他与诺森伯里亚王权之间的关系带来了麻烦。事实上，早在奥斯威统治时期，双方的嫌隙就已端倪初现了。

（一）与奥斯威国王的矛盾

起初，威尔弗里德受庇于诺森伯里亚国王奥斯威的王后伊恩弗莱德。比德记载说，威尔弗里德当初能够进入林迪斯凡恩修道院，正是由于她的建议和推荐。后来，得知威尔弗里德要去罗马朝觐，伊恩弗莱德派人将他送到肯特国王厄康伯特（他是她母亲的兄弟埃德博尔德国王的儿子）那里，厄康伯特则把威尔弗里德交给了另一个同样希望去罗马、当时碰巧到达肯特的诺森伯里亚年轻贵族比斯科普，并命令他要把威尔弗里德安全带到罗马。②

从罗马返回后，威尔弗里德与奥斯威国王的儿子、德伊勒属王阿尔奇弗里思（Alhfrith）交上了朋友。阿尔奇弗里思将斯坦福德 10 海德的土地捐赠给他作宗教用途，后又将原本要送给梅尔罗斯修道士的里彭修道院转赠给了威尔弗里德。在惠特比会议前夕，由于阿尔奇弗里思的请求，威尔

---

① 〔英〕比德：《英吉利教会史》，第三卷第 5 章。
② 同上，第五卷第 19 章。

弗里德被任命为神父。这些引起了奥斯威国王的警觉。因为与埃塞尔沃尔德（Æthelwald）一样，阿尔奇弗里思也试图摆脱父亲奥斯威的控制，帮助德伊勒独立。比德记载说，奥斯威"在位的 28 年一直处于动荡不安之中，……除了受他的侄子即他的前任兄弟，奥斯瓦尔德王的儿子埃塞尔沃尔德的困扰外，还受到杀害他兄弟的麦西亚异教徒和他的亲生儿子阿尔奇弗里思的困扰"。① 在 655 年温沃伊德附近那场决定奥斯威命运的决战中，埃塞尔沃尔德站在了他叔叔的敌人麦西亚国王彭达一边。尽管战争爆发时埃塞尔沃尔德按兵未动，但他的名字在战争结束后从文献资料中消失了，奥斯威极有可能在杀死彭达之后将他废黜了。阿尔奇弗里思接替埃塞尔沃尔德管理德伊勒，他起初与父亲奥斯威一样，是按爱尔兰人的方式守复活节的，但从 7 世纪 60 年代开始，他转而公开支持罗马教会的历法体系，并结交了一批同样遵循该体系的朋友，威尔弗里德即其中之一。

奥斯威在惠特比会议上挫败了阿尔奇弗里思的图谋，会后不久，阿尔奇弗里思也突然从文献资料中消失了。阿尔奇弗里思的失踪是盎格鲁-撒克逊历史上的一个谜团。人们认为，比尤卡斯尔（Bewcastle）那座著名的美丽的十字架可能是威尔弗里德建造的，以纪念阿尔奇弗里思和他的妻子辛尼伯特（Cyneburh，她是彭达的女儿）。奥斯威对威尔弗里德的态度也起了变化。惠特比会议结束后，奥斯威曾答应阿尔奇弗里思的请求，让威尔弗里德接替身染瘟疫去世的图达（Tuda），以约克为中心，管理诺森伯里亚教会。但当威尔弗里德从高卢受任主教返回时，他发现，奥斯威已经为约克教区安排了一位新主人——"神圣的"查德（Chad）。斯蒂芬斯的记载带有一定的倾向性，他说："奥斯威国王听信主教的老对手的谗言，同意不合规矩地安排其他人掌管威尔弗里德的主教区，违背教规，无知地从阴历十四日派推荐的人中任命虔诚的仆人、博学之士、来自爱尔兰岛的名叫查德的无名小卒为约克主教。"② 客观来讲，威尔弗里德自己也应对查德占领自己的教区负一定的责任，因为在高卢被 12 名大陆主教正式授任为主教后，威尔弗里德没有听从他们的吩咐，立即回到自己的教区，相反，不知

---

① 〔英〕比德：《英吉利教会史》，第三卷第 14 章。
② 转引自李隆国《教海和谐：从对主教威尔弗里德事件的叙述看比德的写作特色》，《世界历史》2010 年第 6 期。

何故，他在高卢磨蹭了近两年才返回，对自己的教区不管不顾。

可见，在奥斯威与他的儿子阿尔奇弗里思的斗争中，威尔弗里德显然是站错了队，奥斯威国王因此对他起了戒心，受任主教后在大陆长时间逗留不返则可能为奥斯威要查德"鸠占鹊巢"提供了借口。查德非常卓越地治理了约克教会，直到 669 年，坎特伯雷大主教西奥多以其主教授任仪式不合乎教规①为由将他罢黜，威尔弗里德才正式掌管庞大的诺森伯里亚教会。

（二）与埃格弗里思国王的矛盾

威尔弗里德管理诺森伯里亚教会仅一年，奥斯威国王就去世了，他的另一个儿子埃格弗里思继位。起初，威尔弗里德与埃格弗里思国王的关系还不错。埃格弗里思与他的弟弟、德伊勒属王埃尔夫温都出席了为威尔弗里德的里彭修道院举行的献堂仪式。但在处理与埃格弗里思家人的关系这件事上，威尔弗里德再次使自己陷入了危险的处境。

比德记载说，威尔弗里德是埃格弗里思的王后埃塞尔思里思的精神导师，是她最崇敬之人，威尔弗里德建造赫克瑟姆修道院的土地就是她捐赠的。受威尔弗里德的影响，埃塞尔思里思日益向往修道生活。据说，埃格弗里思曾许诺给威尔弗里德大量土地和金钱，请他帮忙将王后留在自己的身边。可尽管与埃格弗里思相处了 12 年之久，埃塞尔思里思一直保持着贞洁，并最终遁入修道院当了修女。② 可能正因为如此，埃格弗里思对威尔弗里德产生了敌意。

埃塞尔思里思离开后，埃格弗里思又续弦娶了埃尔敏伯格（Iurminburg）。新王后不喜欢威尔弗里德，斯蒂芬斯说她是"耶洗别"，③ 整天在国王耳边数落威尔弗里德的世俗荣耀，如他拥有的财富、庞大的随行人员以及众多受他保护的修道院等。这不仅激起了国王的妒忌，也使他对威尔弗里德的敌意进一步升级。终于，埃格弗里思在 678 年采取了行动：以莫须有的罪名免去了威尔弗里德的主教职务，并没收了他的全部财产，正在重组英格兰各地教区的坎特伯雷大主教西奥多则趁机将威尔弗里德的教区一

---

① 查德的主教授任仪式是由花钱购得伦敦主教一职的威尼在两名凯尔特主教的协助下完成的。
② 〔英〕比德：《英吉利教会史》，第四卷第 19 章。
③ 古以色列王亚哈（Ahab）的妻子，以残忍、无耻而著称。

分为三。

679年夏天，威尔弗里德第二次来到罗马，但这次他是为自己受到的不公平对待向教皇申诉。教皇阿加托（Agatho）和罗马附近50多名主教都认为威尔弗里德是无辜的，他们一致判定：恢复威尔弗里德的主教管区，剥夺博萨、伊塔和埃德赫德的主教权利；然后，威尔弗里德可以在约克召开一次会议，挑选助理主教，并由西奥多大主教负责为他们举行授职仪式，此前被他任命的主教（即博萨等三人）则一律罢黜。① 但是，当威尔弗里德带着上述裁决的副本以及一份证实赫克瑟姆、里彭这两座修道院为他所有的教皇文件返回后，埃格弗里思断言它们是威尔弗里德通过行贿取得的，而且，由于拒绝认罪，威尔弗里德被国王下令囚禁在不列颠人以前的领地邓巴（Dunbar），并一度被戴上镣铐。后来，虽然由于科尔丁厄姆修道院院长埃巴等人的调停，威尔弗里德被解除了羁押，但他仍被逐出诺森伯里亚，直到埃格弗里思在685年兵败被杀后才得以返回。

（三）与奥尔德弗里思国王的矛盾

斯蒂芬斯记载说，在686年，威尔弗里德从埃格弗里思的继承人奥尔德弗里思国王那里重新获得了约克教区，并收回了赫克瑟姆和里彭这两座修道院。但最近的研究表明，这是不可能的。因为在随后的几年中，前述在威尔弗里德被免职后管理德伊勒的博萨仍被称作约克主教，而且，直至705年去世前他一直持有该教区。与此同时，威尔弗里德返回诺森伯里亚后，林迪斯凡恩教区也继续存在，且威尔弗里德在卡思伯特主教去世（687年）后还接管了该教区一年。事实可能是，奥尔德弗里思仅将上述两座修道院发还给了威尔弗里德，但诺森伯里亚教会一分为三的局面仍维持不变。

对此，威尔弗里德显然不满意。因此，在西奥多大主教去世（690年9月19日）后，他在奥尔德弗里思国王面前旧事重提，要求归还自己以前的庞大教区，但后者拒绝了他的要求，并在691年再次驱逐了威尔弗里德。

接下来的11年，威尔弗里德一直待在麦西亚，国王埃塞尔雷德将他奉为座上宾，不仅让他管理莱斯特教区，还帮他在各地建造修道院。即便如

---

① 转引自李隆国《教诲和谐：从对主教威尔弗里德事件的叙述看比德的写作特色》，《世界历史》2010年第6期。

此，威尔弗里德仍想着恢复自己在诺森伯里亚的财产，并在 7 世纪末再次把这件事诉至罗马，尽管他这次并没有亲自前往。702 年，受教皇塞厄吉斯一世（Sergius Ⅰ）之命，奥尔德弗里思国王召集相关人士在诺森伯里亚南部边界的奥斯特菲尔德（Austerfield）开会。除了威尔弗里德和坎特伯雷大主教布里特沃尔德，参会的还有英格兰的大多数主教以及数名由威尔弗里德建造的修道院的院长。斯蒂芬斯记载说，起初，大主教和国王提议威尔弗里德交出他在诺森伯里亚和麦西亚的所有财产，但遭到反对；随后，他们同意威尔弗里德保留里彭那座献给圣彼得的修道院，前提是他必须立下书面保证，同意将自己的活动限制在修道院以内并停止行使一切主教职责，威尔弗里德对此进行了激烈的抗议。最终，威尔弗里德被免去了主教职务，并第三次被逐出诺森伯里亚。

威尔弗里德再次前往对他友好的麦西亚宫廷。在他的那些修道院进行了斋戒和祈祷的准备之后，威尔弗里德开始了他的第三次也是最后一次罗马之旅，尽管此时他已经 70 岁了。经过反复审理，最终，教皇约翰六世（John Ⅵ）宣布威尔弗里德是无罪的，还重申了阿加托教皇之前做出的相关裁决，并命令坎特伯雷大主教布里特沃尔德召集一次会议来解决这件事，麦西亚国王埃塞尔雷德和诺森伯里亚国王奥尔德弗里思则负责执行教皇们的判决。①

但是，当带着教皇写给大主教和上述两位国王的信返回时，威尔弗里德发现自己的好朋友埃塞尔雷德国王已遁入巴德尼修道院。奥尔德弗里思对威尔弗里德的恳求不胜其烦，他甚至拒绝讨论与威尔弗里德有关的任何事情。不久，即 705 年底，这位学者型国王去世了。奥尔德弗里思的继承人埃德伍尔夫（Eadwulf）也不想改变诺森伯里亚教会的既定局面，他对威尔弗里德派来的使节说："除非六天之内离开我的王国，否则一旦被抓住，我的士兵会处死你。"② 但不久，埃德伍尔夫自己即遭驱逐，被奥尔德弗里思年仅 8 岁的儿子奥斯雷德取代。在此期间，坎特伯雷大主教布里特沃尔德顺从教皇约翰的命令，在尼德（Nidd）召开会

---

① C. J. Godfrey. *The Church in Anglo-Saxon England*, p. 145.
② 转引自李隆国《教诲和谐：从对主教威尔弗里德事件的叙述看比德的写作特色》,《世界历史》2010 年第 6 期。

议。出席此次会议的人数远不如前述奥斯特菲尔德会议多，事实上，布里特沃尔德是唯一一位与会的英格兰南部主教。很可能，大多数人此时对威尔弗里德有些厌烦了。在麦西亚国王琴雷德、惠特比女修道院院长埃尔弗莱德等人的支持下，威尔弗里德得到了赫克瑟姆教区，并收回了里彭修道院以及他在麦西亚和诺森伯里亚的全部财产。4 年后，威尔弗里德在昂德尔（Oundle）的圣安得烈修道院病逝，阿卡（Acca）接替他管理赫克瑟姆教区。比德说阿卡"无论在凡人还是在天主的心目中，都是一位富有勇气、行为高尚的人物"[1]，但在 732 年，阿卡被赶出他的教区，具体原因不得而知。[2] 不过，可以确定的是，阿卡是威尔弗里德的追随者之一，曾陪同他一同去过罗马。

除了过分介入王室家庭内部事务，高调炫耀的生活方式引发诺森伯里亚国王的不满和妒忌，显然，对诺森伯里亚教会最高权力以及巨额财富的执着追求，也是威尔弗里德一生坎坷的重要原因。

"威尔弗里德事件"表明，由于盎格鲁-撒克逊王权的庇护，到 7 世纪末，基督教作为一股强大的力量已经在英格兰这片土地上牢固地扎根，且十分富有，一些高级神职人员也开始在王国政治事务中抛头露面。比德记载说，特伦特河战役（679 年）结束后，坎特伯雷大主教西奥多的调停彻底平息了诺森伯里亚人与麦西亚人之间一场大规模的危险的冲突。[3] 而在诺森伯里亚 8 世纪复杂的王权争夺战中，我们也经常能看到那些掌控着庞大资源的教职人员的身影。例如，由于威尔弗里德、惠特比修道院女院长埃尔弗莱德等的帮助，奥斯雷德从埃德伍尔夫那里夺回了王位。[4] 750 年，埃德伯特国王派人包围林迪斯凡恩，并将基内伍尔夫（Cynewulf）主教监禁于王都班堡中，因为他为一个叫奥法的王子提供庇护。[5] 阿尔昆的信则表明，约克大主教伊恩博尔德二世窝藏国王的各类政敌及其武装随从，因而招致了厄德伍尔夫国王的巨大敌意。[6]

---

① 〔英〕比德：《英吉利教会史》，第五卷第 20 章。
② C. J. Godfrey. *The Church in Anglo-Saxon England*, p. 258.
③ 〔英〕比德：《英吉利教会史》，第四卷第 21 章。
④ Barbara Yorke. *Kings and Kingdoms of Early Anglo-Saxon England*, pp. 86, 88.
⑤ Ibid, pp. 89, 93.
⑥ *English Historical Documents, 500-1042*. D. Whitelock（ed. and trans.），nos. 795-797.

第二节　坎特伯雷大主教与盎格鲁-撒克逊
王权的冲突与调适

如前所述，坎特伯雷教会在英格兰宗教界地位独特，它历史最久远、最富裕，其主教是公认的英格兰教会的领袖，受其管辖的主教人数也远超约克主教。坎特伯雷主教也是罗马教皇在英格兰的代表，是英格兰教会与罗马教会的中间人。坎特伯雷教会与盎格鲁-撒克逊王权的关系具有典型性，诚如一些学者指出的那样，它们二者的互动"往往反映了教权与王权的关系"。①

一　与麦西亚王权的冲突

在盎格鲁-撒克逊人建立的王国中，肯特是最早皈依基督教的，那里的世俗王权与教会间的联盟"坚如磐石"。② 在 597—762 年，肯特国王保留了他们对王国内地产的自由处置权，并提供了一个相对稳定的政治环境，在此期间，坎特伯雷教会不仅地位稳固，且由于肯特王室的慷慨捐赠变得十分富有。

但到布里特沃尔德大主教弥留之际（731 年），英格兰的政治格局发生了重大变化——麦西亚取代诺森伯里亚，称霸亨伯河以南地区。比德记载说，在他于 731 年完成《英吉利教会史》时，"所有那些亨伯河沿岸的王国及其诸王，均臣服于（麦西亚国王）埃塞尔博尔德"。③ 但麦西亚是一个内陆王国，没有港口。虽然经牛津进入汉姆威克（Hamwic）是一条途径，但这远远不够。因此，埃塞尔博尔德等麦西亚国王日益认识到，控制肯特对麦西亚人发展贸易至关重要。

时代变迁的一个重要标志是坎特伯雷大主教一职开始由麦西亚人或来自麦西亚属国的人出任。布里特沃尔德的两位继承人——塔特温（Tatwine）、诺瑟赫尔姆（Nothelm）——的当选反映了肯特政治命运的变化。在出任坎

---

① 阎照祥：《英国史》，人民出版社，2003，第 49 页。
② Nicholas Brooks. *The Early History of the Church of Canterbury: Christ Church from 597 to 1066*, p. 75.
③ 〔英〕比德：《英吉利教会史》，第五卷第 23 章。

特伯雷大主教之前，塔特温是莱斯特布里登（Breedon）修道院一位博学的教士，诺瑟赫尔姆则是此时受麦西亚人控制的伦敦的一座教堂中的一位教士。[①] 诺瑟赫尔姆去世后，在 736—740 年管理赫里福德教区的卡思伯特[②] 被调任坎特伯雷大主教，这显然是麦西亚人（或受他们控制的其他地区的人）出任坎特伯雷大主教模式的延续。尽管如此，埃塞尔博尔德国王在肯特的影响仍然非常有限，例如，他无权处置肯特的地产，只能赐赠肯特王国以外的土地给肯特的教堂，或免除它们的船只进出伦敦港时的通行费。

但在奥法统治时期（757—796 年），麦西亚人对肯特的控制逐渐升级。特许状资料显示，764 年，奥法把梅德韦（Medway）河畔伊斯林厄姆（Islingham）一宗大型不动产赠给了罗切斯特主教厄德伍尔夫（Eardwulf），后者则给他一笔数目不详的钱作为报答。[③] 该特许状是在坎特伯雷颁布的，且在场的除了奥法，还有他的一帮麦西亚贵族追随者，为此次土地流转作证的还有一个叫赫伯特（Heahbert）的肯特国王以及他的 4 名平信徒贵族扈从。这是麦西亚国王第一次以自己的名义处置肯特土地。此后，肯特教会要想从其本地统治者那里接受财产，必须先经过麦西亚国王的同意。埃格伯特二世国王在翌年转让罗切斯特的土地给厄德伍尔夫主教的特许状记载说，这次转让得到了肯特国王赫伯特和麦西亚国王奥法的认可。[④] 到 8 世纪 70 年代，奥法在肯特的政策变得更加严厉。在一组被认为形成于 772 年和 774 年的特许状中，奥法在以自己的名义处置这些肯特不动产时完全没有提及任何肯特统治者。[⑤] 据此，我们可以推断，肯特王朝此时已被吞并了。

麦西亚人的扩张遭到了肯特统治者和依附于他们的贵族的痛恨。776 年，他们在一个叫奥特福德（Otford）的地方打败了奥法的军队，埃格伯特二世暂时夺回了对肯特的统治。但肯特人的独立没能持续多久，到 785

---

① C. J. Godfrey. *The Church in Anglo-Saxon England*, p. 259; Nicholas Brooks. *The Early History of the Church of Canterbury: Christ Church from 597 to 1066*, pp. 80–81.

② 有学者认为卡思伯特此前是利明奇修道院院长，参见 *English Historical Documents, 500-1042*. D. Whitelock (ed. and trans.), p. 89, note. 2。

③ *Anglo-Saxon Charters: An Annotated List and Bibliography*. P. H. Sawyer (ed.), nos. 105, 33; Nicholas Brooks. *The Early History of the Church of Canterbury: Christ Church from 597 to 1066*, p. 110.

④ *Anglo-Saxon Charters: An Annotated List and Bibliography*. P. H. Sawyer (ed.), no. 34.

⑤ Ibid, nos. 110–111.

年，奥法重新控制了肯特，之后直至他去世（796 年 7 月 29 日），我们没有再见到任何肯特国王的名字。

奥法在肯特的扩张给坎特伯雷大主教及其所在的共同体带来了比以往更具挑战性和危险性的问题。他们不得不对一位决心亲自统治肯特的麦西亚国王做出回应，后者以肯特的教堂和修道院所有者自居，且奥法对土地的渴望使早期肯特国王赐赠给教堂和修道院的财产处于危险之中。奥法在肯特的野心使大主教及其所在的坎特伯雷教会不顾一切地进入了政治舞台的中心。

（一）大主教詹伯特与麦西亚国王奥法的斗争

我们对詹伯特的前任布雷戈温（Bregowine）大主教的早期职业生涯知之甚少。不过，可以确定的是，布雷戈温的当选发生在肯特暂时脱离麦西亚人控制期间，且他的任期非常短（761—764 年）。詹伯特此前是坎特伯雷圣奥古斯丁修道院院长，他出身于肯特贵族家庭，与肯特王室的关系甚为密切，是埃格伯特二世国王的密友之一，詹伯特一位叫埃尔德亨（Ealdhun）的亲属则是埃格伯特二世的管事。

起初，詹伯特与奥法相处得还不错，他的主教授任仪式（765 年 2 月 2 日）是在奥法的宫中举行的，对他的任命想必获得了奥法国王的认同，后者还在 774 年将海厄姆（Higham）和莱德（Lydd）的两处地产赠给了詹伯特所在的教堂。[①] 但是，奥特福德战役结束后，暂时获得独立的肯特国王埃格伯特二世也将两宗大地产赠给了詹伯特所在的基督教堂，詹伯特的亲属埃尔德亨也获赠了一块地产，并在去罗马朝觐前将它转赠给了基督教堂。因此，奥法开始质疑詹伯特的忠诚。圣奥尔班修道院一位 13 世纪的抄写员马修·帕里斯（Matthew Paris）声称，詹伯特试图联合加洛林国王查理曼反对奥法的统治，说只要查理曼入侵不列颠，他就允许查理曼自由出入坎特伯雷教区。[②]

不论上述传说是否属实，可以确定的是，詹伯特大主教与奥法国王的关系开始急转直下。在重新控制肯特（约 785 年）后，奥法收回了前述坎特伯雷的基督教堂从埃格伯特二世那里获得的三处地产，并将它们分给了

① Anglo-Saxon Charters: An Annotated List and Bibliography. P. H. Sawyer (ed.), nos. 110–111.
② Nicholas Brooks. The Early History of the Church of Canterbury: Christ Church from 597 to 1066, p. 113.

自己的塞恩。① 奥法还没收了罗切斯特的圣安德鲁教堂在 778 年和 779 年
从埃格伯特二世那里取得的两块地产，但在 789 年又将它们物归原主了。②
另外，奥法的前任埃塞尔博尔德国王曾颁发特许状，将库克汉姆
（Cookham）修道院及其大量地产赠给坎特伯雷的基督教堂。虽然它们在埃
塞尔博尔德去世后即被威塞克斯国王基内伍尔夫夺走了，但当奥法在 779
年于本辛顿（Bensington）打败西撒克逊人后，他紧紧抓住上述财产不放，
并在去世前将它们留给了自己的王后基内斯里思（Cynethryth），尽管他们
手中没有这些财产的所有权契据。③

　　除了使坎特伯雷的基督教教堂蒙受巨大的物质损失，詹伯特大主教与
奥法国王的不和也使坎特伯雷教会的精神权威遭受了一次严重的挑战。可
能是受加洛林统治者的启发，奥法也决定在自己还活着的时候让自己的儿
子埃格弗里思涂油为王，以确保麦西亚王位在自己家族中世袭传承。但该
计划遭到詹伯特大主教的反对，在他看来，"该庄严仪式意味着教会对麦
西亚人在肯特的永久统治的认可"，因此他断然拒绝为埃格弗里思举行涂
油仪式。奥法对此的回应是，将受詹伯特管辖的英格兰南部教省一分为
二，以利奇菲尔德为中心建立一个新的离麦西亚王室更近、更易于控制的
大主教区。对此，《盎格鲁-撒克逊编年史》关于 787 年的纪事记载说：
"这年在切尔西开了一次吵吵嚷嚷的宗教会议，詹伯特大主教丧失了一部
分教省，希格伯特（Hygeberht）被奥法国王所选定。埃格弗里思接受涂油
成为国王。"奥法还成功地使教皇哈德良一世相信，建立利奇菲尔德大主
教区是英格兰人的一致愿望，后者则派人给希格伯特送来了象征大主教权
威的披肩，利奇菲尔德大主教区正式建立。根据马姆斯伯里的威廉的记
载，利奇菲尔德大主教区包括利奇菲尔德、伍斯特、莱斯特、林齐和赫里
福德 5 个麦西亚教区，以及邓尼奇和埃尔默姆 2 个东盎格利亚教区，受詹
伯特管辖的教区则只剩下坎特伯雷、罗切斯特、舍伯恩、温切斯特、塞尔

---

① Nicholas Brooks. *The Early History of the Church of Canterbury: Christ Church from 597 to 1066*, p. 112.

② *Anglo-Saxon Charters: An Annotated List and Bibliography.* P. H. Sawyer（ed.），nos. 35, 36 and 130; Nicholas Brooks. *The Early History of the Church of Canterbury: Christ Church from 597 to 1066*, p. 112.

③ *English Historical Documents, 500-1042.* D. Whitelock（ed. and trans.），no. 79, pp. 508-510.

西和伦敦。^① 詹伯特去世后，奥法又将劳斯（Louth）修道院院长埃塞尔赫尔德（Æthelheard）选为继承人。为了贬低坎特伯雷大主教的荣耀和地位，奥法不仅刻意安排希格伯特为埃塞尔赫尔德举行大主教受任仪式，还让他先于埃塞尔赫尔德署证自己颁发的特许状。

不过，从某种意义上讲，切尔西宗教会议的决议也暗示了奥法的失败，因为它是由于"詹伯特和肯特人对他的敌意"而被迫做出的。换言之，奥法无法博得肯特贵族持久的忠诚。虽然埃格弗里思从希格伯特那里接受了涂油，成为国王，但如果为他举行涂油的是教省未遭分割、顺从的詹伯特，那么这将意味着他的王位继承权得到了亨伯河以南所有教会的公认。因此，切尔西会议可能标志着奥法收回了部分他那不切实际的野心。

（二）大主教伍尔夫雷德与麦西亚国王琴伍尔夫的斗争

如前所述，奥法去世后，肯特人曾短暂夺回了统治权，亲麦西亚王权的埃塞尔赫尔德大主教出于安全考虑逃回埃格弗里思的宫中寻求庇护。埃格弗里思在位仅 141 天就去世了，他的继承人琴伍尔夫彻底消灭了肯特王室。为了加强对肯特的控制，琴伍尔夫国王努力改善与坎特伯雷教会的关系。

首先，继位后不久，琴伍尔夫即派人给教皇利奥三世送信，请求后者撤销利奇菲尔德大主教区。似乎从 797 年起，撤销利奇菲尔德大主教区这件事的讨论就已经开始了。约在 798 年，林齐主教埃德伍尔夫（Eadwulf）向埃塞尔赫尔德大主教递交了一份信仰表白书，发誓自己将永远谦卑和毫无保留地顺服他及其继承人，埃德伍尔夫还催促其同僚全部接受坎特伯雷教会的指导，因为这是"蒙主祝福的"大格雷戈里教皇的"命令"。^② 约 3 年后，另外两名隶属于利奇菲尔德大主教的主教，即邓尼奇主教蒂德弗思（Tidferth）和赫里福德主教伍尔夫赫尔德（Wulfheard）也向埃塞尔赫尔德递交了类似的声明。这表明，建立利奇菲尔德大主教区在当时并不是受人欢迎的，许多其他主教对奥法这种强行分割坎特伯雷教省的做法持反对态度。琴伍尔夫此举则是在顺从民意。当然，由于埃塞尔赫尔德同情麦西亚

---

① Nicholas Brooks. *The Early History of the Church of Canterbury: Christ Church from 597 to 1066*, pp. 118–120.

② *Councils and Ecclesiastical Documents Relating to Great Britain and Ireland* Ⅲ. A. W. Haddon and W. Stubbs（eds.）, p. 506.

王权，这使一个单独的麦西亚大主教辖区成为不必要。于是，803 年 10
月，在克罗费肖宗教会议上，利奇菲尔德大主教区被正式废除。

　　不过，值得注意的是，在写给教皇利奥三世的信中，琴伍尔夫国王试
图说服罗马教廷将英格兰南部教省的中心从坎特伯雷转移至伦敦，"在整
个英国教会历史上，除了 17 世纪英联邦时期，这可能是唯一一个危及坎特
伯雷大主教区存在的时刻"①。从表面上看，在伦敦建立大主教区是将教皇
大格雷戈里最初的计划付诸实施，且到此时为止英格兰南部教省的宗教大
会通常是在伦敦教区内的某个近便之地，如赫特福德、哈特菲尔德、布伦
特福德、切尔西、伦敦等地举行，但很明显，琴伍尔夫此时提出"伦敦方
案"是基于其政治利益的考虑——伦敦自埃塞尔博尔德统治时期起就受麦
西亚人的控制，将英格兰南部教省的中心转至这里将为麦西亚国王插手英
格兰南部教会事务提供更多的便利，进而提升其在亨伯河以南地区的影响
力。这不禁让人联想起 14 世纪的"阿维尼翁之囚"②。但琴伍尔夫国王的
动议遭到了利奥教皇的断然拒绝。③ 利奥的拒绝让人感到意外，也可能是
令人遗憾的。因为无论是从政治影响、地理位置，还是从经济状况来看，
伦敦显然更适合作英格兰南部教省的首府。但如果考虑到自奥古斯丁在
601 年被授任为大主教起，坎特伯雷作为英格兰南部教省的中心，此时已
有近 200 年的历史，那么，我们可以将利奥的决定理解为对传统和既定历
史事实的尊重。另外，琴伍尔夫的计划可能也招致了肯特主教和其他地方
主教们的反对，特别是正在崛起的将与麦西亚人争夺霸权的西撒克逊人，
他们肯定不希望大主教受到麦西亚国王更加严密的管控。不管怎样，"坎
特伯雷大主教区是英国历史上最令人惊讶的误会之一，它同时见证了英格
兰人的实用主义和保守主义"④。此后，除了在贝克特任大主教时期伦敦主
教吉尔伯特·福里奥（Gilbert Foliot）旧事重提，坎特伯雷作为英格兰南部
教省首府的地位再没有受到过严重的威胁。

---

① C. J. Godfrey. *The Church in Anglo-Saxon England*, p. 267.
② 14 世纪初，克莱蒙五世当上教皇，他是自中世纪以来第一位法国籍教皇。为了能控制住
　教廷，在法王的支持下，克莱蒙五世把教廷迁往南法的小镇阿维尼翁，之后几任教皇在
　那里驻扎了将近 70 年之久，直到 1378 年教皇才迁回罗马，史称"阿维尼翁之囚"。
③ *English Historical Documents, 500–1042*. D. Whitelock（ed. and trans.），no. 205.
④ Nicholas Brooks. *The Early History of the Church of Canterbury: Christ Church from 597 to 1066*,
　p. 1.

前述林齐主教埃德伍尔夫向埃塞尔赫尔德递交的信仰表白书，是已知的第一份向坎特伯雷大主教表白其信仰和忠顺的历史文件。之后，英格兰南部教省新当选的主教向坎特伯雷大主教递交此种书面声明成为一项惯例。差不多从这时起，坎特伯雷的大主教座堂将自己收到的一系列主教表白书登记在册。① 据统计，在 798 年之后的一个世纪里，坎特伯雷的基督教堂共保存了近 30 份这类文件。在以后的争议中，这些被仔细保管起来的文件为坎特伯雷主教捍卫自己在英格兰教会中的至高地位提供了有力的证据。这样，英格兰政治和教会史上一个非同寻常的事件正式结束了。由于肯特人的排他主义以及出于对英格兰教会之父——教皇大格雷戈里和圣奥古斯丁的尊重，麦西亚国王调整英格兰教会结构以满足其政治利益的企图最终以失败而告终。

其次，由于琴伍尔夫国王的协助，坎特伯雷的基督教堂收回了那些被奥法没收或"无证"霸占的地产。例如，在 798 年于克罗费肖举行的一次宗教会议上，埃塞尔赫尔德人主教与奥法的遗孀基内斯里思达成协议：基内斯里思继续持有库克汉姆修道院，但作为补偿，她要割让 3 处肯特不动产（共计 110 海德）给大主教座堂。② 到 799 年，通过向琴伍尔夫累计支付 100 曼库西，埃塞尔赫尔德帮助坎特伯雷的基督教堂收回了前述被奥法没收的 3 处肯特大地产。100 曼库西明显低于这些地产当时的市场价，且它们当时已被奥法分发给了自己的塞恩，这表明，为了帮助埃塞尔赫尔德大主教恢复这些财产，琴伍尔夫要么不惜使自己与这些麦西亚贵族为敌——将他们从其中强行逐出，要么自己先花钱将它们买下，再低价卖给坎特伯雷的基督教堂。

最后，在确定伍尔夫雷德为埃塞尔赫尔德大主教的继承人这一问题上，琴伍尔夫在一定程度上尊重了坎特伯雷教会的意愿。伍尔夫雷德是埃塞尔赫尔德大主教晚年时的一位大助祭，在威格哈德于 667 年或 678 年被选为坎特伯雷大主教之后一个多世纪里，他是第一位受任大主教的来自坎特伯雷的基督教堂的成员。阿尔昆曾在 797 年写信给大主教埃塞尔赫尔德，催促他改革坎特伯雷的基督教堂，以便日后可以从中找出一

① *English Historical Documents, 500-1042*. D. Whitelock（ed. and trans.），p. 628.

② Ibid, no. 79, pp. 508-510.

位能胜任大主教之人。① 因此，伍尔夫雷德在 805 年埃塞尔赫尔德去世后 3 个月内当选并在该年年底前就被正式授任大主教之职，这的确是坎特伯雷教会自身选择的结果。不过，虽然琴伍尔夫照顾了坎特伯雷教会共同体的意愿，而没有将目光放在麦西亚教会的修道院院长或神职人员的身上，但他也不可能给予他们那么大的自由，选择一位像詹伯特那样的肯特王族成员出任坎特伯雷主教一职。特许状资料显示，伍尔夫雷德的老家不在肯特，他的亲属沃赫德（Werhared）的祖业位于哈弗斯（Haves），他自己在那里也持有地产。② 因此，伍尔夫雷德很可能出自米德尔塞克斯一个尊贵的贵族家庭，而该地从埃塞尔博尔德统治时期起就受麦西亚人的控制了。

即便如此，后来的事实表明，伍尔夫雷德大主教与琴伍尔夫国王相处得并不顺利。有迹象显示，早在 808 年，他们之间的关系就出现了裂痕。教皇利奥三世在该年写给加洛林国王查理曼的一封信中提到："琴伍尔夫还没有与他的大主教和解。"③ 但可能由于教皇或皇帝的调停，他们似乎很快又和好了：伍尔夫雷德在 809—815 年与琴伍尔夫进行了多宗地产交易。但到任期的中后期，伍尔夫雷德与琴伍尔夫又发生了激烈的争吵，他的名字没有出现在后者在 817 年之后数年里颁发的特许状中这一事实清楚地证明了他们间的紧张关系。关于这场争吵的起因，有学者指出，"在本质上，这场争吵的根本原因与设立利奇菲尔德大主教区背后的根源是一致的，即麦西亚国王对坎特伯雷大主教的猜忌，后者的权势太大，不讨国王们的喜欢"④。但综合各方面的证据来看，矛盾是由伍尔夫雷德毫不妥协地推进改革所直接导致的。

伍尔夫雷德是一位具有激进改革思想的大主教。他先是将梅茨（Metz）主教克劳德贡（Chrodegang）约于 760 年采用的一种共同遵守的半隐修生活方式引入自己所在的坎特伯雷的基督教堂，以更好地管理他直接

---

① *English Historical Documents, 500-1042.* D. Whitelock (ed. and trans.), no. 203.

② Nicholas Brooks. *The Early History of the Church of Canterbury: Christ Church from 597 to 1066*, pp. 140-142.

③ *Councils and Ecclesiastical Documents Relating to Great Britain and Ireland* Ⅲ. A. W. Haddon and W. Stubbs (eds.), p. 563.

④ C. J. Godfrey. *The Church in Anglo-Saxon England*, p. 269.

领导的神职人员。816 年，伍尔夫雷德召集自己大教区内的所有重要神职
人员在切尔西开会，制订了一些旨在增强主教对其辖区内那些私人建造的
修道院权威的措施，① 如第 4 条规定"每一位主教都有权选择自己教区内
的修道院院长和女院长"，并补充说"且这需要经过该宗教共同体的同意
和协商"；第 8 条则允许主教干预修道院的财产。

但早在 672 年英格兰第一次宗教大会颁布的教规就已明确规定："禁
止任何主教以任何方式扰乱正式奉献给上帝的修道院，或从这些修道院中
强行拿走它们的任何财产"（第 3 条）。② 而且，许多修道院设法从教皇那
里取得了使它们免受主教权威管辖的特权证书。例如，比德记载说，在赫
克瑟姆教区建立几年后，韦尔茅斯、贾罗修道院院长切奥尔弗里德（Ceol-
frid）派人去罗马，从教皇塞厄吉斯一世那里获得了教皇阿加托许给本尼
迪克·比斯科普的那种保护修道院的特权，并在宗教会议上得到了当时的
国王和主教们的公开认可。③ 在伍尔夫希尔统治时期，米兹汉姆斯特德修
道院也从教皇维塔利安那里获得了一份诏书，批准它所取得的各项权力；
埃塞尔雷德国王则派威尔弗里德主教前往罗马，请求教皇阿加托以诏书和
祝福认可了他的前任们赋予米兹汉姆斯特德修道院的各项特权。④

教皇君士坦丁一世（Constantine Ⅰ）颁给柏蒙西（Bermondsey）和沃
金（Woking）修道院的诏书清楚地体现了当时对主教权力的限制："我们
宣布，主教……只有任命被上帝的仆人组成的共同体选中者为神父或执事
的权力……同样地，如果修道院院长去世了，主教应授任另一个人来代替
他，此人应从该修道院自己的成员中选出，主教不得违背修道士的意愿而
将一个外人强加于它……总而言之，我们宣布主教应注意去查究那些属于
教规关怀的事情，但与修道院的财产有关的事务应交由修道院院长和该修
道院的其他领导人处理。"⑤ 在 786 年那次有教皇使节出席的英格兰宗教
会议上，平信徒对修道院的主权的问题也被忽略了，会上制订的那些教

① *Councils and Ecclesiastical Documents Relating to Great Britain and Ireland* Ⅲ. A. W. Haddon and W. Stubbs (eds.), pp. 579-585.
② 〔英〕比德：《英吉利教会史》，第四卷第 5 章。
③ 同上，第 399 页。
④ 《盎格鲁-撒克逊编年史》657、675 年纪事。
⑤ 转引自 Nicholas Brooks. *The Early History of the Church of Canterbury: Christ Church from 597 to 1066*, p. 175。

规仅满足于维护那些传统的权威立场，如第 5 条重申，在修道院院长或女院长去世后，应在教区主教的忠告下从该修道院社团中选出一名新院长或女院长，且第 8 条宣称，教皇授予教堂的那些特权应该得到尊重，任何侵害这些特权的文件都必须予以销毁。很显然，使节们是在保护那些享有教皇特权的修道院，使它们免受比德和卜尼法斯此前已设想过的那种来自主教的和世俗的干涉。在 803 年克罗费肖宗教会议上，英格兰教会一致抨击了平信徒对宗教机构的统治权。依照埃塞尔赫尔德大主教从罗马带回的教皇利奥三世的指令，英格兰南部教省所有主教和主要神职人员宣布："从今以后，所有那些曾被虔信者奉献给主的修道院社团决不能冒失妄为地选举平信徒和俗人为自己的主人，来掌管上帝在尘世的这些产业。"① 但由于没有国王和其他平信徒的证言，这样的一项法令可能并没有对英格兰根深蒂固的世俗领主权产生多大的效力。

显然，伍尔夫雷德在 816 年切尔西宗教大会上做出的那些决定太过激进，它们已不再满足于主教那些历史悠久的权力，即确定本教区内新当选的修道院院长或女院长是否适宜和那里的修道院是否遵奉了宗教仪式，转而主张主教有权控制本辖区内修道院的选举，并有权进行直接干涉，以防止教会财产的丢失。这不仅侵犯了包括国王在内的世俗领主们既有的提名推荐其家族修道院的院长或女院长的权力，也将修道院依教规享有的选举自己的院长的权利降到了最低点。通过授予主教在修道院选举中的主动权，伍尔夫雷德实际上是在颠倒其传统的角色。而且，虽然这次宗教会议制定的第 8 条教规可能援引了卡尔西顿公会议制定的第 24 条教规，但后者只字未提被英格兰 816 年宗教会议批准的关于主教干预修道院财产这一条。

当将上述激进的改革措施付诸实施的时候，伍尔夫雷德大主教与琴伍尔夫国王之间的冲突就在所难免了。在控制或消灭肯特王室之后，麦西亚国王都以肯特国王的合法继承人自居。例如，埃塞尔博尔德在 742 年和奥法在 792 年都颁发特许状，确认了肯特国王威特雷德授予肯特修道院的上述豁免特权，② 他们也像肯特国王那样将它们交给自己的亲信或亲属管理。

---

① 转引自 Nicholas Brooks. *The Early History of the Church of Canterbury: Christ Church from 597 to 1066*, p. 177。

② *Anglo-Saxon Charters: An Annotated List and Bibliography*. P. H. Sawyer (ed.), nos. 90, 134.

奥法在 785 年将肯特不动产转让给自己一位叫埃尔德伯特（Ealdberht）的塞恩，埃尔德伯特的姊妹希利思里思（Selethryth）稍后则被任命为利明奇和萨尼特这两座肯特王室修道院的院长；琴伍尔夫的一位亲戚坎雷德（Cunred）被任命为圣奥古斯丁修道院院长；琴伍尔夫的女儿昆思里思则任肯特最富裕的萨尼特女修道院的女院长①。不仅如此，奥法和琴伍尔夫国王还设法从罗马教廷那里取得了特许状，以确保他们对那些由自己建造或通过征服而取得的宗教机构的所有权。

因此，在切尔西会议结束后一年内，在关于里卡尔弗和萨尼特这两座肯特王室修道院归属的问题上，伍尔夫雷德就与琴伍尔夫国王发生了激烈的争执。为了维护自己的权益，琴伍尔夫国王派人前往罗马，在教皇帕斯卡尔一世（Paschal I）面前指控伍尔夫雷德大主教，并获得了教皇的支持。虽然我们不知道伍尔夫雷德大主教被起诉的具体罪名是什么，但结果是他约从 817 年起被停职了 4 年。直到 821 年，即琴伍尔夫去世前，双方达成妥协：在该年于伦敦召集的贤人会议上，琴伍尔夫国王答应恢复伍尔夫雷德的大主教职务，并撤销对他的指控，条件是后者向国王支付120 镑罚金并割让恩舍姆 300 海德②的土地，国王还威胁说，如果伍尔夫雷德不答应这些条件，就革除他的大主教职务并将他逐出英格兰。伍尔夫雷德答应了（尽管很不情愿），他提出的条件是恢复其大主教职务，撤回在罗马教廷对自己的那些指控，如果做不到，琴伍尔夫就要退还那120 镑罚金。这场争吵在某种程度上已经平息了。

通过交出一块 300 海德的地产并支付一笔高达 120 镑的罚款，伍尔夫雷德帮助坎特伯雷的基督教堂赢得了对里卡尔弗和萨尼特这两座肯特王室修道院的统治权。伍尔夫雷德对这些修道院行使主权的一个表现是，在822 年接替琴伍尔夫的亲属坎雷德出任圣奥古斯丁修道院院长的可能是坎特伯雷的基督教堂的一位教士，他也是伍尔夫雷德的一位亲属。在 826 年，伍尔夫雷德大主教对萨尼特修道院的控制也得到了明确，因为他在该年用萨尼特的财产交换圣奥古斯丁修道院的土地时，行使的正是它之前的女院

① Nicholas Brooks. *The Early History of the Church of Canterbury: Christ Church from 597 to 1066*, pp. 180–186; Barbara Yorke. *Kings and Kingdoms of Early Anglo-Saxon England*, p. 118.
② 它相当于《末日审判书》中坎特伯雷大主教在肯特持有的全部地产。

长（昆思里思）的权力。①

二　与威塞克斯王权的联盟

麦西亚人丧失对肯特的统治权后，伍尔夫雷德大主教与威塞克斯国王间的关系再次陷入紧张。铸币资料证实了这一点：当埃格伯特国王接管坎特伯雷的铸币厂，并首次以西撒克逊国王的名义发行铸币时，大主教的铸币生产却中断了好几年，直到伍尔夫雷德去世（832 年 3 月 24 日）前才恢复生产。② 麦西亚人在肯特的属王贝尔德雷德赠给大主教座堂的那处位于东茂林（East Malling）的地产也遭没收，伍尔夫雷德大主教在去世前也没能将它收回。事实上，伍尔夫雷德在 825 年以后获得的唯一一块地产位于米德尔塞克斯境内（约 5 海德），它是麦西亚国王威格拉夫在 831 年出于对大主教"精神和世俗两方面的亲切友谊和喜爱"赠给坎特伯雷的基督教堂的。③《盎格鲁-撒克逊编年史》记载说，威格拉夫在卢德卡（Ludeca）于 827 年被杀后继位成为麦西亚人的国王；830 年威格拉夫再次得到麦西亚王国。我们不清楚伍尔夫雷德在麦西亚这次王位争夺战中扮演了何种角色，但再次得到王位的威格拉夫 831 年对坎特伯雷的基督教堂的授与很可能是他想寻求大主教及其所在共同体的支持。

（一）　与威塞克斯王权结盟

836 年，伍尔夫雷德的继承人切奥尔诺思出席了由麦西亚国王威格拉夫主持的宗教大会，这次会议的举办地没有像往常那样选在伦敦教区内，而是位于麦西亚的腹地克罗夫特。可能与同时代许多其他人一样，切奥尔诺思起初对麦西亚人收复肯特抱有很大的希望。不过，到 838 年，切奥尔诺思显然已经调整了自己的政治立场，转而与威塞克斯王权结盟了：该年 11 月 19 日，受命统治肯特的埃格伯特的儿子埃塞尔伍尔夫将一处靠近利明奇的财产赠给了切奥尔诺思；埃塞尔伍尔夫和埃格伯特在该年将此前被他们没收的位于东茂林的那块地产发还给了坎特伯雷的基

---

① *Anglo-Saxon Charters: An Annotated List and Bibliography*. P. H. Sawyer (ed.), no. 1267.

② C. E. Blunt, C. S. S. Lyon and B. H. H. Stewart, "Coinage of Southern England 796–840,"*British Numismatic Journal* (32), 1964, p. 42.

③ *Anglo-Saxon Charters: An Annotated List and Bibliography*. P. H. Sawyer (ed.), no. 188.

督教堂；约在同一年，埃塞尔伍尔夫将威尔德（Weald）树林与罗姆尼沼泽（Romney Marsh）之间的一宗地产赠给了坎特伯雷的基督教堂。① 而且，有趣的是，坎特伯雷的基督教堂此前在获得捐赠后通常会支付一定数额的铸币作为报答，但记载上述 3 处财产转让的特许状完全没有提及此事。在肯特王室修道院的归属问题上，切奥尔诺思同意将它们置于其所在教区的主教和威塞克斯国王的共同控制之下。这显然是一个巨大的让步。因为如前所述，早在 803 年克罗费肖宗教会议上，埃塞尔赫尔德大主教与南部教省的其他主教就已经抨击过平信徒控制修道院的现象。而且，伍尔夫雷德大主教在 816 年切尔西宗教会议上颁布的改革措施及其实施，使他与麦西亚国王发生了激烈的冲突，并付出惨重的代价才取得对它们的控制。

埃格伯特和埃塞尔伍尔夫希望获得大主教对其家族统治的支持，关于这一点，我们可从他们归还东茂林那处地产时附加给大主教的条件得知："我们以及我们的后嗣从今往后能够得到上述大主教，即切奥尔诺思及其所有继承人的坚固的、连续的友谊；在我们所有人需要的时候，我们自己以及我们的遗产和继承人（无论其中的哪一个合乎天主的意愿而被选为继承人）能永远得到上述教会同样的、没有任何不情愿的庇护和保护。"② 而面对维京人日益严重的入侵，切奥尔诺思显然也已经意识到，为了生存下去，教会必须与积极抵抗维京人入侵的西撒克逊统治者合作，因为只有权力才能为他们提供保护。

不论是什么原因，由切奥尔诺思大主教开始的坎特伯雷教会与西撒克逊王权的合作，为双方带来了一段总体上更为愉快的时光。

923 年 8 月 2 日，普莱格蒙德大主教在坎特伯雷逝世，埃塞尔赫尔姆被任命为他的继承人。值得注意的是，在被提拔之前，埃塞尔赫尔姆已是威尔士主教，这开创了一个先例，即从埃塞尔赫尔姆开始一直到诺曼征服前，除了埃塞尔诺思，所有坎特伯雷大主教都是从英格兰南部其他现有主教中调任的。威塞克斯国王拒绝任用在坎特伯雷的基督教堂接受训练的肯

---

①　*Anglo-Saxon Charters: An Annotated List and Bibliography*. P. H. Sawyer（ed.），no. 1438.

②　Nicholas Brooks. *The Early History of the Church of Canterbury: Christ Church from 597 to 1066*, p. 146.

特神职人员为大主教，可能是担心他们像 8 世纪后半期和 9 世纪初的大主教那样成为对抗西撒克逊王权的地方力量的代表。① 而且，随着统治疆域的扩大，远在威塞克斯的西撒克逊国王巡访肯特的次数必定会有所减少。因此，对他们来说，避免像麦西亚国王奥法遇到詹伯特那样具有地方忠诚主义的大主教，而将一名信得过的西撒克逊主教提拔为坎特伯雷大主教，有明显的政治优势。

作为报答，埃塞尔赫尔姆及其继承人竭尽全力协助西撒克逊国王构建了一种由"神命"王权支配的统治秩序，例如，他们为埃塞尔斯坦国王的登基典礼创作了一份具有浓烈宗教氛围的圣礼指南。埃格弗里思在 787 年接受涂油礼时采用了何种仪式仍然是个未知数。有学者指出，英格兰现存最早的指导国王登基典礼的《圣务指南》可能是保存在 10 世纪早期《利奥弗里克祈祷书》（*Leofric Missal*）中的那份祈祷文清单，最早使用该指南的是威塞克斯国王埃塞尔伍尔夫，他的登基典礼就是由切奥尔诺思大主教主持的。② 埃塞尔斯坦加冕登基时使用的是第二版《圣务指南》，③ 它除了也为王后祝圣，还授予国王以新的王权象征物——一项真正的王冠，

① Nicholas Brooks. *The Early History of the Church of Canterbury: Christ Church from 597 to 1066*, pp. 128 and 212.
② Janet L. Nelson, "Ritual and Reality in the Early Medieval Ordines, "*Politics and Ritual in Early Medieval Europe*. Janet L. Nelson(ed.), pp. 329-339, at p. 331; Janet L. Nelson, "The Second English *Ordo*, "*Politics and Ritual in Early Medieval Europe*. Janet L. Nelson (ed.), pp. 361-374, at p. 361; Janet L. Nelson, "The Earliest Royal *Ordo*: Some Liturgical and Historical Aspects, "*Authority and Power: Studies in Medieval Law and Government Presented to Walter Ullmann*. B. Tierney and P. Linehan (eds.), pp. 29-48.
③ 该指南仅存于 10 世纪晚期之后的手稿作品中，而且，学者对它首次使用的场合有争议。起初，纳尔逊教授认为，长者爱德华国王在 900 年圣灵降临节的加冕礼第一次使用了该指南，见 Janet L. Nelson, "The Second English *Ordo*," *Politics and Ritual in Early Medieval Europe*. Janet L. Nelson (ed.), pp. 361-374, at pp. 365-366，但她后来修正了自己的观点，认为埃塞尔斯坦国王的加冕典礼为该仪式首次使用的场合，见 Janet L. Nelson, "The First Use of the Second Anglo-Saxon Ordo," *Myth*, *Rulership*, *Church and Charters*. Julia Barrow and Andrew Wareham (eds.), London: Ashgate Publishing Limited, 2008, pp. 117-126, at pp. 123-125。帕特里克·沃莫尔德教授一直坚信，最有可能首次使用第二版《圣务指南》的是埃塞尔斯坦国王在 925 年的登基礼，见 Patrick Wormald. *The Making of English Law: King Alfred to the Twelfth Century I*, *Legislation and its Limits*, p. 447, n. 114。尼古拉斯·布鲁克斯教授指出，第二版《圣务指南》是为长者爱德华国王或者埃塞尔斯坦国王的加冕典礼而创作的，见 Nicholas Brooks, "The Cathedral Community at Canterbury, 597-1070," *Anglo-Saxon Myths*: *State and Church*, *400-1066*. Nicholas Brooks (ed.), pp. 101-154, at p. 129。

而非传统的头盔。① 而且，除了王冠，埃塞尔斯坦获得的王权标志物还有一枚戒指、一柄权杖和一把宝剑。② 在此之前，国王们也佩戴戒指并将它们赠给自己的随从，以回报他们的忠诚，但在第二版《圣务指南》中，授予戒指的仪式被说成是国王接受"基督教的缔造者"的职责的象征，宝剑则被着重描述为一种防御工具，以"怜悯地帮助孀妇孤儿并修复那些荒芜之地"。从萨顿胡 1 号墓中出土的那块巨大的磨刀石通常被解释为权杖，③它旨在使国王"能够明白怎样使人平和、怎样使恶棍害怕、怎样教导误入歧途之人、怎样伸手帮助跌倒之人"。这样，在第二版《圣务指南》中，由于戒指、宝剑和权杖的加入，国王登基礼的宗教性增强了，而在这之前，它仅是一份祷词清单。④ 其中，戒指和宝剑代表国王的世俗权威，权杖则是国王与基督关系的一个象征，即公正的统治者。⑤

　　"准备不足者"埃塞尔雷德的统治漫长但很不成功，在选拔坎特伯雷大主教这一问题上，他表现得很谨慎和保守。埃塞尔加（988—990 年）、西吉里克（Sigeric，990—994 年）、埃尔弗里克、埃尔夫赫亚克、埃尔夫斯坦·利芬（Ælfstan Lyfing，1013—1020 年）5 位大主教的任期都很短暂，他们不是破坏现状的人，但也不能为教会提供强有力的领导。从现存的他们为王室文书做的证言来看，他们似乎经常出席埃塞尔雷德国王的法庭，但我们对他们所提出的建议知之甚少，相反，摘录、收集法律和与教会有关的文本并将埃塞尔雷德国王的法令形成文字的主要是约克大主教伍尔夫斯坦。

　　克努特继任英格兰国王时，刚皈依基督教。作为一名外来统治者，他比自己的任何一位前任都更需要获得教会特别是坎特伯雷大主教的精神支持。在使克努特的统治合法化方面，教会的重要性显而易见。在温切斯特

① Sarah Foot. *Æthelstan: The First King of England*, p. 157; Catherine E. Karkov. *The Ruler Portraits of Anglo-Saxon England*. Woodbridge: the Boydell Press, 2004, p. 67.
② Janet L. Nelson, "The First Use of the Second Anglo-Saxon *Ordo*," *Myth, Rulership, Church and Charters*. Julia Barrow and Anderw Wareham (eds.), pp. 117 - 126, at pp. 124 - 125; Sarah Foot. *Æthelstan: The First King of England*, pp. 75-77.
③ M. J. Enright, "The Sutton Hoo Whetstone Sceptre: A Study in Iconography and Cultural Milieu," *Anglo-Saxon England* (11), 1983, pp. 119-134.
④ Mary Frances Giandrea. *Episcopal Culture in Late Anglo-Saxon England*, p. 51.
⑤ Catherine E. Karkov. *The Ruler Portraits of Anglo-Saxon England*, p. 86.

新教堂那幅可能是纪念克努特的圣化礼的卷首插图中,克努特从一位天使手中接过了一顶来自基督的王冠,他的王后埃玛(Emma)则接受了一块面纱。[1]

在 1020 年复活节于塞伦切斯特举行的一次会议上,与会者宣读了克努特国王致英格兰人的一封信,阐明了他将成为一名虔诚的基督教国王的意图。[2] 1020 年 6 月 12 日,利芬大主教去世,克努特将埃塞尔诺思提拔为他的继承人,以表达自己对坎特伯雷教会的尊敬。"对基督教堂共同体来说,埃塞尔诺思在 1020 年 11 月 13 日被正式祝圣为坎特伯雷大主教是一大胜利"[3],因为自埃塞尔赫尔姆大主教起直到诺曼征服前,他是唯一一个来自大主教座堂的大主教。与此同时,克努特对教会采取保护和笼络政策,受惠最大的当数坎特伯雷的基督教堂。1023 年,他授权埃塞尔诺思将埃尔夫赫亚克大主教的遗物从伦敦的圣保罗教堂转移至坎特伯雷的基督教堂。[4] 对大主教座堂而言,获得这位新近殉难的圣徒的遗物是一项极为难得的成就。同年,克努特和王后埃玛将圣巴多罗买(St Bartholomew,耶稣十二门徒之一,被钉死在十字架上)的一件圣物(手臂)赠给坎特伯雷的基督教堂,它是王后在 1022 年底或 1023 年初花大价钱从贝内文托(Benevento)大主教那里买来的。[5] 然而,克努特赐赠给坎特伯雷的基督教堂的最重要的礼物是英格兰东南部港口桑威奇以及得自该港口的全部收益。[6] 克努特对修道院的支持也非常慷慨,有民歌如此唱道:"沿河驶来卡(克)努特王,伊利的修士们欢腾歌唱。"[7]

不过,如前所述,克努特去世(1035 年 11 月 12 日)后,英格兰的政

---

① Mary Frances Giandrea. *Episcopal Culture in Late Anglo-Saxon England*, p. 53.

② *English Historical Documents, 500-1042.* D. Whitelock (ed. and trans.), no. 48; *Councils and Synods with Other Documents Relating to the English Church* I, A. D. 871-1204. D. Whitelock, M. Brett and C. N. L. Brooke (eds.), no. 60; Patrick Wormald. *The Making of English Law: King Alfred to the Twelfth Century I, Legislation and its Limits*, pp. 347-348.

③ Nicholas Brooks. *The Early History of the Church of Canterbury: Christ Church from 597 to 1066*, p. 288.

④ 《盎格鲁-撒克逊编年史》1023 年纪事。

⑤ Nicholas Brooks. *The Early History of the Church of Canterbury: Christ Church from 597 to 1066*, p. 290.

⑥ 《盎格鲁-撒克逊编年史》1031 年纪事;*Anglo-Saxon Charters: An Annotated List and Bibliography.* P. H. Sawyer (ed.), no. 959。

⑦ 转引自〔美〕朱迪斯·M. 本内特、C. 沃伦霍利斯特《欧洲中世纪史》,第 141 页。

治被王位继承问题所困扰。作为英国教会领域最重要的人物和国王的祝圣者，坎特伯雷大主教不得不在对英格兰王位提出要求的丹麦人、英格兰人、挪威人和诺曼人之间做出艰难的抉择，这使英格兰王权与教会间的联盟受到了严峻的考验，大主教与国王之间密切合作的时代也走向了终结。例如，埃塞尔诺思大主教坚持认为，克努特与"准备不足者"埃塞尔雷德国王的遗孀埃玛所生的哈撒克努特才是英格兰王位的合法继承人，因此，在克努特与埃尔夫吉富（Ælfgifu）的"私生子"哈罗德于 1037 年被正式推举为英格兰国王后，他拒绝为哈罗德涂油，并把王权的象征物——王冠和权杖等置于坎特伯雷的基督教堂的圣坛之上，禁止任何主教将它们拿走，更不让哈罗德自己带走它们。[①] 作为报复，哈罗德占领了克努特赠给坎特伯雷的基督教堂的桑威奇港，直到自己临终前才归还。1038 年秋天，埃塞尔诺思去世，继任坎特伯雷大主教的是被克努特国王生前大力举荐以支持哈撒克努特的埃德西耶（Eadsige）。虽然哈罗德国王的离世（1040 年 3 月 17 日）缓解了埃德西耶的处境，但他在整个任期内都未能与任何一位英格兰国王建立起稳固的关系：从教皇本尼迪克九世那里取回象征大主教权威的白色羊毛披肩后，埃德西耶的名字出现在了哈撒克努特国王在 1041 年和 1042 年颁发的特许状中，但还未来得及与这位新国王建立起任何卓有成效的关系，哈撒克努特就在 1042 年 6 月 8 日去世了；1043 年复活节（4 月 3 日）在温切斯特，埃德西耶和约克大主教埃尔夫里克一起以盛大的仪式将"申信者"爱德华加冕为国王。[②]

在"申信者"爱德华国王与威塞克斯伯爵戈德温家族的权力斗争中，坎特伯雷大主教一职俨然成了一颗政治足球。1050 年 10 月 29 日，埃德西耶大主教去世，埃尔夫里克被推举为他的继承人。埃尔夫里克此前是坎特伯雷的基督教堂的一位修道士，但他也是戈德温伯爵的亲属，因此，当时正在试图摆脱戈德温家族控制的爱德华国王否决了该提名，并在 1051 年 3 月将这一重要职位授给了瑞米耶日的罗伯特。这是诺曼征服前最后一次将坎特伯雷大主教一职授给一位外国人。罗伯特是爱德华国王从诺曼底带来的朋友，此前已是伦敦主教。罗伯特利用爱德华国王与戈德温家族之间的

---

① *Anglo-Saxon Charters: An Annotated List and Bibliography.* P. H. Sawyer (ed.), no. 959.

② H. R. Loyn. *The English Church, 940-1154*, p. 54.

矛盾，帮助大主教座堂收回了一些被侵吞的教产。不过，罗伯特并没有对爱德华国王表现出绝对的顺从。例如，他拒绝让斯帕罗霍克出任伦敦主教，尽管后者持有盖有国王印玺的信函。[1] 随着爱德华国王与戈德温家族间和解，罗伯特遭抛弃，被迫逃往海外，取而代之的是支持戈德温家族的温切斯特主教斯蒂甘德。在斯蒂甘德任坎特伯雷大主教期间（1052—1070年），除了记载他晋升为大主教的那份王室令状，"申信者"爱德华国王没有对他及其所在的基督教堂赏赐任何东西。

（二）沦为王权的附庸

在 10 世纪前半叶，由于丹麦人在约克建立了异教徒王国，坎特伯雷一度成为英格兰唯一的教省，西撒克逊国王和英格兰国王的登基典礼由坎特伯雷大主教独自主持。例如，埃德威格国王在 956 年的涂油加冕礼是由坎特伯雷大主教奥达独自主持的。这似乎表明，随着西撒克逊王权的扩张，坎特伯雷大主教的权威实际上也随之增长了。对此，有学者指出："如同 10 世纪的兰斯或美因茨大主教，这种对王室受膏仪式的至关紧要的垄断，不仅是某个特定的大主教教区的卓越的一种标志，也是它的进一步的目标。"[2] 但对坎特伯雷大主教而言，这种特殊的荣耀只是昙花一现。因为埃德加国王 973 年在巴斯举行的"帝国"加冕典礼是由坎特伯雷大主教邓斯坦和约克大主教奥斯瓦尔德联合主持的。之后，在正常情况下，英格兰国王的登基典礼均由两位大主教联合主持。

而且，盎格鲁-撒克逊后期法典中有关赔偿的条款提醒我们，在西撒克逊王权增长的过程中，教会逐渐沦为了它的附庸。在阿尔弗雷德统治时期，大主教和其他主教的法律地位已被置于国王之下。例如，在存世最早的盎格鲁-撒克逊法典《埃塞尔伯特法典》中，教会、主教、教士、助祭和牧师的财物被盗，将分别获得 12 倍、11 倍、9 倍、6 倍和 3 倍的赔偿，但如果国王的财物被盗，仅得到 9 倍（与教士相同）的赔偿（第 1、4条）。另外，《伊尼法典》规定，国王和教会的财产被破坏，双方将获得相等的赔偿金，但《阿尔弗雷德法典》规定，如遇类似的冒犯，主教和大主

---

[1] 《盎格鲁-撒克逊编年史》1051 年纪事。
[2] Nicholas Brooks. *The Early History of the Church of Canterbury: Christ Church from 597 to 1066*, p. 207.

教得到的赔偿金分别只有国王的 1/2 和 3/4。在肯特国王威特雷德的法典中，对于破坏保护权（mund）或担保权（borg），主教与国王处在同一层级——都将获得 50 先令的补偿（第 1、3 条）。但到阿尔弗雷德时代，一种新的层级出现了，它给予国王 5 镑补偿，大主教 3 镑补偿，其他主教与郡长齐平，均为 2 镑（第 2 条）。到克努特统治时期，这种层级仍然有效，但它增加了一个与大主教的赔偿数相同的王子层级（第 58—58.2 条）。[1]对闯入国王和主教的经营场所的处罚规定也出现了类似的变化：在早期西撒克逊法律中，那些闯入主教和国王的经营场所的人均被处以 120 先令（第 45 条）的惩罚，但到阿尔弗雷德统治时期，国王获得的赔偿仍为 120 先令，大主教得到的赔偿却降为 90 先令了，其他主教与郡长相同，均为 60 先令（第 40 条）。《阿尔弗雷德法典》中关于搏斗或拔武器的处罚规定则进一步表明了国王的支配地位：如果大主教在场，赔偿金为 150 先令；但如果发生在国王的大厅内，冒犯者的生命将任由国王摆布；主教和郡长的赔偿金均为 100 先令（第 7、15 条）。"准备不足者"埃塞尔雷德国王的第三个法令[2]规定："在国王提交的案子中，保证金为 3 马克（mark）[3]；在伯爵或主教提起的诉讼中，保证金为 12 矿石。"（第 12 条）由于 1 马克相当于 8 矿石，因此，为国王的案子存放的保证金是主教的两倍。在"征服者"威廉一世的法令中，破坏国王在麦西亚地区和平的行为的赔偿金为 100 先令，但违反大主教对这里保护的赔偿金只有 40 先令，其他主教或伯爵只有 20 先令（第 2、16 条）。很显然，在各种补偿性罚款的数额方面，国王已超过大主教。这种罚款和刑罚的分级安排展示了王权的增长，即在关于赔偿的等级金字塔中，大主教从原先一度高于国王降至与王室的某位成员（王子）相等，其他主教则从与国王平等降到低于王子、仅与国王的郡长平等。

---

[1] *English Historical Documents, 500-1042.* D. Whitelock (ed. and trans.), no. 49.

[2] Ibid, no. 43.

[3] 1 马克约合 12 先令 16 便士。

第五章

罗马教会与盎格鲁-撒克逊政教关系

对中世纪西欧各地的教会来说，它们有"两个头"，即罗马教皇和本国国王或皇帝。一方面，盎格鲁-撒克逊人承认并维护罗马教皇乃各基督教王国中之首席主教的地位，他们在欧洲大陆从事的传教活动对基督教教会的未来发展产生了深远的影响。但在另一方面，盎格鲁-撒克逊教会从很早起就表现出了一定的独立意识，其教会事务较少受罗马教廷的控制。

第一节 罗马教会与盎格鲁-撒克逊教会及其王权

在 7 世纪的西欧，只有盎格鲁-撒克逊教会发源于罗马教会。而且，在 7 世纪早期很长一段时间里，坎特伯雷大主教一职都由罗马传教团的成员占据，这在当时的西欧是独一无二的。

在促使盎格鲁-撒克逊人皈依基督教的各种因素中，除了异教信仰的先天不足和基督教自身的适应性，罗马教会的威望也值得一提，去罗马朝觐是盎格鲁-撒克逊国王尊崇罗马教会的一种表现。

一 盎格鲁-撒克逊教会：罗马教会的"女儿"

盎格鲁-撒克逊教会通常被称作罗马教会的"女儿"。[1] 这是因为，在盎格鲁-撒克逊教会建立的过程中，罗马教会起了决定性的作用。一方面，

---

[1] 〔法〕基佐：《法国文明史》（第二卷），第 89 页。

"盎格鲁-撒克逊人皈依基督教主要归功于罗马的直接努力"，[①] 因为在597年抵达英格兰的以奥古斯丁为首的罗马传教团主要是受教皇大格雷戈里的扩张主义教廷的派遣。另一方面，塔苏斯的西奥多改革了盎格鲁-撒克逊教会的组织结构，并使它逐渐统一成为真正意义上的英格兰教会，且他是被教皇维塔利安选中并出任坎特伯雷大主教的。此后，通过授予象征大主教权威的白色羊毛披肩，罗马教廷努力保持与盎格鲁-撒克逊教会的联系。

（一）罗马教皇与盎格鲁-撒克逊教会的建立

在盎格鲁-撒克逊教会早期历史上，有两位罗马教皇至关重要，他们是大格雷戈里和维塔利安。

1. 教皇大格雷戈里

格雷戈里出身显赫，家族中曾有两人出任过教皇，他本人在573年也被提拔为罗马执政官，即总督。不过，受隐修生活的吸引，格雷戈里抛弃了仕途，在574年将全部财产捐献了出来，以修建修道院和救济穷人，并遁入修道院成了一名修道士。579年，格雷戈里以教皇使节的身份驻君士坦丁堡宫廷，直到约586年才返回罗马，任圣安得烈修道院院长。590年，格雷戈里被推选为教皇，是基督教历史上第一位获得该职位的隐修士。

盎格鲁-撒克逊人改信基督教主要源于格雷戈里的直接倡导，比德记载说，"由于他的不懈努力，我们的国家即英吉利才摆脱了撒旦魔力，皈依了基督教"[②]。罗马传教团的首领奥古斯丁是格雷戈里的一位朋友，此前他也是罗马圣安得烈修道院院长，传教团中的其他成员也大部分来自该修道院。格雷戈里有800多封信件留存至今，其中有一小部分（不到4%，且多集中写于596—601年）是关于向英格兰传教的，[③] 从中我们可以管窥他对皈化盎格鲁-撒克逊人的兴趣。例如，格雷戈里在595年9月写信给一个叫坎迪杜斯（Candidus）的教皇使节，让后者购置衣物送给高卢的穷苦人家和英格兰17岁或18岁的男孩，为他们以后献身宗教事业、接受修道

---

① 〔美〕威利斯顿·沃尔克：《基督教会史》，第229页。
② 〔英〕比德：《英吉利教会史》，第二卷第1章。
③ N. J. Higham. *The Convert Kings: Power and Religions Affiliation in Early Anglo-Saxon England*, pp. 63–64.

院训练做准备。①

根据比德的记载，当格雷戈里还是一位执事的时候，他在罗马市场上看到了数名英格兰奴隶，这引发了他对皈化这些"生活于世界边缘……崇拜山石树丛"的民族的兴趣。② 不过，鉴于格雷戈里在 587 年成功地使西哥特国王雷卡尔特（Recared）接受了正统的基督教信仰，并竭力促成巴伐利亚公主西奥德琳达与伦巴第国王的联姻以引导伦巴第人完全放弃阿里乌斯派信仰，我们可将由他发起的这场使英格兰皈依基督教的重大运动解释为他受一种传教的激情的驱使，寻求收获灵魂和期望"增加信徒"。③

不论其动机如何，格雷戈里出任教皇不久后即着手进行使英格兰改信基督教的工作，他致信法兰克统治者和高卢的教会人士，请求他们为奥古斯丁等人的传教工作提供支持。④ 如前所述，格雷戈里似乎也没有忘记不列颠曾是罗马帝国的一部分，因此他建议奥古斯丁在适当的时机以伦敦和约克为中心，建立两个大主教区，但受制于英格兰当时的政治局势和伦敦强大的异教力量，英格兰南部大主教区的中心最终设在了坎特伯雷，而以约克为中心的北方大主教区直到 735 年才正式建立。

"大格雷戈里虽从未踏足不列颠，但却是早期英国历史的核心人物之一"，⑤ 他被尊奉为英格兰人的"使徒"。有趣的是，虽然格雷戈里是罗马教会史上最伟大的教皇之一，但存世的记述其生平的最早传作不是在罗马，而是由英格兰惠特比修道院内一名匿名修士在 704—714 年创作的。此外，在坎特伯雷圣奥古斯丁修道院的中央，有一座纪念大格雷戈里的祭台，而他那本关于主教职责的专题论文《牧灵书》（*Book of Pastoral Care*）在 9 世纪后期也被译成古英语，被英格兰人奉为"灵感和指引的珍贵源泉"。

---

① *English Historical Documents, 500 - 1042.* D. Whitelock （ed. and trans.）, no. 161, p. 790; *Councils and Ecclesiastical Documents Relating to Great Britain and Ireland* Ⅲ. A. W. Haddon and W. Stubbs （eds.）, p. 5.

② 〔英〕比德：《英吉利教会史》，第二卷第 1 章。

③ 〔英〕埃蒙·达菲：《圣徒与罪人：一部教宗史》，第 99 页。

④ 〔英〕比德：《英吉利教会史》，第一卷第 28 章；*English Historical Documents, 500 - 1042.* D. Whitelock （ed. and trans.）, no. 162, pp. 790-791; *Councils and Ecclesiastical Documents Relating to Great Britain and Ireland* Ⅲ. A. W. Haddon and W. Stubbs （eds.）, p. 10.

⑤ C. Warren Hollister. *The Making of England: 55 B. C. to 1399*, p. 39.

2. 教皇维塔利安

教皇大格雷戈里的后继者洪诺留一世对在英格兰传教也很有兴趣。例如，经过他的同意，比林纳斯由住在热那亚的米兰大主教阿斯泰里乌斯（Astrerius）授任为主教，率先前往西撒克逊人中传教。[①] 另外，获知波莱纳斯在英格兰北部取得的成就后，洪诺留一世在634年派人给他送来了一条象征大主教权威的白色羊毛披肩，试图建立约克大教区，但很快被证明此举为时尚早。[②] 不过，在教皇大格雷戈里的继承人中，对英格兰教会影响最大的是维塔利安。虽然我们对维塔利安本人的了解不多，但被他选中出任坎特伯雷大主教的塔尔苏斯的西奥多在很大程度上改变了盎格鲁-撒克逊教会未来的发展方向。

尽管盎格鲁-撒克逊教会在664年惠特比会议结束后步入了发展的快车道，但它仍然受到许多问题的困扰。首先，教会组织混乱。在那些实行主教管辖的地方，主教区的范围与王国的疆域相当，且经常随王国疆域的变化而变动，而在那些受爱尔兰人的传教而皈依基督教的王国中，教区组织几乎不存在。其次，主教人数太少。惠特比会议结束后，林迪斯凡恩主教科尔曼及其追随者被迫离开英格兰，其他主教如坎特伯雷大主教多斯德迪特、接替科尔曼任诺森伯里亚主教的图达以及埃塞克斯主教切德等，则都因664年暴发的大瘟疫去世了。当西奥多最终于669年5月27日抵达英格兰时，坎特伯雷主教一职已经空缺了近5年，麦西亚（它的主教贾路曼在667年前已去世）、威塞克斯、东盎格利亚及肯特的罗切斯特等地的主教职位此时也都出缺了数年。因此，"在惠特比宗教会议结束后的5年里，英格兰教会实际上是一艘没有船长的船"[③]。最后，有些主教是非正式任命的，如威尼花钱取得了伦敦主教一职，查德的主教授任仪式也被认为不符合教规。这些无疑影响了英格兰教会的日常教牧工作。

为了抑制教会水平的衰退，英格兰急需一位能肩负起复兴和改革教会组织和精神生活重任的人物。塔尔苏斯的西奥多就是在这种特殊情况下被

---

① 〔英〕比德：《英吉利教会史》，第三卷第7章。

② 同上，第二卷第17章。

③ C. J. Godfrey. *The Church in Anglo-Saxon England*, p. 127.

选中的。他在 668 年 3 月 26 日被维塔利安教皇亲自授任为坎特伯雷大主教，尽管此时他已经 66 岁高龄了。

比德说西奥多"在修道院院规和教会法规方面训练有素并且精通拉丁语和希腊语"，[①] 后来的事实也证明，这位来自小亚细亚的修道士、学者和哲学家出色地完成了使命：他走遍了岛上盎格鲁-撒克逊各部落居住的地方，在得便的地方任命主教，纠正他所发现的不完美之处并革除不服从命令的主教的职务；他不顾反对，毅然决然地推进盎格鲁-撒克逊教区改革，到他去世时，已有 14 个主教区分布于英格兰的各个王国中；他还召开由所有英格兰主教出席的宗教会议，制定适用于所有教区的教规，将长期以来被欧洲大陆奉行的宗教会议治理模式引入英格兰，正式树立起了坎特伯雷大主教的权威；等等。另外，为解决英格兰神职人员短缺的问题，西奥多在陪伴自己一起前往英格兰的那位非洲籍的意大利修道院院长哈德良（Hadrian）的帮助下，把坎特伯雷建成了一个可与爱尔兰的大修道院学校相匹敌的学术文化中心，帮助英格兰培养了许多本地神职人员。比德说，在西奥多任坎特伯雷大主教期间，英格兰的属灵事业得到了空前大发展，"英吉利人来到不列颠后没有比这更为幸福的时代了：他们的国王英勇无比且笃信基督；所有野蛮民族对他们都望而生畏；人人都专注于新近传来的有关天国的佳音；如果有人想学习《圣经》，随时都可以得到名师指导"。[②] 在改革盎格鲁-撒克逊教会的过程中，西奥多经常采纳罗马教会的惯例，这进一步加强了它同罗马教会间的联系。

（二）努力维持与盎格鲁-撒克逊教会的联系

在 12 世纪初适用于整个欧洲的统一的教会法出现之前，罗马教皇要想知晓意大利以外各地教会的情况非常困难。为解决这一问题，教皇曾向各地派遣自己的代理人，他们的地位高于一切地方教会当局，有权推行任何被认为是必要的改革。如前所述，受教皇哈德良一世派遣，奥斯提亚主教乔治和托迪主教提奥非勒在 8 世纪 80 年代后期曾出访英格兰。他们在坎特伯雷作短暂停留后，分别去了麦西亚和诺森伯里亚。巡访完毕后，他们将英格兰各地主教召集在一起召开了宗教大会，帮助他们制定了改革英格兰

---

① 〔英〕比德：《英吉利教会史》，第四卷第 1 章。
② 同上，第四卷第 2 章。

教会的 20 条法令。① 促使乔治等人访问英格兰的原因不得而知，但乔治等人的访问很重要，因为在诺曼征服以前，他们"是自罗马传教团时代以来唯一访问英格兰的教皇使节"②。事实上，盎格鲁-撒克逊教会与罗马教廷间的联系主要是通过教皇向英格兰新当选的大主教授予披肩来维系的。

从很早开始，教皇常给非常杰出的主教授予披肩的荣誉，它是一条白色的、绣有 4 个紫红色十字的羊毛带子。教皇大格雷戈里不仅挑选了奥古斯丁为自己在英格兰的代理人，还派人给他送去一件披肩，并将它与大主教权威特别联系在一起："我授权您使用这件披肩，目的是使您能任命受您管辖的 12 位主教。"③ 奥古斯丁的继任者贾斯图斯等都收到了从罗马送来的披肩。此后，只有得到披肩才能履行大主教职责这种观念在英格兰扎下了根。以利芬为例。虽然他早在 1013 年就已被"准备不足者"埃塞尔雷德国王提拔为坎特伯雷大主教，但在他从教皇那里领受披肩（1017 年夏天）之前，特许状中仅称他为"主教"或"坎特伯雷主教"，并在署证王室文件时只能列名于约克大主教伍尔夫斯坦之后，他在此期间也不能为英格兰南部其他当选的主教，如伦敦主教埃尔夫威格（Ælfwig）等举行圣职授任仪式。④ 斯蒂甘德在 1052 年被任命为罗伯特大主教的继承人，但他没有教皇授予的披肩。虽然被图斯库鲁姆（Tusculum）家族扶上教皇宝座的本尼迪克十世（Benedict Ⅹ）在 1058 年 4 月给斯蒂甘德送来了一条披肩，但随着图斯库鲁姆家族在罗马的失势，本尼迪克也在 1059 年 1 月被罢黜，这条披肩被认为无效，坎特伯雷大教区的其他主教只好去别处接受授职仪式。威塞克斯伯爵哈罗德和"征服者"威廉在 1066 年先后被推举为英格兰国王后，他们请约克大主教而拒绝由斯蒂甘德为自己举行涂油加冕仪式，因为斯蒂甘德"是未经教皇授权的大主教，唯恐由他主持的加冕礼无效而在日后引起王位纠纷"⑤。可见，英格兰中世纪早期的世俗君主也很看重大主教的权威是通过披肩来体现的这项传统。

---

① Councils and Ecclesiastical Documents Relating to Great Britain and Ireland Ⅲ. A. W. Haddon and W. Stubbs, (eds.), pp. 447–461.

② C. J. Godfrey. The Church in Anglo-Saxon England, p. 263.

③ 〔英〕比德：《英吉利教会史》，第一卷第 29 章。

④ Nicholas Brooks. The Early History of the Church of Canterbury: Christ Church from 597 to 1066, p. 286.

⑤ 刘城：《中世纪欧洲的教皇权与英国王权》，《历史研究》1998 年第 1 期。

约从 7 世纪早期起，在授予披肩之前，教皇还会要求新当选的大主教递交一份"信仰表白"书。① 此外，在 10 世纪以前，除了威格哈德、布里特沃尔德和卡思伯特，新当选的英格兰大主教的披肩都是由教皇派人送来的。② 但是，《盎格鲁-撒克逊编年史》关于 927 年的纪事记载说，坎特伯雷大主教伍尔夫赫尔姆在这年亲赴罗马领取披肩。之后直到中世纪结束，英格兰大主教都必须在当选后的 3 个月内访问罗马领取披肩，成为一项定制。

借助披肩，远在罗马的教皇努力与盎格鲁-撒克逊教会保持联系，并不时关注盎格鲁-撒克逊英格兰的教会事务。其中，他们最为关切的是盎格鲁-撒克逊教会的世俗化问题。747 年在克罗费肖举行的会议是盎格鲁-撒克逊时期英格兰最大的一次宗教会议之一，而推动这次会议召开的主要动力是教皇扎迦利那封要求改革的信。③ 听闻林迪斯凡恩修道院遭异教徒袭击（796 年 6 月 8 日）后，阿尔昆在写给诺森伯里亚国王埃塞尔雷德一世的信中批判了诺森伯里亚王室及其民众的穿着、发式以及奢靡的生活习惯。④ 英格兰教会的这种世俗化在 873—875 年似乎也引起了罗马的关注，教皇约翰八世写信给坎特伯雷大主教埃塞尔雷德和约克大主教伍尔夫希尔（Wulfhere），指出："所有的英国神职人员自愿放弃了他们在为圣格雷戈里举行守夜活动时曾有的世俗习性，并穿着罗马风格的长至脚踝的束腰外衣。我们也建议你们扔掉那些世俗的服饰，像我们在我们神圣的教堂里那样，依照罗马教会的习俗重新用神职人员的祭服包裹住自己的四肢。"⑤ 另外，异教活动在维京人入侵英格兰期间再度活跃，但似乎无人对此采取积

① Wilhelm Levison. *England and the Continent in the Eighth Century: The Ford Lectures Delivered in the University of Oxford in the Hilary Term* 1943. Oxford: Oxford University press, 1946, pp. 20, 73, and 233-240.

② Nicholas Brooks. *The Early History of the Church of Canterbury: Christ Church from 597 to 1066*, p. 80.

③ C. J. Godfrey. *The Church in Anglo-Saxon England*, p. 260.

④ *English Historical Documents, 500-1042*. D. Whitelock（ed. and trans.），no. 193, pp. 842-844, at p. 843; *Councils and Ecclesiastical Documents Relating to Great Britain and Ireland* Ⅲ. A. W. Haddon and W. Stubbs（eds.），pp. 492-495.

⑤ *English Historical Documents, 500-1042*. D. Whitelock（ed. and trans.），no. 221, pp. 880-881, at p. 881; *Councils and Ecclesiastical Documents Relating to Great Britain and Ireland* Ⅲ. A. W. Haddon and W. Stubbs（eds.），p. 264.

极行动。得知这一情况后，早年曾在保加利亚人中传教的教皇福尔摩赛（Formosus）① 致信英格兰国王和众主教，威胁说："听说异教徒的令人憎恶的仪式再次在你们那些地方死灰复燃了，且你们对此竟然'就像不会叫的狗一样'保持缄默，我们已在考虑以分离之剑将你们从上帝的教会的身体中刺出来。"②

二　盎格鲁-撒克逊王权对罗马教会的尊崇

许多迹象表明，除了异教信仰的先天不足和基督教自身的适应性，对以基督教为主要载体的罗马文明的敬仰是盎格鲁-撒克逊国王皈依基督教的另一个重要因素。

18 世纪的历史学家爱德华·吉本指出："在公元 2 世纪，罗马帝国占有地面上最美好的地方，拥有人类中最文明的成分。"③ 罗马文明对蛮族充满了吸引力，他们想模仿、再现、保存它的某些东西。"基督教会承袭了罗马帝国的传统。它作为一个较高层次文明的使者，带着罗马法的威望和罗马名字的权威来到蛮族中间"。④ 如前所述，虽然爱尔兰从未被纳入罗马帝国的版图，但在帕特里克去世一个世纪后，基督教决定性地战胜了那里的异教信仰。关于爱尔兰人皈依基督教的原因，有学者指出："一部分亦因为野蛮人对于罗马及其一切，即在罗马已亡之后，仍有无限的敬仰，好比近世非洲人之所以采纳耶教，一半因为耶教可以代表欧洲的文化。当时之世人把罗马及耶教看作一起。"⑤

移居到不列颠岛上的盎格鲁-撒克逊人知道罗马帝国的过去，这不仅因为那里有大量罗马文明的残骸，而且，他们的祖先或许曾在帝国的军队中打过仗，效过力，目睹过帝国昔日的辉煌。"罗马帝国是任何一个希望改善其社会地位的盎格鲁-撒克逊统治者的终极模型，且它代表着最雄心勃勃的日耳曼王子做梦也想不到的财富和权力"，⑥ 他们以敬畏的心情仰视

① F. M. Stenton. *Anglo-Saxon England*, 1971, p. 435.
② *English Historical Documents, 500-1042*. D. Whitelock (ed. and trans.), no. 227, pp. 890-892, at p. 890.
③ 转引自〔美〕布莱恩·蒂尔尼、西德尼·佩因特《西欧中世纪史》，第 19 页。
④ 〔英〕克里斯托弗·道森：《宗教与西方文化的兴起》，第 18 页。
⑤ 〔英〕屈勒味林：《英国史》，第 42 页。
⑥ Barbara Yorke. *Kings and Kingdoms of Early Anglo-Saxon England*, p. 19.

罗马基督教的语言、艺术、学术的华丽和高深。罗马帝国的一些外部标志似乎被盎格鲁-撒克逊国王用来巩固自己的权力。[①] 比德记载说，诺森伯里亚国王爱德文"在他的王国里享有极高的荣誉，不仅在战场总有人在前面擎旗，而且在和平时期当他和他的亲兵们在各城市、乡镇或各郡骑马而过（即在国王巡行时）的时候，也总有擎旗者先行；甚至当他穿过街道到任何其他地方去的时候，他的前面也总是飘扬着罗马人叫塔法、英吉利人叫图夫（thuf）的旗帜"。[②] 此外，从萨顿胡 1 号墓出土的那些给人留下深刻印象的王权标记物都有罗马原型，如一面可能是图夫的旗帜，一块巨大的通常被解释为权杖的磨刀石，[③] 头盔和肩扣等。对此，有学者解释说："萨顿胡的许多陪葬品并非指向过去的野蛮时代，而是指向基督教欧洲的罗马文明，当时盎格鲁-撒克逊上层对它（基督教欧洲的罗马文明）的兴趣正日益浓烈。"[④] 甚至在 7 世纪之前，一些盎格鲁-撒克逊国王自视为罗马皇帝在不列颠的继承人，例如，"有一名东盎格利亚国王认为宜于将凯撒列为他们的祖先，而且在东盎格利亚的硬币上铸有（罗马城的缔造者）罗穆卢斯（Romulus）与雷穆斯（Remus）的头衔像"[⑤]。不仅如此，对残存于耶威林（Yeavering）和坎特伯雷的罗马圆形剧场的考古发掘表明，盎格鲁-撒克逊早期国王可能曾召集自己王国内的重要人物在这里开会，这使人想起一种与罗马历史相联系的愿望。[⑥]

　　皈依基督教之后，盎格鲁-撒克逊国王对罗马的尊崇则主要体现为不畏艰险前去朝觐，并为那里的教会捐献礼物。

　　虽然西罗马帝国灭亡了，但罗马仍然保持着它的神秘性，这里有许多特殊圣物，并且拥有纷繁复杂的礼拜仪式。事实上，在耶路撒冷被阿拉伯人攻陷（637 年）以后，罗马成为基督教世界最大、最重要的朝圣地。去

---

① M. Hunter, "Germanic and Roman Antiquity and the Sense of the Past in Anglo-Saxon England," *Anglo-Saxon England* (3), 1974, pp. 29–50.

② 〔英〕比德：《英吉利教会史》，第二卷第 16 章。

③ M. J. Enright, "The Sutton Hoo Whetstone Sceptre: A Study in Iconography and Cultural Milieu," *Anglo-Saxon England* (11), 1983, pp. 119–134.

④ 〔英〕约翰·布莱尔：《盎格鲁-撒克逊简史》，第 113 页。

⑤ 〔英〕阿萨·勃里格斯：《英国社会史》，第 50—51 页。

⑥ Nicholas Brooks. *The Early History of the Church of Canterbury: Christ Church from 597 to 1066*, pp. 24–25.

罗马朝圣颇为包括国王在内的许多盎格鲁-撒克逊人（无论男女）所神往。比德记载说，惠特比修道院一位叫奥夫特弗的修道士设法到了罗马，而这在当时被认为是一件很有功德的事。① 比斯科普曾 6 次、威尔弗里德曾 3 次去罗马朝圣。到 8 世纪末，英格兰人已在罗马建立了一个定居点，即"英格兰区"（the English quarter），虽然它在 816 年一度被烧毁，但在教皇的支持下又得以重建。②

从英格兰去罗马这段旅程，朝圣者可能需要花费数月，途中既面临身体上的挑战，也面临着沿途政治不确定性的危险。比德记载说，坎特伯雷圣奥古斯丁修道院的第一任院长彼得（Peter）横渡英吉利海峡、出使高卢时，淹死在一个叫作阿姆弗里特（Amfleat）的海湾里；罗切斯特主教罗马努斯（Romanus）受命去见教皇洪诺留时淹死在从普罗旺斯驶往意大利的途中。③ 温切斯特主教埃尔夫西耶在 958 年被提拔为坎特伯雷大主教，但他在该年隆冬时节赴罗马领取披肩时，不幸冻死在了阿尔卑斯山上，并葬在了那里。④《盎格鲁-撒克逊编年史》也记载说，诺森伯里亚伯爵托斯蒂格在 1061 年前往罗马与教皇尼古拉二世会晤，被提拔为约克大主教的奥尔德雷德与他一同前往以领取披肩，他们在回国途中饱尝艰辛。

麦西亚国王琴雷德、埃塞克斯王子奥法以及威塞克斯国王卡德瓦拉和伊尼都选择在罗马度过余生，希望在那里"升入天国"。855 年，威塞克斯国王埃塞尔伍尔夫以盛大的排场亲赴罗马，并在那里停留了 12 个月。虽然罗马教会在教皇尼古拉一世去世后就陷入了腐败不堪的状态，且他的后继者大多软弱无能，但作为"圣彼得之城"的罗马仍然在基督教世界中备受崇敬。1027 年，英格兰国王克努特到罗马朝圣时说道："因为智者告诉我，使徒彼得已经从天主那里获得了捆绑与释放的大权，并持有天国的钥匙。因此我完全相信在上帝面前寻求圣彼得的庇护是绝对有用的。"⑤ 克努特此

---

① 〔英〕比德：《英吉利教会史》，第四卷第 23 章。
② Nicholas Howe. *Writing the Map of Anglo-Saxon England: Essays in Cultural Geography.* New Haven and London: Yale University Press, 2008, pp. 101-102.
③ 〔英〕比德：《英吉利教会史》，第一卷第 33 章；第二卷第 20 章。
④ Nicholas Brooks. *The Early History of the Church of Canterbury: Christ Church from 597 to 1066*, pp. 235-236.
⑤ *Councils and Synods with Other Documents Relating to the English Church I, A. D. 871 - 1204.* D. Whitelock, M. Brett and C. N. L. Brooke (eds.), no. 65.

行见到的教皇是当时统治罗马的托斯坎纳（Tusculani）伯爵的弟弟约翰十九世（John XIX）。约翰是那个时代的典型代表，他以贿赂开道，仅一天之内就从普通俗人蹿升为教皇。但克努特即便知道这些事，也不认为是一桩丑闻，而且他显然不觉得"持有天国钥匙者"与他的尘世代理人之间有何不妥之处。在克努特看来，教皇原本就不是一位领袖、一位改革家或一个榜样，而是像其他教士那样，是神秘奥义的护卫者。这个奥义是如此神圣，以致教皇本人的优劣并不重要，重要的是教皇这个职位，而不是持有这个职位的人。用法国19世纪末20世纪初著名的教会史学家路易·杜肯森（Louis Duchesne）的话说，教皇就是"罗马朝圣的大祭司，是恩典的施予者，特权的发放者，诅咒的实施者"①。

除了亲赴罗马朝觐，盎格鲁-撒克逊国王也努力维持与罗马教会的友好关系，并频繁向其捐献礼物。例如，麦西亚国王奥法承诺每年为教廷送去365曼库西。除了将出自英格兰工匠之手的灯具送给教皇本尼迪克三世（Benedict III），②威塞克斯国王埃塞尔伍尔夫在遗嘱中还吩咐，每年向罗马的圣彼得和圣保罗大教堂各拨付100曼库西。幸存的信件片段显示，即使在维京人入侵期间，英格兰王室仍试图与罗马保持联系。③《盎格鲁-撒克逊编年史》中关于887—890年的纪事几乎全部是谁受命将阿尔弗雷德国王和西撒克逊人的救济物送到罗马的。伍斯特的弗洛伦斯记载说，克努特国王向罗马的圣彼得教堂敬献了大量金银和其他贵重物品。④

第二节　盎格鲁-撒克逊人的"忠诚"

皈依基督教后，盎格鲁-撒克逊人对罗马教廷表现出了极大的忠诚。在盎格鲁-撒克逊教会的一些紧要事宜上，他们通常会寻求教皇的意见和支持。更为重要的是，从7世纪后半期起，盎格鲁-撒克逊人开始跨过英吉利海峡，重返欧洲大陆去播讲福音，这不仅扩大了基督教世界的范

① Richard W. Southern. *The Making of the Middle Ages*, pp. 131–132.
② C. J. Godfrey. *The Church in Anglo-Saxon England*, p. 276.
③ *English Historical Documents, 500–1042*. D. Whitelock (ed. and trans.), nos. 220, 222 and 227.
④ Ibid, no. 9.

围，也使法兰克教会开始更正规、更有效地服从教皇的权威。不仅如此，盎格鲁-撒克逊传教士还在一定程度上促成了罗马教廷与加洛林人之间的联盟。

一 主动与罗马教廷商讨教会事务

盎格鲁-撒克逊人承认和维护罗马教皇乃各基督教王国中之首席主教的地位，他们从很早起就在教会重大事务上吁请罗马教皇的定夺。例如，比德记载说，坎特伯雷大主教劳伦斯派伦敦主教梅里图斯去罗马，与教皇卜尼法斯四世（Boniface Ⅳ）共同磋商有关英格兰教会的一些紧要事宜。利奇菲尔德大主教区的建立与撤销均取得了罗马教廷的正式批准。希格伯特在切尔西宗教会议上被选定为利奇菲尔德大主教，[1] 也得到了时任教皇哈德良一世的正式认可，因为他派人给希格伯特送来了一件大主教专有的白色羊毛披肩。存世的阿尔昆的信显示，早在797年，废除利奇菲尔德大主教区一事就在英格兰被提上了议事日程。[2] 798年，麦西亚国王琴伍尔夫派人送信给教皇利奥三世，请求撤销利奇菲尔德大主教区，但由于罗马发生动乱，[3] 此事被搁置。801年，坎特伯雷大主教埃塞尔赫尔德在温切斯特主教基内伯特（Cyneberht）的陪同下亲赴罗马，商讨撤销利奇菲尔德大主教区一事。803年10月，埃塞尔赫尔德在克罗费肖宗教大会上宣读了自己从罗马带回的利奥三世教皇签发的特许状，才正式废除了利奇菲尔德大主教区。另外，在10世纪中后期英格兰修道院改革的过程中，温切斯特主教埃塞尔沃尔德等采取的较为激进的举措——驱逐世俗神父，代之以修道士——也获得了教皇约翰八世的批准。[4]

像埃塞尔赫尔德大主教那样在其任期的中期访问罗马并非个案。例如，814年，坎特伯雷大主教伍尔夫雷德与舍伯恩主教威格伯特（Wigbert）等一起赴罗马，他们在第二年"带着利奥教皇的祝福"返回英格

---

① 《盎格鲁-撒克逊编年史》787年纪事。
② *English Historical Documents, 500–1042.* D. Whitelock（ed. and trans.），no. 203.
③ 〔美〕布莱恩·蒂尔尼、西德尼·佩因特：《西欧中世纪史》，第135—136页。
④ *Councils and Synods with Other Documents Relating to the English Church I, A. D. 871–1204.* D. Whitelock, M. Brett and C. N. L. Brooke（eds.），no. 29, pp. 109–113.

兰。[1] 有学者指出，伍尔夫雷德此次造访罗马很可能与一年之后爆发的关于英格兰修道院主权之争有关。[2] 另外，908 年，坎特伯雷大主教普莱格蒙德亲赴罗马，他送去了长者爱德华国王和英格兰人的救济物，并从罗马带回了圣徒布拉斯（St Blasé）的遗物。此时距离英格兰大主教上一次亲赴罗马已过去近一个世纪，普莱格蒙德的这次造访可能反映了英格兰教会某些紧迫的需求，而非仅仅是向罗马送救济物或在大陆收集圣徒遗物。有学者指出，普莱格蒙德此次远行可能与他从罗马返回后立即重新划分西撒克逊教区的举措有关，他带给罗马的救济物和礼物意在重新确认其大主教的重要身份，并确保拟议的对西撒克逊教区的重组计划不会付诸东流，因为基于已有的郡制重新划分西撒克逊教区将极大地改变原有的格局，因此必须事先寻求罗马教皇的批准。[3]

二 致力于罗马教皇的传教事业

盎格鲁-撒克逊人的修道院结合了爱尔兰和罗马两种传统，是当时西方最有活力的修道院。从 7 世纪后半期起，这里走出了许多福音传教士（多数是修士，有时也有修女），"盎格鲁-撒克逊的传教士在欧洲大陆上非常活跃，将思想传达给信徒。传教士们正是以这种方式来表达对圣彼得的虔诚"[4]。

（一）盎格鲁-撒克逊人在欧洲大陆的传教活动

约从 7 世纪后期起，盎格鲁-撒克逊人开始越过英吉利海峡向今荷兰北部沿海和莱茵河以东地区传教。到 10 世纪时，盎格鲁-撒克逊人与欧洲大陆遥远的北方地区建立了一种传教联系，并参与了斯堪的纳维亚教会的创建。

威尔弗里德是第一位离开故土到欧洲大陆传教的盎格鲁-撒克逊人。[5] 678 年冬季，他在弗里西亚（Frisia）传教，使包括奥尔德吉尔斯（Aldgi-

---

[1] 《盎格鲁-撒克逊编年史》814 年纪事。

[2] Nicholas Brooks. *The Early History of the Church of Canterbury: Christ Church from 597 to 1066*, pp. 131-132.

[3] Ibid, pp. 208-211.

[4] 〔英〕J. H. 伯恩斯主编《剑桥中世纪政治思想史（350 年至 1450 年）》，第 199—200 页。

[5] C. J. Godfrey. *The Church in Anglo-Saxon England*, p. 136.

sl）国王在内的成千上万的弗里西亚人接受了洗礼。① 不过，比德和斯蒂芬斯的描述都表明，威尔弗里德的这次传教只是一个偶然事件，并非一个酝酿已久的计划，即由于他在乘船去罗马向教皇申诉的途中被一股强劲的西风刮到了弗里西亚，而不是由于其传教的热忱。

与威尔弗里德形成鲜明对比的是埃格伯特，他是比德的《英吉利教会史》中最伟大的人物之一，集谦逊、温和、节制、朴素和公义等美德于一身。比德记载说，为了潜心苦修，埃格伯特选择去爱尔兰做修道士，在不幸染上了严重的瘟疫后他发誓，如果自己康复了将永远不回英格兰。战胜了疾病后，埃格伯特最初想去欧洲大陆传教，但被恳求留下去了艾奥纳修道院。尽管如此，埃格伯特还是组织了许多人代替自己到大陆去传教，他们竭尽全力完成了威尔弗里德在弗里西亚开拓的事业。正因为如此，埃格伯特被称作在弗里西亚的盎格鲁-撒克逊布道团的真正创始人。②

起初，埃格伯特派一位叫威特伯特（Wictbert）的同事到弗里西亚传教，但由于之前那位友善的奥尔德吉尔斯国王此时已被顽固的异教徒拉博德（Radbod）取代，威特伯特虽然在这里工作了大约两年，却一无所获，只好返回爱尔兰。

690 年，埃格伯特向弗里西亚派出了第二支传教团，它由 12 人组成，其中包括一位叫威利布罗德的神父。威利布罗德出生于德伊勒，父母都是虔诚的基督徒，他自幼被送入里彭修道院接受教育，后转入埃格伯特在爱尔兰的修道社团。威利布罗德等人以安特卫普的一座基督教教堂为基地传教，并获得了巨大的成功。695 年 11 月 22 日，威利布罗德在罗马被教皇塞尔吉乌斯亲自授任为"弗里斯兰人的大主教"，并被赐名为克莱门斯（Clemens），他的大主教教座设在乌得勒支（Utrecht）。由威利布罗德建造的埃希特纳赫（Echternach，靠近特里尔市）修道院后来成为 8 世纪重要的学术中心之一。

不过，在授予威利布罗德大主教披肩这件事情上，塞尔吉乌斯过于乐观了——弗里西亚成为一个教省的时机此时还不成熟。事实上，在威利布罗德去世后，弗里西亚教会不仅没有保住它的教省地位，而且，随着

① 〔英〕比德：《英吉利教会史》，第五卷第 19 章。
② C. J. Godfrey. *The Church in Anglo-Saxon England*, p. 221.

时间的推移，乌得勒支降为了科隆（Cologne）大主教区下的一个普通教区。弗里西亚人也被证明是最顽固的非基督教民族之一，威利布罗德的成功仅限于被法兰克人控制的那部分弗里西亚人，须德海（Zuiderzee）以东的弗里西亚人仍然是顽固的异教徒。直到查理曼统治时期，弗里西亚才完全成为基督教的地盘。

　　莱茵河以东的日耳曼人皈依基督教主要归功于西撒克逊人卜尼法斯。卜尼法斯原名温弗里思（Winfrith），他出生在埃克塞特一个很好的家庭，自幼被送入当地的一座小修道院，后转入温切斯特附近的纳特塞尔（Nursling）修道院。716年，卜尼法斯离开纳特塞尔修道院，与另外2或3名修道士从伦敦乘船去弗里西亚传教。但高卢发生的内战使传教受阻，他们只好返回家乡。卜尼法斯并没有因此而却步，他在718年秋天再次从伦敦乘船出发前往罗马，并在719年5月15日被教皇格列高利二世（Gregory II）正式任命为传教士。接下来的3年，卜尼法斯主要在弗里西亚向威利布罗德学习传教之道。722年11月30日，卜尼法斯在罗马圣彼得大教堂被教皇正式授任为传教主教。之后10年，在他的领导下，盎格鲁-撒克逊传教团成功地使黑森、图林根和巴伐利亚的异教徒皈依了基督教。卜尼法斯也建造了许多修道院，其中最大的是从744年开始建造的富尔达（Fulda）修道院，它后来成为整个德国中部和西部的学术中心以及培养神职人员的中心。卜尼法斯也是一个伟大的教会工作组织者，他在莱茵河东部建立起了戒律森严的教会组织。739年，他将巴伐利亚教会划分为萨尔茨堡（Salzburg）、雷根斯堡（Regensburg）、弗赖辛（Freising）和帕绍（Passau）4个教区，两年后，他又在艾希施泰特（Eichstatt）设立了一个新教区。稍后，即741年，卜尼法斯又组建了图林根人的教会，设了博莱堡（Buraburg）、维尔茨堡（Wurzburg）、埃尔福特（Erfurt）3个教区。753年初夏，此时已73岁高龄的卜尼法斯乘船沿莱茵河下行，到仍是异教徒的那部分弗里西亚人中去传教，但在755年6月5日，他与同伴在多库姆（Dokkum）被杀害，他被尊为"日耳曼人的使徒"。[①] 卜尼法斯的恢宏业绩使他成为对德意志的历史产生空前绝后影响的英格兰人。在今天德国美因茨市的中心广场上还有一个雕像，它表现的就是卜尼法斯用《圣经》挡住刺向

---

① 〔美〕布莱恩·蒂尔尼、西德尼·佩因特：《西欧中世纪史》，第116页。

自己的刀剑的场景。紧随卜尼法斯之后在美因河畔致力于传教事业的是一个叫卢尔（Lul）的盎格鲁-撒克逊人，他与卜尼法斯结识于去罗马朝圣的途中。起初，卢尔在马姆斯伯里修道院接受训练，后进入纳特塞尔修道院接受卜尼法斯的指导。卜尼法斯去世后，卢尔成为德意志地区英格兰传教团的领导人物。

居住在今德国东北部地区的萨克森人是日耳曼各大部族中最后一支皈依基督教的，他们被英格兰人视为自己的近亲。比德记载说，两个长期旅居爱尔兰、都叫赫瓦尔德（Hewald）的英格兰神父最先来这里传教，但被杀害。① 卜尼法斯也试图前往萨克森地区传教，他在738年写信回英格兰，号召盎格鲁-撒克逊教会各阶层共同"为皈化萨克森异教徒这项伟大的事业祈祷"。② 不过，鉴于萨克森地区严峻的政治局势，卜尼法斯最终未能前往。直到一代人之后，萨克森人才转变其信仰。约780年，武力征服了萨克森人的加洛林国王查理曼邀请一个叫威尔哈德（Willehad）的诺森伯里亚人到威悉河（Weser）与易北河（Elbe）之间的地区去传教，威尔哈德此前曾受英格兰北部宗教大会和诺森伯里亚国王的派遣在弗里西亚地区传教。785年，在首领维杜金德（Widukind）的带领下，萨克森人受洗。两年后，威尔哈德被按立为不莱梅（Bremen）首任主教。

居住在斯堪的纳维亚半岛的丹麦人、瑞典人和挪威人等是欧洲最后一批接受基督教的民族。在"虔诚者"路易统治时期，通过科比的一位隐修士圣安斯加（St. Anskar）的工作，基督教第一次渗透至斯堪的纳维亚地区。826年，安斯加受遣到丹麦去传教，并被任命为在831年新建立的汉堡（Hamburg）大主教区的首任大主教，负责丹麦、挪威和瑞典的传教工作。845年，汉堡遭丹麦人摧毁，之后汉堡大主教区与不莱梅教区在教会事务上合二为一。斯堪的纳维亚完全基督教化则是以后的事。基督教在丹麦的胜利主要归功于它的国王"蓝牙"哈罗德（Harold Bluetooth），他在东法兰克国王奥托一世的压力下成为基督徒，并在很大程度上推动了该国教会传教的最终成功。在挪威，直到奥拉夫·特里格瓦松（称奥拉夫一

---

① 〔英〕比德：《英吉利教会史》，第五卷第 10 章。

② *English Historical Documents, 500–1042*. D. Whitelock (ed. and trans.), no. 174, pp. 812–813; *Councils and Ecclesiastical Documents Relating to Great Britain and Ireland* Ⅲ . A. W. Haddon and W. Stubbs (eds.), p. 313.

世）统治时期（995—1000 年），基督教才生根发芽，奥拉夫还使冰岛（Iceland）、法罗群岛（Faroes）、奥克尼群岛（Orkneys）和格陵兰岛（Greenland）也皈依了基督教。瑞典向基督教的转变则更加漫长。虽然安斯加早在 829 年和 830 年就已在这里工作过，但来自汉堡-不莱梅的布道从未在这个更北部的国家产生多大的影响。奥拉夫·埃里克森（Olaf Ericson，卒于约 1022 年）是第一位受洗的瑞典国王，但传统宗教信仰的中心，即乌普萨拉（Uppsala）的异教大神庙，到 1070 年仍然矗立，且大多数瑞典人还没有受洗。

从留存下来的各种资料来看，在参与建立斯堪的纳维亚教会的人士中，有不少盎格鲁-撒克逊人或与英格兰有各种联系的人，"11—12 世纪传遍北方的新兴基督教文化，在很大程度上渊源于英格兰，因为早期传教主教和最早的修道院团体，大部分是出自那里"①。

威利布罗德曾进行过一次"远征"，他向东北推进，进入那些不受法兰克人控制的丹麦人部落，但在昂根多斯（Ongendus）这位据说比野兽还凶猛的人的统治下，基督教无法取代这里根深蒂固的异教信仰。威利布罗德只好返回，不过，他从那里带回了 30 名丹麦年轻人，并在旅途中对他们进行了指导和施洗，希望他们有朝一日能够成为向自己国家传播基督教的中坚力量。②

瑞典教会建立的主要推动者西格弗里德（Sigfrid）可能来自英格兰的丹麦法区，尽管他是在格拉斯顿伯里修道院接受的训练。西格弗里德本来是挪威国王奥拉夫·特里格瓦松引入的传教士之一，但他在斯沃尔德（Svolder）战役（999 年或 1000 年 9 月）结束后受邀去瑞典传教，并成功使它的国王奥拉夫·埃里克森接受了洗礼，他以瓦克斯霍（Vaxjo）为中心布讲福音和施洗，并建造了多座教堂。另一位英格兰人大卫（David）稍晚也来到了瑞典，他在西格弗里德的手下工作，以蒙托普（Munktorp）为中心传道、施洗，并将福音传播至它的邻近地区。后来，大卫被任命为韦斯特拉斯（Vasteras）第一位主教，据说他在蒙托普建造了瑞典人的第一座修道院。

---

① 〔英〕克里斯托弗·道森：《宗教与西方文化的兴起》，第 107—108 页。
② C. J. Godfrey. *The Church in Anglo-Saxon England*, p. 227.

　　"斯堪的纳维亚融合到西方基督教世界中并不像在中欧那样归功于西方帝国的力量和威望，而是由于基督教的英格兰被蛮族征服，这些蛮族把基督教连同其他劫掠品一同带回了北方。"[①] 一些所谓的英格兰传教士并不是真正的盎格鲁-撒克逊人，而是来自英格兰东部各郡的已经基督教化的丹麦人，他们带着一种对新发现的信仰的热情漂洋过海回到自己的北方同胞中传讲福音。挪威第一位国王"金发"哈罗德的儿子"好人"哈康（Haakon the Good）曾被送入英格兰埃塞尔斯坦国王的宫中，在那里接受了基督教教育。[②] 哈康的兄弟"血斧"埃里克被驱逐后来到英格兰，并被诺森伯里亚人推选为国王，[③] 他的 5 个儿子在哈康之后联合统治挪威。与哈康一样，他们也是在英格兰接受的基督教教育，并设法将基督教引入挪威，但收效甚微，直到"金发"哈罗德的曾孙奥拉夫·特里格瓦松统治时期，挪威才完成基督教化。奥拉夫·特里格瓦松此前可能已受洗，但为他举行坚振礼（994 年）的是温切斯特主教埃尔夫赫亚克。[④] 博维德（Botvid）是使瑞典改信基督教的一位重要传教士，他是瑞典人，但他是在访问英格兰时接触到基督教并在那里受洗后回到瑞典向自己的异教同胞播讲福音的。被挪威国王奥拉夫·哈罗德逊（Olaf Haraldsson）带到挪威去的格里姆克尔（Grumkel）可能来自丹麦，但他被描述为英格兰人；鲁道夫（Rudolf）可能是诺曼人，尽管他在斯堪的纳维亚传教之后的确来到了英格兰，并以阿宾顿修道院院长的身份定居在这里，直至 1052 年去世，他可能与 1030—1049 年在冰岛从事福音传播工作的那个鲁道夫为同一个人。根据不莱梅的亚当（Adam）的记载，克努特统治丹麦期间（1019—1035 年），他从英格兰引进了多名丹麦籍主教，派他们去斯堪尼亚（Scania）、西兰岛（Zealand）和菲英岛（Fyn）传教，这些丹麦籍神职人员是克努特在丹麦建立统治后于 1020 年带到英格兰的，由坎特伯雷大主教埃塞尔诺思祝圣为主教。[⑤]

---

① 〔英〕克里斯托弗·道森：《宗教与西方文化的兴起》，第 100—101 页。
② Sarah Foot. *Æthelstan: The First King of England*, pp. 52–55.
③ 《盎格鲁-撒克逊编年史》948 年纪事。
④ 同上，994 年纪事。
⑤ Nicholas Brooks. *The Early History of the Church of Canterbury: Christ Church from 597 to 1066*, p. 292.

以下三个方面也表明了盎格鲁-撒克逊人对斯堪的纳维亚教会（特别是瑞典教会）创建所产生的影响。

首先，除了上面提到的传教主教，在早期瑞典教会中还有许多英格兰主教。西格弗里德本质上是一位福音传道者，瑟戈特（Thurgot）则是第一个有固定教区的主教，他在 1020 年成为斯卡拉（Skara）主教。[①] 斯卡拉主教一职连续被 3 名英格兰人占据；当乌普萨拉在 1164 年被提升为大主教区时，它的第一任大主教是英格兰的一位西多会修士斯蒂芬（Stephen）；埃吉迪奥斯（Egidius）是最后一位受任瑞典主教的英格兰人，他在 1213 年去世时已担任韦斯特拉斯主教超过 30 年了。[②]

其次，在宗教改革前瑞典教区的日历中，有许多纪念英格兰圣徒的节日。已知最早的瑞典教区日历是 1198 年制定的，其中列出了纪念多位盎格鲁-撒克逊圣徒，如殉难者爱德华国王、卡思伯特、威尔弗里德、贝弗利的圣约翰和卜尼法斯等的日子。西格弗里德在 1060—1070 年的某个时间去世后被教廷封圣，他的纪念日为每年的 2 月 15 日；虽然大卫没有被罗马教廷正式册封为圣徒，但瑞典中世纪所有的教区日历中都有他的名字。但奇怪的是，我们没有在英格兰人的教区日历中找到任何一个纪念到瑞典传教的英格兰传教士的日子。在整个中世纪，英国人似乎并没有意识到他们的同胞在使斯堪的纳维亚半岛皈依基督教过程中所起的作用，修订后的 1928 年英国国教日历中有纪念法兰克人安斯加的节日，但它删掉或遗漏了纪念西格弗里德的节日。

最后，很明显，在诸如教会组织、礼拜仪式等这些细节上，挪威和瑞典的教会也同英格兰有着密切的联系，尽管丹麦教会在这方面更应归功于德国。马拉尔湖（Lake Malar）岸边西格图纳（Sigtuna）的那座 11 世纪的圣彼得教堂，以及附近的其他几座教堂，都具有盎格鲁-撒克逊建筑的特色。1030 年，挪威国王奥拉夫·哈罗德逊在斯蒂克莱斯塔德（Stikestad）战役中被杀。不同于 999 年或 1000 年的斯沃尔德战役，这是一场内战。但在第二年，奥拉夫的遗体被运到尼达罗斯（Nidros），即特朗德海姆（Trondheim），这位被击败的基督徒国王成为北方基督教的保护人和卫士，

---

① C. J. Godfrey. *The Church in Anglo-Saxon England*, p. 356.

② Ibid, p. 357.

他的美德和神迹般的威望以极快的速度传遍了整个北方。1031年奥拉夫·哈罗德逊被封为圣徒，这一大众仪式"标志着北欧和基督教传统之间的最终同化"①。但是，将内战中被谋害的基督徒国王尊奉为圣徒，这在盎格鲁–撒克逊英格兰曾经是典型做法。②

（二）盎格鲁–撒克逊传教士的贡献

对罗马教廷来说，盎格鲁–撒克逊人在欧洲大陆的传教运动对基督教教会的未来发展产生了深远的影响。

1. 扩大了基督教世界的范围

基督教一直在大力扩张，以吸纳更多的信徒，"整个中世纪，基督教的一个关键因素是强调传教，最终达到全世界接受它的真理"③。将基督教传遍地球的每个角落被认为是罗马教廷的神圣使命之一。透过教皇利奥一世（Leo Ⅰ）在441年的布道，我们也可以管窥罗马教廷对传教的重视：他盛赞圣徒彼得和保罗，说他们的贡献要比罗马城的缔造者罗穆卢斯和雷穆斯还要重大，因为他们为罗马带来了无比的荣光，即罗马现在所依赖的不再是军事上的胜利，而是将福音书传遍世界各地，从而扩大"基督教和平"的影响。④ 从5世纪开始，教皇带头进行使异教徒改宗的工作，如希莱斯廷一世在431年差遣帕拉狄乌斯到"信仰基督的爱尔兰人中去"，大格雷戈里在6世纪末差派奥古斯丁传教团到定居在不列颠的日耳曼人中去传教等。

"在7世纪晚期和8世纪的英格兰男女中间，宗教最显著的表现形式之一是向海外传播福音的冲动。盎格鲁–撒克逊人在这一时期的传教活动构成了欧洲历史上的一个崇高篇章，且它们本身也为英格兰人彻底皈依基督教提供了令人信服的证据。"⑤ 在威利布罗德、卜尼法斯等盎格鲁–撒克逊传教士之前，在欧洲偏远地区从事福音教化的主要是以科伦巴为代表的

---

① 〔英〕克里斯托弗·道森：《宗教与西方文化的兴起》，第105页。
② D. W. Rollason, "The Cults of Murdered Royal Saints in Anglo-Saxon England," *Anglo-Saxon England* (11), 1983, pp. 1–22, at pp. 14–15.
③ 〔英〕罗伯特·诺布尔·斯旺森：《欧洲的宗教与虔诚》，第26页。
④ 关于利奥教皇在411年的布道及其解释请参阅 Thomas M. Charles-Edwards. *Early Christian Ireland*. Cambridge：Cambridge University Press，2000，pp. 202–214。
⑤ C. J. Godfrey. *The Church in Anglo-Saxon England*, p. 220.

爱尔兰人。① 从 7 世纪后期起，前往这些地方的福音传教士则主要出自盎格鲁-撒克逊人的修道院，"由于自然的缘故，也由于语言相似的原因，教皇从事欧洲其他异教民族特别是日耳曼民族的改宗工作时，几乎总是和盎格鲁-撒克逊的修道士在一起的"②。到 11 世纪中叶，即在君士坦丁皇帝皈依基督教 800 年之后，由于爱尔兰人以及盎格鲁-撒克逊传教士的努力，几乎整个欧洲（至少是欧洲的统治阶级）都皈依了基督教。

存世的卜尼法斯和卢尔的信清楚地表明，在欧洲大陆的盎格鲁-撒克逊传教士并不是孤军作战，而是得到了盎格鲁-撒克逊国王和教会人士的支持，他们的传教活动俨然是一项"全民"事业。例如，得知卜尼法斯等人即将去欧洲大陆传教，坎特伯雷大主教布里特沃尔德派人向他们承诺，英格兰教会将会为他们祈祷。③ 温切斯特主教丹尼尔为卜尼法斯的第一次罗马之行准备了一封介绍信，他还在 723—725 年写信给卜尼法斯，就传教方法提出自己的建议。约 735 年，卜尼法斯写信给萨尼特女修道院院长埃德伯，感谢她帮助自己抄写经卷，并称赞说"你用金字抄写的圣彼得的书信非常好，你对圣经充满敬畏以及大爱，这能够触动正在接受我传教的异教徒的心灵"④。修道士和修女们也渴望走出去传教，最终，其中一些人追随卜尼法斯也去了欧洲大陆，如威格伯特（Wigbert），他随卜尼法斯在弗里西亚、德国北部和中部旅行，使当地部落皈依基督教，后被任命为黑森北部弗里茨拉尔（Fritzlar）修道院的首任院长。来自马姆斯伯里修道院的伯查德（Burchard）是卜尼法斯的另一名追随者，他后来被授任为维尔茨堡主教。跟随卜尼法斯在欧洲大陆传教的英格兰修女则包括他母亲的亲属利奥巴（Leoba）。利奥巴起初在肯特的萨尼特修道院当修女，后转入多塞特郡的温伯恩修道院，来大陆后，她受命管理位于美因茨教区的比绍夫斯海姆（Bischofsheim）修道院。与利奥巴一起前往大陆的还有她的一个亲属特格拉（Thecla），她也来自温伯恩修道院，后成为美因河畔的基钦根

---

① 关于爱尔兰人在欧洲大陆的传教工作及其影响，详见〔英〕玛里琳·邓恩《修道主义的兴起》，第 8 部分。

② 〔法〕基佐：《法国文明史》（第二卷），第 89 页。

③ C. J. Godfrey. *The Church in Anglo-Saxon England*, 2009.

④ C. Clark and E. Williams. *Women in Anglo-Saxon England and the Impact of 1066*. Oxford: Basil Blackwell Ltd. , 1987, pp. 112–113.

（Kitzingen）修道院的女院长。除了特格拉，和利奥巴同行的还有卢尔的姑姑以及她的女儿，她们后来负责管理图林根的一所学校。"当时在德意志北部地区领受圣职的有 300 多人，其中英格兰人大概占 1/3，巴伐利亚的 4 名主教中有 3 名来自英格兰，图林根的维尔茨堡和黑森的布拉堡的两名主教也均由英格兰人担任。"①

卜尼法斯殉难后不久，坎特伯雷大主教卡思伯特致信卢尔，说卜尼法斯是英格兰人的骄傲。英格兰宗教大会决定，在每年 6 月 5 日，即卜尼法斯殉难的日子，举行纪念活动。在卜尼法斯殉难前不久刚与他见过面的伍斯特主教米尔雷德（Milred）也从英格兰写信给卢尔说，当卜尼法斯殉难的消息传到英格兰时，虽然人们感到十分悲伤，但像大主教一样，他们更感到一种自豪。

2. 提高了教皇的权威

与爱尔兰传教士不同，威利布罗德、卜尼法斯等盎格鲁-撒克逊传教士在欧洲大陆传播的不仅仅是基督教，他们都是在获得教皇的正式批准后开展传教工作的，并都是在罗马由教皇亲自授任为主教或大主教的。这些盎格鲁-撒克逊传教士都是盎格鲁-撒克逊教会、本笃会会规和教皇的忠心代表。以卜尼法斯为例。他在 732 年被任命为美因茨大主教时向教皇格列高利三世宣誓说："我，卜尼法斯，上帝恩赐的主教，向您，最杰出的使徒、有福的彼得，向您的代理人、神圣的格雷戈里及其继承人保证，并对着上帝、耶稣基督和圣灵、神圣而不可分的三位一体，对着现在在场的您的圣体发誓，我对神圣的天主教信条永远保持完全的忠诚，在上帝帮助下永远与这个信仰保持一致，毫无疑义，拯救基督教徒灵魂的整个事业是有赖于这个信仰的。我发誓决不在任何人的挑唆下参加任何可能不利于全球统一教会的事，我发誓在一切事情中证明我的忠诚、我信仰的纯洁性，以及我对您、对您的教会的利益（您已经从上帝那里得到束缚与解放的权力）、对您的上述代理人及其继承者的全部忠诚。"② 再也没有比这更清楚地表达英格兰人致力于为罗马教廷服务的决心了。在采取任何一项重大行动之前，盎格鲁-撒克逊传教士都会报请教廷的批准，并像当年奥古斯丁

① 王迎双：《圣卜尼法斯述评》，硕士学位论文，东北师范大学，2011。
② 转引自〔法〕基佐《法国文明史》（第二卷），第 90 页。

一样写信给罗马,就自己在工作中遇到的问题向教皇请教。例如,在建立乌特勒支大主教区之前,威利布罗德在 695 年赴罗马去见了教皇塞尔吉乌斯一世。有学者指出,威利布罗德的这次觐见"意义重大,英格兰教会自身在很大程度上是教皇派出的代表团传教的结果,而现在从一开始,她的第一个海外女儿(即弗里西亚教会)就被有意而为之的行动带入了罗马教会"①。

盎格鲁-撒克逊传教士对罗马教廷的这种忠诚也被复制到那些新近皈依基督教的地区,它们被直接置于罗马教廷的权力之下。卜尼法斯 742 年主持第一次日耳曼宗教会议的教令声明留存了下来,它指出:"在我们的宗教会议上,我们已经声明并颁发教令说,我们希望直到我们生命的终结坚持天主教的信仰和一致性,服从罗马教会、服从圣彼得及其代理人;我们将每年举行宗教会议;大主教们将向罗马教皇要求大主教的披肩,我们将典范地遵守彼得的一切戒律,以便无愧于忝为其羊群中的一分子,我们同意这个声明并在声明上签了字。"②

不仅如此,卜尼法斯还改革了法兰克教会,使它顺从罗马教廷。如前所述,法兰克人是第一个皈依正统基督教的日耳曼部落,但他们并没有立即同罗马建立联系,或者也可以这样说,罗马教会在这里的影响还很有限,甚至几乎没有。教皇大格雷戈里曾试图干预几乎还保持着独立的法兰克教会,例如,他在 595 年重建了教皇在阿尔的代牧区,还打算清除法兰克教会行政管理方面的弊端,③ 但并没有取得多大的成效。查理·马特虽然支持卜尼法斯在弗里西亚人和其他蛮族中传教,却不允许他干涉法兰克教务。不过,他的儿子卡洛曼(Carloman)和矮子丕平都支持卜尼法斯革除法兰克教会中那些最恶劣的弊端。卜尼法斯在 742 年写信给教皇扎迦利,说卡洛曼请自己到高卢去,并明确表示自己想矫正和改革那里教会的状况,"那边的教会至少七十或八十年来一直陷于混乱并被踩在脚下"④。在

---

① C. J. Godfrey. *The Church in Anglo-Saxon England*, p. 224.

② 转引自〔法〕基佐《法国文明史》(第二卷),第 92 页。

③ *English Historical Documents, 500-1042.* D. Whitelock (ed. and trans.), no. 161; *Councils and Ecclesiastical Documents Relating to Great Britain and Ireland* Ⅲ. A. W. Haddon and W. Stubbs (eds.), p. 5.

④ 转引自〔法〕基佐《法国文明史》(第二卷),第 269 页。卜尼法斯在信中说法兰克教会迄今已有 80 多年没召开过会议了,但有学者研究发现,它在 696 年举行过一次宗教会议,参见 Wilhelm Levison. *England and the Continent in the Eighth Century*, p. 47.

卜尼法斯的领导下，法兰克教会自742年开始召开了一系列会议，抨击了神职人员的世俗气，批评了云游主教，谴责了神职人员结婚，并实施了更为严格的神职人员纪律。与此同时，卜尼法斯还按照盎格鲁-撒克逊的主教制和罗马教皇制度改进了法兰克的宗教组织结构，依据本尼迪克会规改革了法兰克人的修道院，建立了修道院学校，同时鼓励聘用虔笃的主教和修道院院长，还进一步发展地方教区，建造地方教堂，等等。卜尼法斯的这些工作不仅使法兰克教会在组织上、品性上和纪律上有了极大的改进，也使法兰克教会与罗马教廷间的关系变得更加密切，教皇权力在那里也明显地提高了。在747年举行的一次法兰克宗教会议上，与会主教承认了罗马教皇的管辖权。卜尼法斯甚至鼓励鲁昂、桑斯和兰斯的大主教们在他们被任命时应向罗马教皇要求白羊毛披肩，但他们中只有一人听从了他的劝告，罗马教皇向卜尼法斯明确地表示了自己的失望。

3. 促成罗马教廷与加洛林王权间的联盟

在6世纪末和7世纪初，罗马教皇与法兰克王室间的交往较为频繁，并有许多记录这些交往的文献存世，其中包括教皇大格雷戈里写给法兰克统治者特乌迪伯特和迪奥多里克及其祖母布鲁恩希尔德（Brunhild）的几封信。不过，到7世纪末，教皇同法兰克国王的联系已变得很少，且在大格雷戈里去世（604年）之后，到格雷戈里二世（Gregory Ⅱ，715—731年）这一时期，我们几乎找不到足以证明法兰克-高卢的国王与教皇之间有过联系的一封信或一份文件。但是，由于日耳曼民族这个媒介，教皇与加洛林人这两股力量被重新拉在了一起。这是因为，在使日耳曼各族改变宗教信仰这个事业上，法兰克统治者与罗马教皇有着共同的利益。使欧洲北部改信基督教既有利于教皇，也有利于法兰克人的安全和权力。法兰克统治者非常清楚使其新获得的领地基督教化的价值，事实上，弗里西亚人，如同后来也被法兰克人征服的萨克森人，都认为洗礼在很大程度上是他们向法兰克人臣服的标志和象征。因此，威利布罗德、卜尼法斯等盎格鲁-撒克逊传教士不仅积极寻求教皇的支持，也力图与丕平家族结盟。

加洛林统治者与罗马教皇最早的接触见于乌特勒支大主教区的创建，该主教区正是由法兰克宫相赫里斯塔尔的丕平二世（Pippin Ⅱ of Heristal）主动发起建立的。教皇格雷戈里三世在739年派人向查理·马特求助，希望后者能够保护自己免遭伦巴第人的攻击，但遭到拒绝。不过，几年后，由于双方的共同需要，教皇与查理·马特的儿子矮子丕平最终结成了联盟。丕平不满足于宫相和法兰克公爵的身份，他打算宣布自己为法兰克国王，但他又觉得要把王室的传承转到另一个新的世系，只有在这个世系获得神的祝福之后才能保证得到法兰克教俗两界首领的效忠。为此，他在751年派使节到罗马去觐见教皇扎迦利，希望后者同意丕平家族夺取法兰克人的政权。值得注意的是，盎格鲁-撒克逊传教士，即维尔茨堡主教伯查德是此次使团的成员之一。此外，为丕平在苏瓦松举行涂油礼的很可能是卜尼法斯本人。总之，由于盎格鲁-撒克逊传教士，加洛林国王与罗马教皇这两股力量接近并走向联合，这将深刻地影响欧洲历史的进程。矮子丕平对墨洛温王朝的取代被认为是"一场不费力而又无声无息地发生的革命"，① 是中世纪史上最重要的事件之一。②

第三节　盎格鲁-撒克逊人的"叛逆"

虽然罗马教皇从很早起就宣称自己是基督教世界的最高统治者，但在11世纪教会改革之前，罗马教皇对意大利以外各地的教会事务并无真正的最高权威。前述"威尔弗里德事件"表明，盎格鲁-撒克逊人从一开始就表现出了一定的独立性，他们拒绝执行罗马教廷做出的有利于威尔弗里德个人但显然不利于英格兰教会未来发展的裁决。在任用高级教士和婚姻领域，盎格鲁-撒克逊人多以王国政治利益为重，经常不同程度地违反相关的教会法规。

一　在"威尔弗里德事件"上拒服罗马教廷的裁决

为了捍卫主教统治的独立性，并遏制世俗权贵的干预以及大主教的专断独行，344年撒狄卡（Sardica，今索菲亚）宗教大会制定的教规规定，罗马教皇拥有最高管辖权，所有主教都可直接向罗马教廷上诉。③罗马教廷也努力将该教规付诸实施。如前所述，君士坦丁堡主教约翰·

---

① 〔法〕基佐：《法国文明史》（第二卷），第76页。
② 〔美〕威利斯顿·沃尔克：《基督教会史》，第235页。
③ 〔美〕布莱恩·蒂尔尼、西德尼·佩因特：《西欧中世纪史》，第51页；〔美〕威利斯顿·沃尔克：《基督教会史》，第140页。

克里索斯托对上层人物的罪过进行大胆无畏的谴责，引起了他们的反感与仇视，他们在 403 年联合起来免除了他的职务，并将他流放到亚美尼亚边境一个荒凉的小镇库库苏斯（Cucusus）。教皇英诺森一世对此提出了抗议，尽管无济于事。① 尼古拉一世被称为整个罗马教皇谱系中意志最坚强、最刚愎自用的人物之一②，他受理了被专横的兰斯大主教辛克马革职的苏瓦松主教罗塔德的上诉，迫使辛克马恢复了罗塔德的教职，成功捍卫了主教以教皇裁决为最后裁决而向教皇上诉的权利。③ 罗塔德事件结束后不久，为了削弱大主教的权威，加强主教的地位，特别是使他们不被世俗统治者废黜和没收财产，巩固他们对教区教士的控制，法兰克教士在847—852 年汇编了一份声称出自 7 世纪塞维利亚的伊西多尔（Isidore of Seville）之手的教令集，即《伪伊西多尔教令集》（*Pseu-do-Isidorian Decretals*）。④ 根据该教令，主教们有权向罗马申诉自己的案件，而且，它特别强调，在每一起教会案件中，教皇法庭所做的判决都具有终决性。

在改革英格兰教区组织的过程中，坎特伯雷大主教塔苏斯的西奥多俨然是"一位纪律严明的独裁者"。⑤ 例如，他强迫麦西亚主教查德骑马出行并巡视自己的教区，查德的继承人温弗里思则因不服从命令在 675 年被革职。⑥ 在"没有任何过失，也没有违反任何教规"的情况下被从约克主教的位置上赶下来后，不同于温弗里思等人的"逆来顺受"，威尔弗里德选择亲自去罗马上诉。在递交给罗马教廷的诉状中，威尔弗里德写道："坎特伯雷大主教及其他教士，违背了教规和教令，费尽心机地以强盗的方式侵犯、劫掠并占据了我治理了十多年的主教区。在我的教区，他们不是提拔了一位而是三位主教，而我还活着，也不知晓此事。"⑦ 在英格兰教会史上，威尔弗里德向罗马上诉是第一次。在他之后，英格兰很少再发生国王或大

---

① 〔美〕威利斯顿·沃尔克：《基督教会史》，第 163 页。
② 〔美〕布莱恩·蒂尔尼、西德尼·佩因特：《西欧中世纪史》，第 231 页。
③ 〔美〕威利斯顿·沃尔克：《基督教会史》，第 245 页。
④ 中世纪最出名的伪造文献之一，包括了从 1 世纪罗马的克雷芒起到 8 世纪格列高利二世止历届教皇和历届宗教会议的决定，有真有假，"君士坦丁赠礼"也被收录其中。
⑤ 〔美〕克莱顿·罗伯茨、戴维·罗伯茨、道格拉斯·R. 比松：《英国史》（上），第 46 页。
⑥ 〔英〕比德：《英吉利教会史》，第四卷第 6 章。
⑦ 转引自李隆国《教诲和谐：从对主教威尔弗里德事件的叙述看比德的写作特色》，《世界历史》2010 年第 6 期。

主教任意罢黜盎格鲁-撒克逊高级教士的案件。而且，由威尔弗里德开创的这种向罗马教廷上诉的先例也被后来那些心怀委屈之人所仿效。例如，1022 年，蒙冤被逐出伊利的修道院院长利奥夫温（Leofwine）与坎特伯雷大主教埃塞尔诺思同赴罗马，由大主教及其全体随行人员作证，他在教皇本尼迪克八世（Benedict Ⅷ）面前推翻了对自己的所有不实之词。[①] 坎特伯雷大主教贝克的安塞姆（Anselm of Bec）与威廉·鲁夫斯国王（Willian Rufus）发生争执后，他在罗金厄姆（Rockingham）会议（1095 年）后向罗马教廷提出申诉。此外，1164 年 1 月《克拉伦登宪章》（Constitutions of Clarendon）颁布后不久，贝克特被亨利二世（Henry Ⅱ）判决有罪，并被剥夺所有的家产，陷入绝望的他逃到了英吉利海峡另一边，并向教皇进行了申诉。虽然贝克特最终被亨利二世的骑士杀死在自己的大教堂里，但在大众的记忆里，他象征着对世俗权力机构的压迫所进行的反抗。

不过，诚如威尔弗里德在奥斯特菲尔德会议（702 年）上所指出的那样，教皇阿加托、塞厄吉斯一世等做出的判决持续遭到了诺森伯里亚国王和坎特伯雷大主教等的抵制。威尔弗里德第二次亲赴罗马上诉后，教皇约翰六世和罗马附近的主教先后开了不下 70 次会议，历时近 4 个多月。如此旷日持久的议程说明了罗马教廷对此案的重视。但英格兰尼德会议（705 年）的结果又一次忽视了教皇阿加托和塞厄吉斯一世的判决，因为约克主教博萨恰巧这时去世了，这对威尔弗雷德来说是一个绝佳的机会，但很快，贝弗利的约翰被从赫克瑟姆教区调到了约克教区，威尔弗里德只能接管赫克瑟姆教区。[②]

教皇就"威尔弗里德事件"作出的判决在英格兰反复遭到抵制是非常引人注目的。它表明罗马教皇此时对英格兰教会事务并无真正的最高权威，虽然坎特伯雷大主教塔苏斯的西奥多是罗马教会忠实的信徒，但由于教皇做出的关于恢复威尔弗里德教区和财产的判决不利于英格兰教会的未来发展，因此，比远在罗马的教皇更了解英格兰教会真实情形的他坚决拒绝执行相关判决。

---

① E 本《盎格鲁-撒克逊编年史》1022 年纪事。

② 〔英〕比德：《英吉利教会史》，第五卷第 2、3 章；C. J. Godfrey. *The Church in Anglo-Saxon England*, pp. 146 and 256。

二 违规任用高级教职

在整个盎格鲁-撒克逊时期，在任用主教、修道院院长等高级教士的问题上，英格兰出现了多种违反教规的情形。

（一）挤占尚在世的主教的教区

基督教圣职均为终身制，除非神职人员自己提出辞职，否则无人能侵占他们的职位。但是，如前所述，惠特比宗教会议结束后，威尔弗里德被选为约克主教，但当他从欧洲大陆接受主教授任仪式返回时，他的教区已被诺森伯里亚国王奥斯威交给了查德。在巡视英格兰各地教会期间，坎特伯雷大主教西奥多发现了这一违反教规的情况，他果断地罢免了查德，让威尔弗里德回到了原属于他的教区。

我们从阿尔昆在奥法国王去世后不久写的一封信中得知，在埃德伯特·普兰从麦西亚人手中夺回肯特后不久，因担心遭到报复，埃塞尔赫尔德大主教从坎特伯雷逃回了奥法的儿子埃格弗里思国王的宫中，后者将威尔特一座叫帕特尼（Patney）的修道院及其土地赠给了他。阿尔昆在信中严厉斥责了埃塞尔赫尔德，理由是"好牧人为羊舍命，给钱就听人使唤者则选择逃跑"，在他看来，比起埃塞尔赫尔德的逃亡，死亡或受拷打才是更可敬、体面的命运。[1] 阿尔昆还致信肯特的神职人员和民众，敦促他们召回自己的大主教埃塞尔赫尔德，并强调不必考虑任命一位新的大主教来代替他。[2] 可能在写这些信的时候，阿尔昆脑海中想起了威尔弗里德当年在欧洲大陆长期逗留不归结果教区遭人挤占这一事实。

"按照后世的各种标准，邓斯坦在 959 年最后一两个月晋升为坎特伯雷大主教是一件丢脸的事情。"[3] 在埃尔夫西耶翻越阿尔卑斯山去罗马领取大主教披肩的途中去世（958 年冬天）后，韦尔斯主教伯特赫尔姆（Byrhthelm）被任命为他的继承人。最早记述邓斯坦生平的作者解释说，伯特赫尔姆太过温和、谦虚和谦逊，无法管理他教省中那些孤傲和叛逆之徒，

---

[1] *English Historical Documents, 500-1042.* D. Whitelock (ed. and trans.), no. 203.

[2] *Councils and Ecclesiastical Documents Relating to Great Britain and Ireland* III. A. W. Haddon and W. Stubbs (eds.), pp. 509-511.

[3] Nicholas Brooks. *The Early History of the Church of Canterbury: Christ Church from 597 to 1066*, p. 241.

因此，埃德加国王让他回到了他以前的教区，由邓斯坦取代他任坎特伯雷大主教。将伯特赫尔姆从坎特伯雷撤走似乎是出于政治目的。伯特赫尔姆是在埃德威格国王去世（959 年 10 月 1 日）前不久刚被任命的，而且，他还没有到罗马去领取披肩，这样，新王埃德加就能轻而易举地让自己最喜欢的邓斯坦取而代之，而无需征得任何更高权威的批准。伯特赫尔姆被允许回到他以前的教区这一事实证明，埃德加国王采取的上述行动没有遭到任何人的反对。①

（二）将主教从一个教区调往另一个教区

在盎格鲁-撒克逊时期的英格兰，这种情况似乎经常发生。例如，伊塔于 686 年去世后，贝弗利的圣约翰继任赫克瑟姆主教（686—704 年），但他在 705 年被调任约克主教，直到 718 年因年老体弱主动辞任。740 年，管理赫克瑟姆教区的卡思伯特被调任坎特伯雷大主教。949 年，拉姆斯伯里主教基内西耶被调任为利奇菲尔德主教。② 在被提拔为约克大主教（可能在 956 年底）之前，奥斯基特尔已是多切斯特主教。③ 此外，如前所述，自埃塞尔赫尔姆起，所有坎特伯雷大主教都是从英格兰南部其他现任主教中调任的，只有埃塞尔诺思是个例外。④ 留存下来的文献资料显示，在 1002 年被提拔为约克大主教之前，伍尔夫斯坦（卒于 1023 年）曾先后任伦敦主教（996—1002 年）和伍斯特主教（1002—1016 年）。⑤

将主教从一个教区调往另一个教区的做法显然违反了尼西亚宗教大会制定的第 15 条教规。不过，必须承认，教皇自己也曾违反了该教规。自 9 世纪 80 年代以后，大部分罗马教皇都是从其他主教区调任的。例如，在 914 年被提拔为罗马教皇之前，约翰十世（John X）已是拉文那大主教。

（三）一人兼领多个主教管区

教会法规明确且严格规定，一名主教只能管理一个教区，但在盎格

① Nicholas Brooks. *The Early History of the Church of Canterbury: Christ Church from 597 to 1066*, p. 237.
② H. R. Loyn. *The English Church, 940–1154*, p. 4.
③ 《盎格鲁-撒克逊编年史》971 年纪事。
④ Nicholas Brooks. *The Early History of the Church of Canterbury: Christ Church from 597 to 1066*, p. 213.
⑤ Mary Frances Giandrea. *Episcopal Culture in Late Anglo-Saxon England*, p. 37.

鲁-撒克逊英格兰晚期，出现了一种多元化的倾向，即一名主教兼领多个主教教区。自奥斯瓦尔德起，"人们创造性地将麦西亚西部富庶的伍斯特教区与贫瘠的约克教区联合起来进行管理"[1]。如前所述，奥斯瓦尔德自961年起任伍斯特主教，但在约克大主教奥斯基特尔于971年去世后，他又被任命为约克大主教。这一惊人但行之有效的安排一直持续到奥斯瓦尔德去世（992年），并在他去世后约70年的时间里不断被效仿。[2]"虽然我们不清楚奥斯基特尔被提拔为约克大主教后是否交出了他原来领有的多切斯特教区，但可以肯定的是，大主教奥斯瓦尔德、埃尔德沃夫（Ealdwulf）和伍尔夫斯坦都兼管了伍斯特教区，这种安排很快就被其他主教效仿。"[3]资料显示，在956—959年管理伦敦、塞尔西、温切斯特、威尔斯和舍伯恩这5个教区的是两个都叫伯特赫尔姆的人。邓斯坦被称作"10世纪最著名的兼职者之一"，[4] 因为他在959年底被任命为坎特伯雷大主教时，还持有伍斯特、伦敦这两个富裕的主教管区，并兼领格拉斯顿伯里修道院。961年，应邓斯坦的请求，已故大主教奥达的侄子奥斯瓦尔德被埃德加国王任命为伍斯特主教，邓斯坦还在同一年授任埃尔夫斯坦为伦敦主教，这样，由邓斯坦兼管的这两个主教管区终于有了自己的主教。[5]《盎格鲁-撒克逊编年史》关于1047年的纪事记载说：这年3月23日，"富有口才"的利芬主教去世，他有3个主教管区，一个在德文、一个在康沃尔、一个在伍斯特；其后，"申信者"爱德华国王的神父利奥弗里克接管德文和康沃尔；奥尔德雷德则接管伍斯特。

最终，盎格鲁-撒克逊教会中的这种多元化倾向引起了教皇的注意。1061年，教皇尼古拉斯拒绝将披肩授予新近被提拔为约克大主教的奥尔德雷德，除非后者答应让出伍斯特教区。随后，尼古拉斯还派使节前往英格兰，在伍斯特举行的宗教会议上，他们与英格兰主教一起将伍斯特修道院副院长伍尔夫斯坦选为主教。[6]

① H. R. Loyn. *The English Church*, 940–1154, p. 3.
② Ibid, p. 16.
③ *English Historical Documents, 500–1042*. D. Whitelock (ed. and trans.), p. 93.
④ *Anglo-Saxon Myths: State and Church 400–1066*. Nicholas Brooks (ed.), p. 178.
⑤ Nicholas Brooks. *The Early History of the Church of Canterbury: Christ Church from 597 to 1066*, pp. 241 and 243.
⑥ Ibid, p. 304.

在 1052 年 9 月被提拔为坎特伯雷大主教的斯蒂甘德则集各种违规做法于一身：侵占还活着的罗伯特的坎特伯雷教区；从埃尔默姆教区调往温切斯特教区；兼领英格兰南部两个最富裕的教区——坎特伯雷和温切斯特① （虽然在盎格鲁-撒克逊后期，将南部一个富裕的教区与北部或东部一个贫瘠的教区交由同一个主教管理已屡见不鲜，且情有可原，但没有任何理由让一个主教同时保有英格兰两个最富足的教区）；② 接受阿宾顿修道院院长斯帕罗霍克的贿赂，将伦敦主教一职卖给他；等等。因此，"无论以什么标准来衡量，把斯蒂甘德提拔为大主教都是欠考虑的和鲁莽的"③。

三 婚姻领域的挑衅

在留存至今的盎格鲁-撒克逊法典中，有许多关于婚姻的条款。例如，肯特国王威特雷德法典的第 3—6 条以及"准备不足者"埃塞尔雷德国王的第六个法令规定：所有基督徒应避免非法结合，包括不和血缘关系在六代以内的亲属结婚；不娶这些亲属的孀妇或一位近亲属的前妻为妻；不与因属灵事务而结为精神上的亲属的人以及遭人抛弃的妇女结婚（第 12 条）。④此外，"准备不足者"埃塞尔雷德国王的第五个法令（第 10、25 条）、克努特国王的第二个法令（第 6、50—55 条）等也禁止不合法的交往。尽管如此，在教会关于婚姻的理想与盎格鲁-撒克逊社会实际之间，仍然存在着巨大的缝隙。约从 8 世纪中期起，盎格鲁-撒克逊英格兰出现了针对普遍存在的违反教会婚姻法规的抱怨。

概括起来看，盎格鲁-撒克逊人在婚姻领域的"叛逆"主要表现在以下三方面。

（一）近亲结婚

基督教严格禁止与血缘关系在七代以内的人结婚（在 1215 年第四次拉特兰宗教会议上，这一规则被修改为更可行的四代）。在给坎特伯雷主教

---

① Nicholas Brooks. *The Early History of the Church of Canterbury: Christ Church from 597 to 1066*, pp. 302, 303.
② Ibid, pp. 235-237.
③ Ibid, p. 302.
④ *English Historical Documents, 500-1042*. D. Whitelock（ed. and trans.），p. 444, note. 1.

奥古斯丁的信中，教皇大格雷戈里明确指出，信徒在三代或四代之内不能通婚。[①] 有学者指出："基督教的一些观念对盎格鲁-撒克逊人的家庭和继承策略产生了影响，因为它对近亲属间结婚的禁止限制了可以得到配偶的范围。"[②] 以诺森伯里亚国王奥斯威与伊恩弗莱德的结合为例。根据比德的记载，伊恩弗莱德是德伊勒国王爱德文的女儿，而奥斯威是爱德文的外甥，[③] 二人为表兄妹。而且，担此重任前往肯特去接伊恩弗莱德的是一个叫厄塔的神父，他"庄重而诚实并因此受到所有人甚至此世上君王的尊敬"，显然，在确保诺森伯里亚统一的政治利益面前，基督教关于禁止近亲结婚的规定被抛到了脑后。

　　盎格鲁-撒克逊人中颇为普遍的近亲结婚现象也引起了欧洲大陆其他教会人士以及罗马教皇的不满和抱怨。教皇约翰八世在 873—874 年写信给麦西亚国王伯雷德（Burghred）说："我们听说，淫乱罪在你们中间格外盛行。因为在你的王国中，有许多男人……和他们女亲属结了婚。"[④] 后来，在 877 年底或 878 年初，约翰八世在写给坎特伯雷大主教埃塞尔雷德的信中重申："与自己的亲属结婚也是禁止的。"[⑤] 890 年或稍后，兰斯大主教富尔克（Fulk）致信威塞克斯国王阿尔弗雷德说，在英格兰，"允许妇女住在主教和教士的附近，并且，只要其愿意，任何人都可获准去接近自己的女亲属，且可以玷污那些已被祝圣给上帝的妇女，并且，允许已经结婚了的男人同时拥有一名情妇，尽管这种抱怨在任何时候都屡见不鲜"[⑥]。但这些抱怨似乎无济于事，因为按照《盎格鲁-撒克逊编年史》中关于 958 年纪事的记载，埃德威格国王仍旧和与自己"血缘关系太近"的埃尔夫吉富结了婚。

（二）与继母结婚

　　这是盎格鲁-撒克逊人异教时代的一项习俗。教皇大格雷戈里在信中指出，跟继母结婚是严重的罪过。[⑦] 比德记载说，肯特国王埃塞尔伯特去

---

① 〔英〕比德：《英吉利教会史》，第一卷第 27 章。
② Sally Crawford. *Daily Life in Anglo-Saxon England*, p. 174.
③ 〔英〕比德：《英吉利教会史》，第一卷第 34 章；第三卷第 6 章。
④ *English Historical Documents, 500–1042*. D. Whitelock（ed. and trans.），no. 220, p. 880.
⑤ Ibid, no. 222, pp. 881–883, at p. 882.
⑥ Ibid, no. 224, pp. 886–886, at p. 887.
⑦ 〔英〕比德：《英吉利教会史》，第一卷第 27 章。

世后，他的儿子、王位继承人埃德博尔德娶了自己的继母，但在正式受洗后，他废止了这段非法的婚姻，娶了一名法兰克人为妻。[①] 威塞克斯国王埃塞尔伍尔夫和他的儿子埃塞尔博尔德先后娶加洛林公主朱迪思（Judith）为妻。有学者指出，娶继母在 9 世纪是极不正常的，但它体现了西撒克逊人对与法兰克人结盟的重视。[②] 威塞克斯与加洛林王室间的联系最早可追溯至埃塞尔伍尔夫的父亲埃格伯特。埃格伯特早年遭布里特里克国王流放，他在加洛林人的宫中寻求庇护，而且，"查理大帝厚待埃格伯特，让他位列公卿，出入行伍。几年之内，埃格伯特就以才略气度闻名于欧洲各国"[③]。埃塞尔伍尔夫是在结束罗马朝觐返回英格兰的途中娶朱迪思为妻的，当时她只有 12 岁。此次联姻可能是为了与朱迪思的父亲，即西法兰克国王秃头查理联合对抗日益增长的维京人威胁。即使不考虑这一点，埃塞尔伍尔夫似乎也想以此为他的王朝增添加洛林王朝血统。埃塞尔伍尔夫回国后仅两年就去世了，埃塞尔博尔德立即娶了自己的继母朱迪思，此举可能是想延续刚与加洛林人建立的联盟关系。后来，埃塞尔博尔德的弟弟阿尔弗雷德国王又将自己的女儿埃尔夫思里思（Ælfthryth）嫁给了佛兰德伯爵鲍德温二世（Baldwin Ⅱ），他是朱迪思与其第三任丈夫鲍德温一世的儿子。长者爱德华国王则有四个女儿（均系他的第二任妻子所生）嫁入了大陆王室。[④] 这些联姻进一步巩固了西撒克逊王室自埃塞尔伍尔夫时期以来与大陆王室间的密切联系。

（三）重婚

基督教提倡配偶双方对婚姻誓言的忠诚和终身一夫一妻的婚姻理想，学识渊博的教士们曾引述《申命记》第 14 章第 17 节中的训诫教导加洛林国王查理曼和"虔诚者"路易："（国王）不可拥有一个以上的妻子。"英格兰赫特福德宗教会议制定的第十条教规说："不论什么人，只能有一次

---

① Nicholas Brooks. *The Early History of the Church of Canterbury: Christ Church from 597 to 1066*, p. 62; D. W. Rollason. *The Mildrish Legend: A Study in Early Medieval Hagiography in England*, p. 75.

② Barbara Yorke. *Kings and Kingdoms of Early Anglo-Saxon England*, p. 152.

③ 〔英〕大卫·休谟：《英国史》（第一卷），刘仲敬译，吉林人民出版社，2012，第 40 页。

④ Sarah Foot. *Æthelstan: The First King of England*, pp. 45–52.

合法婚姻。任何人不得乱伦，任何人不得抛弃自己的妻子。"① 尼古拉一世被誉为"大格列高利和希尔德布兰之间最能干、最武断的"教皇，② 他粗暴地制止了加洛林国王洛泰尔二世（Lothair Ⅱ）举行非法的第二次婚姻的行为，并迫使他请回了被他抛弃的前妻。③《盎格鲁-撒克逊编年史》关于 757 年的纪事记载说，被基内赫德王子突然袭击时，威塞克斯国王基内伍尔夫正带着一小队随从人员在梅雷顿（Meretun）看望自己的情妇。877 年底或 878 年初，教皇约翰八世致信坎特伯雷大主教埃塞尔雷德重申："男人不可离弃妻子，妻子也不可离弃丈夫。"④ 另外，从约克大主教奥斯瓦尔德的一些备忘录中，我们获悉了针对一起极端恶劣的事例所采取的行动⑤。通奸和近亲通婚的盛行是约克大主教伍尔夫斯坦在 1014 年提出的控告之一，⑥ 但后来的证据表明，就斯堪的纳维亚化了的英格兰北部而言，高级神职人员们关于反对离婚和再婚的布道是徒劳的。克努特国王很可能就是一位重婚主义者，因为在 1017 年 7 月正式娶"准备不足者"埃塞尔雷德国王的遗孀埃玛为王后之前，他已与北安普顿的埃尔夫吉富结了婚。

为了维护婚姻的神圣性，教会也反对私生子有继承权。奥斯提亚主教乔治帮助英格兰教会制定的教规（第 12 条）规定："通奸或乱伦所生之人不得当选为国王；就像今天一样，按照同样的标准，教会法禁止通奸所生的孩子获得教士职位；同样，不是合法婚姻所生的任何人不能成为神命之主，不能成为整个国家的国王及祖产的继承人。"⑦ 英格兰宗教大会在 787 年颁布了排除私生子继承王位的权利的教规，并得到了盎格鲁-撒克逊国王及其世俗贵族的署证，但它似乎从未获得世俗法律的效力。在盎格鲁-撒克逊时期的英格兰，就像在许多早期日耳曼部族中发生的那样，有不少国王是非婚生的。

---

① 〔英〕比德：《英吉利教会史》，第四卷第 5 章。
② 〔美〕威利斯顿·沃尔克：《基督教会史》，第 245 页。
③ 〔法〕基佐：《法国文明史》（第二卷），第 279—281 页。
④ *English Historical Documents, 500-1042*. D. Whitelock（ed. and trans.），no. 222, pp. 881-883, at p. 882.
⑤ Ibid, no. 114.
⑥ Ibid, no. 240.
⑦ Ibid, no. 191, pp. 836-840, at pp. 837-838; *Councils and Ecclesiastical Documents Relating to Great Britain and Ireland* Ⅲ. A. W. Haddon and W. Stubbs（eds.），pp. 447-462.

结　语

　　"政治和宗教是由一个短把手链接起来的杠铃的两头，它们可以被分开、把握，但是事实上却总是紧密地联系在一起。"① 从来到盎格鲁-撒克逊人中的第一天起，基督教就与盎格鲁-撒克逊王权密切交织在了一起，而且，在二者之间存有一种相互助力的关系，即任何一种权力都有赖于另一种权力的帮助和支持。

　　事实上，不只是在盎格鲁-撒克逊时期的英格兰，教会与世俗王权间彼此利用、相互影响的现象也见于同时期西欧其他各地。其中一个重要原因是精神权力和世俗权力无法对各自的管辖权限进行详尽的界定。

　　耶稣曾说："上帝的归上帝，凯撒的归凯撒。"但是，将宗教的权力和世俗的权力这两者分离开来的理论在中世纪欧洲从未真正实践过。一个显见的历史事实是，在325年尼西亚宗教大会上击败阿里乌斯派论者时，君士坦丁皇帝的影响起到了决定性的作用——三位一体这一基督教基本正统教义乃是经由世俗皇帝的一道敕令而确定下来的。君士坦丁的继承人也主持了之后的宗教大会。实际上，在基督教早期历史上，确立其基本教义的第一次至第七次宗教会议都是由罗马帝国皇帝召集各地主教举行的。加洛林国王查理曼也多次主持宗教会议，并颁布一系列有关教会事务的法令。基督教神职人员也卷入世俗统治事务，例如，在罗马日趋衰败的日子里，教皇大格雷戈里曾行使过巨大的世俗权力。法兰克主教也被加洛林国王派往其各领地进行巡回审讯。

---

① 〔美〕约翰·C. 舒佩尔、布莱恩·K. 特里：《世界历史上的宗教》，李腾译，商务印书馆，2015，第91页。

不仅如此，当时的欧洲也几乎不存在将精神世界与世俗政府分开的理念。以盛行的俗人授职权为例。虽然它没有任何教规基础，但在很长一段时间里，国王任命高级教士并未被视作一种弊端。549 年的奥尔良宗教会议规定："任何人不得用金钱取得主教职位；但经国王同意，可以让教士和民众选举出来的人被大主教……及其副手任命为主教。"法兰克国王克洛泰尔二世在 615 年说："一个主教死后应由大主教及其副手任命一个人来接替他的职务，这个人应由教士和民众选举产生并……经国王授以圣职。"① 可见，新当选的主教或修道院院长必须得到国王批准才能上任，这不仅是一个事实，也是为宗教社会和世俗社会共同接受的一条法律。

与同时期法兰克教会相比，盎格鲁－撒克逊教会对英格兰世俗王权的政治依附性更明显。这与英格兰在此时期建立了相对强大和统一的政权有很大关系。虽然罗马传教团在 6 世纪末抵达时，英格兰仍被分割成许多"王国"，而同样的情形没有出现在被其他日耳曼部落占领的西班牙、意大利或高卢这些前西罗马帝国的剩余部分，但在接下来的 4 个世纪的时间里，英格兰这个前西罗马帝国权威最为破碎之地，到诺曼征服前夕已成为西欧最大的权力完整地区，没有哪位西欧的统治者像它的国王们那样，在如此广阔的区域内拥有严密组织起来的权威。秩序的形成意味着行政效率和政治稳定，这显然有助于王权对教会的控制。

另外，因英吉利海峡与欧洲大陆相隔这一地理因素在一定程度上也限制了外部特别是罗马教会对盎格鲁－撒克逊教俗关系的影响，"教皇能够在多大程度上对英格兰教会行使权力，在很多情况下取决于以王权为首的世俗力量对教皇权的容纳程度"②。以旨在将教会从世俗控制中解脱出来、净化教士们的伦理道德和精神生活的"主教叙任权之争"（Investiture Contest）为例。虽然早在 1059 年，罗马教皇就已发布了禁止世俗主教授职仪式的第一个法令，且此后发布了更多的禁令，但在英格兰，似乎很少有人意识到它们的存在。事实上，直到贝克的安塞姆任坎特伯雷大主教期间，主教叙任权的斗争才被引入英格兰。虽然后来英格兰王室对教会的传统权利也受到随着格雷戈里改革运动而来的新思想的威胁，但相较于其他教

---

① 转引自〔法〕基佐《法国文明史》（第一卷），第 296 页。
② 刘城：《中世纪欧洲的教皇权与英国王权》，《世界历史》1998 年第 1 期。

会，罗马教廷显然对偏于海峡一隅的英格兰教会的控制更为松弛。例如，在禁止世俗统治者任命主教并发现皇帝抗拒这项禁令之后，教皇格雷戈里七世便采用开除教籍的方法来强制执行他的教令，因此，他在 1076 年将神圣罗马帝国皇帝亨利四世（Henry IV）开除教籍，并解除了他的封臣对他做出的封建誓言。在英格兰，却是另一番情形，"征服者"威廉也拒绝执行上述禁令，但格雷戈里七世仅对他予以多次指责，并没有像对待亨利四世那样革除其教籍。

最后，罗马教会自身此时实力较弱也是一个重要因素。虽然"教廷不论是单纯地存在，甚或极度地自我膨胀，都一直致力于确保基督教国度（Christendon）的地方教会具有某种普世基督教的视野，使它们不致分崩离析而陷入狭隘的宗教民族主义，或完全屈从于世俗统治者的强权意志"①，然而，在教皇实际上已成为教会首脑，不再感到自己要依附皇帝才能顺利进行统治，以及教会改革者们把教皇作为教会领袖的理论变成一套中央集权制度的事实之前，教廷的上述努力终究只是一种美好的愿景。不仅如此，在教皇尼古拉一世去世后的 25 年内，罗马教会的权势衰落到了最低点，教皇成了意大利贵族或神圣罗马帝国皇帝的玩物，包括英格兰在内的西欧各地教会更多地受本国王权的控制，即教会臣服于、服从于国家，国王牢不可破地控制着教会的"国家教会"（Staatskiechentum）时期。虽然从很早时起，盎格鲁-撒克逊人在神学理论和宗教习俗上就承认教皇的权威，但随着教会大多数高级教职长期被国王忠顺的臣属垄断，盎格鲁-撒克逊教会在组织结构上与本地世俗王权越来越紧密地联系在一起，国王比鞭长莫及而又懦弱的教皇更有权威。在诺曼征服后，特别是在 12 世纪和 13 世纪，教皇的神权达到巅峰时期，罗马教廷神权的膨胀及其对英国政治的不断干预，成为英国教、俗权力矛盾的催化剂。

---

① 〔英〕埃蒙·达菲：《圣徒与罪人：一部教宗史》，前言，第 9 页。

参考文献

一 工具书和史料

（一）工具书

丁光训、金鲁贤主编《基督教大辞典》，上海辞书出版社，2010。

《牛津法律大辞典》，北京社会与科技发展研究所组织翻译，光明日报出版社，1988。

世界历史词典编委会编《世界历史词典》，上海辞书出版社，1985。

〔英〕杰拉尔德·豪厄特主编《世界历史词典》，马加瑞等译，商务印书馆，1988。

啸声：《基督教神圣谱：西方冠"圣"人名多语同义词典》，广西师范大学出版社，2016。

新华通讯社译名资料组编《英语姓名译名手册》，商务印书馆，1985。

（二）史料

A Collection of the Laws and Canons of the Church of England. J. Johnson（ed.），London：Bobert Knaplock，1850.

Aldhelm：The Prose Works. M. Lapidge and M. Herren（trans. and ed.），Cambridge：D. S. Brewer Ltd.，1979.

Alfred the Great：Asser's Life of King Alfred and Other Contemporary Sources. S. Keynes and M. Lapidge（trans.），Harmondsworth：Penguin Classics，1983.

Ancient Laws and Institutes of England：Comprising Laws Enacted under the An-

glo-Saxon Kings from Æthelbert to Cnut. B. Thorpe (ed.), Cambridge:
Cambridge University Press, 1840.

Anglo-Saxon Charters. A. J. Robertson (ed.), Cambridge: Cambridge University
Press, 1956.

Anglo-Saxon Charters: An Annotated List and Bibliography. P. H. Sawyer (ed.),
London: Office of Royal Historical Society, 1968.

Anglo-Saxon Wills. D. Whitelock (ed.), Cambridge: Cambridge University
Press, 1930.

Anglo-Saxon Writs. F. E. Harmer (ed.), Manchester: Manchester University
Press, 1952.

Athanasius: The Life of Antony and the Letter to Marcellinus. Robert C. Gregg
(trans.), New York: Paulist Press, 1979.

Councils and Ecclesiastical Documents Relating to Great Britain and Ireland Ⅲ.
A. W. Haddon and W. Stubbs (eds.), Oxford: Clarendon Press, 1878.

Councils and Synods with Other Documents Relating to the English Church Ⅰ,
A. D. 871-1204. D. Whitelock, M. Brett and C. N. L. Brooke (eds.), Ox-
ford: Clarendon Press, 1981.

Domesday Book, Facsimile Edition Ⅱ. R. Erskine and A. Williams (eds.),
Cambridge: Cambridge University Press, 1986.

English Historical Documents, 500-1042. D. Whitelock (ed. and trans.), Lon-
don and New York: Routledge, 1979.

Felix, Felix's Life of Saint Guthlac. Bertram Colgrave (ed.), Cambridge: Cam-
bridge University Press, 1956.

Gildas, The Ruin of Britain and Other Works. Michael Winterbottom (ed. and
trans.), London: Phillimore and Col. Ltd. , 1978.

Homiles of Wulfstan. Dorothy Bethurm (ed.), Oxford: Oxford University Press,
1957.

*Medieval Handbooks of Penance: A Translation of the Principal Libri Poenitentiales
and Selections from related documents.* Austin P. Evans (ed.), New York:
Columbia University Press, 1938.

Selected English Historical Documents of the Ninth and Tenth Centuries. F. E. Harmer (ed.), Cambridge: Cambridge University Press, 1914.

Selected Epistles of Gregory the Great. James Barmby (ed.), Massachusetts: Hendrickson Publishers, 1994.

Sources of English Constitutional History: A Selection of DocumentsFrom A. D. 600 to the Present. Carl Stephenson (ed. and trans.), New York and London: Harper and Brothers Publishers, 1937.

The Anglo-Saxon World. Kevin Crossley-Holland (ed. and trans.), Wood-bridge: Boydell Press, 2002.

The Age of Bede. J. F. Webb and D. H. Farmer (ed. and trans.), London: Penguin Publishing, 2004.

The Laws of the Earliest English Kings. F. L. Attenborough (ed. and trans.), Cambridge: Cambridge University Press, 1922.

The Laws of the Kings of England from Edmund to Henry Ⅰ. A. J. Robertson (ed.), Cambridge: Cambridge University Press, 1925.

Wulfstan's Canon Law Collection. James E. Cross and Andrew Hamer (ed. and trans.), Cambridge: D. S. Brewer, 1999.

《盎格鲁-撒克逊编年史》, 寿纪瑜译, 商务印书馆, 2009。

〔法兰克〕都尔教会主教格雷戈里: 《法兰克人史》, 寿纪瑜、戚国淦译, 商务印书馆, 2009。

〔法兰克〕艾因哈德、圣高尔修道院僧侣: 《查理大帝传》, 戚国淦译, 商务印书馆, 2009。

〔古罗马〕凯撒: 《高卢战记》, 任炳湘译, 商务印书馆, 2014。

〔古罗马〕塔西佗: 《阿古利可拉传 日耳曼尼亚志》, 马雍、傅正元译, 商务印书馆, 2010。

《贝奥武甫》, 冯象译, 生活·读书·新知三联书店, 1992。

〔英〕比德: 《英吉利教会史》, 陈维振、周清民译, 商务印书馆, 1997。

〔英〕蒙茅斯的杰佛里: 《不列颠诸王史》, 陈默译, 广西师范大学出版社, 2009。

周一良、吴于廑主编《世界通史资料选辑》（中古部分）, 商务印书馆, 1981。

二 著作

(一) 英文

A. J. Carlyle. *A History of Medieval Political Theory in the West* Ⅰ. London: William Blackwood and Sons, 1903.

Andre Vauchez. *Sainthood in the Later Middle Ages*. Cambridge: Cambridge University Press, 1977.

Barbara Yorke. *Kings and Kingdoms of Early Anglo-Saxon England*. London and New York: Routledge, 1990.

Barbara Yorke. *Nunneries and the Anglo-Saxon Royal Houses*. London and New York: Continuum, 2003.

Catherine Cubitt. *Anglo-Saxon Church Councils, 650 – 850*. Leicester: Leicester University Press, 1995.

Catherine E. Karkov. *The Ruler Portraits of Anglo-Saxon England*. Woodbridge: The Boydell Press, 2004.

C. Clark and E. Williams. *Women in Anglo-Saxon England and the Impact of 1066*. Oxford: Basil Blackwell Ltd. , 1987.

C. E. Challis. *A History of the Royal Mint*. Cambridge: Cambridge University Press, 1992.

C. H. Talbot. *The Anglo-Saxon Missionaries in Germany*. London: Sheedand Ward, 1954.

Charles Petit-Dutaillis. *The Feudal Monarchy in France and England*. London: Routledge, 1996.

Christopher A. Synder. *An Age of Tyrants: Britain and the Britons, AD 400 – 600*. Philadelphia: Penn State University Press, 1998.

C. J. Amold. *An Archaeology of the Early Anglo-Saxon Kingdoms*. London and New York: Routledge, 1988.

C. J. Arnold. *Roman Britain to Saxon England: An Archaeological Study*. London: Routledge, 1984.

C. J. Godfrey. *The Church in Anglo-Saxon England*. Cambridge: Cambridge University Press, 2009.

C. Lees and G. R. Overing. *Double Agents: Women and Clerical Culture in Anglo-Saxon England*. Cardiff: University of Wales Press, 2009.

C. Thomas. *Christianity in Roman Britain to AD 500*. London: B. T. Batsfordn Ltd. , 1981.

C. Warren Hollister. *The Making of England: 55 B. C. to 1399*. Toronto: D C Heath & Co, 1992.

D. Hill and E. M. Metealf. *Sceatttas in England and on the Continent: The Seventh Oxford Symposium on Coinage and Monetary History*. Oxford: British Archaeological Reports, 1984.

D. Knowles. *The Monastic Order in England: A History of its Development from the Times of St Dunstan to the Fourth Lateran Council, 940 – 1216*. Cambridge: Cambridge University Press, 1963.

D. P. Kirby. *Earliest English Kings*. London and New York: Routledgc, 2000.

D. V. Clark, T. G. Cowie and A. Foxon. *Symbols of Power at the Time of Stonehenge*. Edinburgh: Stationery Office Books, 1985.

D. Whitelock. *Some Anglo-Saxon Bishops of Londo*n. London: H. K. Lewis for University College, 1975.

D. W. Rollason. *The Mildrith Legend: A Study in Early Medieval Hagiography in England*. Leicester: Leicester University Press, 1982.

D. W. Rollason. *Saints and Relics in Anglo-Saxon England*. Oxford: Basil Blackwell, 1989.

E. J. Michael. *The End of Roman Britain*. Ithaca, New York and London: Cornell University Press, 1066.

E. Miller. *The Abbey and Bishopric of Ely*. Cambridge: Cambridge University Press, 1969.

Everett U. Crosby. *Bishop and Chapter in Twelfth-Century England: A Study of the "Mensa Episcopalis"*. Cambridge: Cambridge University Press, 1994.

E. W. Kemp. *Canonization and Authority in the Western Church*. Oxford: Oxford University Press, 1948.

F. Barlow. *The English Church 1000 – 1066: A History of the Later Anglo-Saxon*

Church. London and New York: Longman, 1979.

F. Barlow. *The Godwins: The Rise and Fall of a Noble Dynasty*. London and New York: Routledge, 2013.

F. Barlow. *The Noman Conquest and Beyond*. London: Bloomsbury Academic, 1983.

F. Barlow. *The Life of King Edward the Confessor*. Oxford: Oxford Medieval Texts, 1962.

Fritz Kern. *Kingship and Law in the Middle Ages*. Oxford: Basil Blackwell, 1939.

F. Liebermann. *The National Assembly in the Anglo-Saxon Period*. Halle: Max Niemeyer, 1913.

F. M. Stenton. *Anglo-Saxon England*. Oxford: Oxford University Press, 1971.

F. M. Stenton. *The Latin Charters of the Anglo-Saxon Period*. Oxford: Clarendon Press, 1955.

George C. Brook. *English Coins: From the Seventh Century to the Present Day*. London: Methuen and Cp. Ltd., 1932.

Giles Constable. *Monastic Tithes: From the Origin to the Twelfth Century*. Cambridge: Cambridge University Press, 1964.

Henry Mayr-Harting. *The Coming of Christianity to Anglo-Saxon England*. London: B. T. Batsford Ltd., 1972.

H. Munro Chadwick. *Studies on Anglo-Saxon Institutions*. Cambridge: Cambridge University Press, 2010.

H. R. Lyon. *Anglo-Saxon England and the Norman Conquest*. London: Routledge, 1991.

H. R. Loyn. *The English Church, 940-1154*. Longman: Pearson Education Limited, 2000.

H. R. Loyn. *The Governance of Anglo-Saxon England, 500-1087*. London: Edward Arnold Ltd., 1984.

H. Tiliman. *Pope Innocent III*. Amsterdam and London: North-Holland Publishing Company, 1983.

James Campbell. *The Anglo-Saxon State*. London and New York: Bloomsbury Academic, 2003.

J. M. Wallace-Hadrill. *Early Germanic Kingship in England and the Continent.* Oxford: Oxford University Press, 1981.

J. M. Wallace-Hadrill. *Bede's Ecclesiastical History of the English People: A Historical Commentary.* Oxford: Clarendon Press, 1988.

J. M. Robert. *History of Europe.* London: Penguin, 1997.

J. N. L. Myres. *Anglo-Saxon Pottery and the Settlement of England.* Oxford: Oxford University Press, 1969.

JohnBlair. *The Church in Anglo-Saxon Society.* Oxford: Oxford University Press, 2005.

Joseph H. Lynch. *Christianizing Kinship: Ritual Sponsorship in Anglo-Saxon England.* Cornell: Cornell University Press, 1998.

Julian D. Richards. *Viking Age England.* Stroud: The History Press, 2010.

J. R. Maddicot. *The Origin of the English Parliament, 924 – 1327.* Oxford: Oxford University Press, 2010.

Kenneth Hylson Smith. *Christianity in England from Roman Times to the Reformation: From Roman Times to 1066.* London: SCM Canterbury Press Ltd. , 2001.

K. J. Leyser. *Rule and Conflict in an Early Medieval Society: Ottonian Saxony.* London: Hodder and Stoughton Educational, 1979.

Levi Roach. *Kingship and Consent in Anglo-Saxon England, 871 – 978: Assemblies and the State in the Early Middle Ages.* Cambridge: Cambridge University Press, 2013.

Linda Tollerton. *Wills and Will-Making in Anglo-Saxon England.* York: York Medieval Press, 2011.

Margaret Deanesly. *The Pre-Conquest Church in England.* London: Adam & Charles Black, 1961.

Mary Frances Giandrea. *Episcopal Culture in Late Anglo-Saxon England.* Woodbridge: The Boydell Press, 2007.

Marilyn Dunn. *The Christianization of the Anglo-Saxons, 597 – 700: Discourses of Life, Death and Afterlife.* London and New York: Hambledon Continuum Press, 2009.

Mary Frances Giandrea. *Episcopal Culture in Late Anglo-Saxon England.* Woodbridge: The Boydell Press, 2007.

May McKisack. *The Fourteenth Century, 1307-1399.* Oxford: Oxford University Press, 1959.

Mechthild Gretsch. *Ælfric and the Cult of Saints in Late Anglo-Saxon England.* Cambridge: Cambridge University Press, 2005.

Nicholas Brooks. *The Early History of the Church of Canterbury: Christ Church from 597 to 1066.* Leicester: Leicester University Press, 1984.

Nicholas Howe. *Writing the Map of Anglo-Saxon England: Essays in Cultural Geography.* New Haven and London: Yale University Press, 2008.

N. J. Higham. *The Convert Kings: Power and Religious Affiliation in Early Anglo-Saxon England.* Manchester and New York: Manchester University Press, 1997.

Patrick Wormald. *The Making of English Law: King Alfred to the Twelfth Century* I, *Legislation and Its Limits.* Oxford: Blackwell Publishers Ltd. , 1999.

Peter Hunter Blair. *An Introduction to Anglo-Saxon England.* Cambridge: Cambridge University Press, 2003.

P. H. Sawyer. *From Roman Britain to Norman England.* London: Routledge, 1998.

P. Stafford. *Queen Emma and Queen Edith: Queenship and Women's Power in Eleventh-Century.* Oxford: Oxford University Press, 1997.

P. Stafford. *Queens, Concubines and Dowagers: The King's Wife in the Early Middle Ages.* London: University of Georgia Press, 1983.

R. Bruce-Mitford. *Aspect of Anglo-Saxon Archaeology: Sutton Hoo and Other Discoveries.* London: Harper's Magazine Press, 1974.

R. Bruce-Mitford. *The Sutton Hoo Ship-Burial* II. London: Trustees of the British Museum, 1978.

Richard W. Southern. *The Making of the Middle Ages.* New York: Yale University Press, 1992.

Robin Fleming. *Kings and Lords in Conquest England.* Cambridge: Cambridge University Press, 1991.

Richard P. Abels. *Alfred the Great*: *War*, *Kingship and Culture in Anglo-Saxon England*. London and New York: Routledge, 1998.

Richard P. Abels. *Lordship and Military Obligation in Anglo-Saxon England*. Berkeley, Los Angeles and London: University of California Press, 1988.

R. W. Carlyle, A. J. Carlyle. *A History of Mediaeval Political Theory in the West*. London: William Blackwood and Sons, 1903—1936.

Sally Crawford. *Daily Life in Anglo-Saxon England*. Oxford: Greenwood World Publishing, 2009.

Sarah Foot. *Æthelstan*: *The First King of England*. New Haven and London: Yale University Press, 2011.

Sarah Foot. *Monastic Life in Anglo-Saxon England*, *600—900*. Cambridge: Cambridge University Press, 2006.

Stephanie Hollis. *Anglo-Saxon Women and the Church*: *Sharing a Common Fate*. Woodbridge: Boydell Press, 1992.

Stephen Wilson. *Saints and Their Cults*: *Studies in Religious Sociology*, *Folklore and History*. Cambridge: Cambridge University Press, 1983.

Sue Hirst. *The Prittlewell Prince*: *The Discovery of a Rich Anglo-Saxon Burial in Essex*. London: Museum of London Archaeology, 2004.

Susan J. Ridyard. *The Royal Saints of Anglo-Saxon England*: *A Study of West Saxon and East Anglian Cults*. Cambridge: Cambridge University Press, 1988.

Tomas M. Charles-Edwards. *Early Christian Ireland*. Cambridge: Cambridge University Press, 2000.

Victoria Thompson. *Dying and Death in Later Anglo-Saxon England*. Woodbridge: The Boydell Press, 2004.

Walter Ulmann. *Principles of Government and Politics in the Middle Ages*. London: Routledge, 2010.

W. Davies and P. Fourace. *Property and Power in the Early Middle Ages*. Cambridge: Cambridge University Press, 1995.

W. H. Stevenson. *Asser's Life of King Alfred*. Oxford: The Clarendon Press, 1904.

William A. Chaney. *The Cult of Kingship in Anglo-Saxon England*: *The Transition from Paganism to Christianity*. Manchester：Manchester University Press，1970.

William Hunt. *History of the English Church from its Foundation to the Norman Conquest*，*596-1066*. London：*Macmillan* Publishers Limited，1907.

W. J. Corbett. *Cambridge Medieval History V*. Cambridge：Cambridge University Press，1964.

Wilhelm Levison. *England and the Continent in the Eighth Century*：*The Ford Lectures Delivered in the University of Oxford in the Hilary Term 1943*. Oxford：Oxford University press，1946.

（二）译著

〔德〕弗里兹·科恩：《中世纪的王权与抵抗权》，戴鹏飞译，商务印书馆，2021。

〔法〕马克·布洛赫：《封建社会》，张绪山译，商务印书馆，2009。

〔法〕马克·布洛赫：《国王神迹：英法王权所谓超自然性研究》，张绪山译，商务印书馆，2018。

〔法〕基佐：《法国文明史》，沅芷、伊信译，商务印书馆，2009。

〔法〕基佐：《欧洲文明史》，程洪逵、沅芷译，商务印书馆，2009。

〔法〕雅克·勒高夫：《中世纪文明（400—1500年）》，徐家玲译，格致出版社，2011。

〔荷〕维姆·布洛克曼、彼得·霍彭布劳沃：《中世纪欧洲史》，乔修峰、卢伟译，花城出版社，2012。

〔美〕布莱恩·蒂尔尼、西德尼·佩因特：《西欧中世纪史》，袁传伟译，北京大学出版社，2011。

〔美〕布鲁斯·雪莱：《基督教会史》，刘平译，北京大学出版社，2004。

〔美〕G. F. 穆尔：《基督教简史》，郭舜平、郑德超、项星耀、林纪焘译，商务印书馆，2010。

〔美〕哈罗德·J. 伯尔曼：《法律与宗教》，梁治平译，中国政法大学出版社，2003。

〔美〕J. W. 汤普逊：《历史著作史》（下卷，十八及十九世纪，第四分册），孙秉莹、谢德风译，商务印书馆，1996。

〔美〕克莱顿·罗伯茨、戴维·罗伯茨、达格拉斯·R. 比松：《英国史》，潘兴明等译，商务印书馆，2013。

〔美〕克里斯托弗·A. 斯奈德：《不列颠人：传说和历史》，范勇鹏译，北京大学出版社，2009。

〔美〕乔治·萨拜因：《政治学说史》，邓正来译，上海人民出版社，2015。

〔美〕泰德·奥尔森：《活着的殉道者：凯尔特人的世界》，朱彬译，北京大学出版社，2007。

〔美〕威利斯顿·沃尔克：《基督教会史》，孙善玲、段琦、朱代强译，中国社会科学出版社，1991。

〔美〕约翰·C. 舒佩尔、布莱恩·K. 特里：《世界历史上的宗教》，李腾译，商务印书馆，2015。

〔美〕朱迪斯·M. 本内特、C. 沃伦·霍利斯特：《欧洲中世纪史》，杨宁、李韵译，上海社会科学院出版社，2007。

〔英〕阿·莱·莫尔顿：《人民的英国史》（上），谢琏造、瞿菊农、李稼年、黎世清译，生活·读书·新知三联书店，1976。

〔英〕埃德·韦斯特：《黑暗时代——阿尔弗雷德大帝与公元5—10世纪的早期英格兰》，谭其晴译，化学工业出版社，2020。

〔英〕阿萨·勃里格斯：《英国社会史》，陈叔平、刘城、刘幼勤、周俊文译，中国人民大学出版社，1991。

〔英〕埃蒙·达菲：《圣徒与罪人：一部教宗史》，龙秀清译，商务印书馆，2018 年。

〔英〕大卫·休谟：《英国史》，刘仲敬译，吉林人民出版社，2012。

〔英〕F.W. 梅兰特：《英格兰宪政史》，李红海译，中国政法大学出版社，2010。

〔英〕亨利埃塔·利泽：《盎格鲁-撒克逊人简史》，张尚莲、史耕山译，化学工业出版社，2019。

〔英〕J.H. 伯恩斯主编《剑桥中世纪政治思想史（350 年至 1450 年）》，程志敏、陈敬贤、徐昕、郑兴凤译，生活·读书·新知三联书店,2009。

〔英〕吉拉恩特·H. 詹金斯：《威尔士史》，孙超译，东方出版中心,2018。

〔英〕克里斯托弗·道森：《宗教与西方文化的兴起》，长川某译，四川人民出版社，1989。

〔英〕肯尼思·O.摩根：《牛津英国通史》，王觉非等译，商务印书馆，1993 年。

〔英〕玛里琳·邓恩：《修道主义的兴起》，石敏敏译，中国社会科学出版社，2010。

〔英〕佩里·安德森：《从古代到封建主义的过渡》，郭芳、刘健译，上海人民出版社，2001。

〔英〕罗伯特·诺布尔·斯旺森：《欧洲的宗教与虔诚》，龙秀清、张日元译，上海三联书店，2012。

〔英〕乔纳森·哈里斯：《拜占庭简史》，庞国庆、吕丽蓉、陈悦译，中信出版集团，2018。

〔英〕屈勒味林：《英国史》，钱端升译，中国社会科学出版社，2008。

〔英〕约翰·布莱尔：《盎格鲁-撒克逊简史》，肖明翰译，外语教学与研究出版社，2008 年。

〔英〕约翰·吉林厄姆、拉尔夫·A.格里菲思：《中世纪英国：征服与同化》，沈弘译，外语教学与研究出版社，2007。

〔英〕温斯顿·丘吉尔：《英语国家史略》（上），薛力敏、林林译，新华出版社，1985。

（三）中文

曹为：《亨利二世与托马斯·贝克特政教之争研究》，云南大学出版社，2014。

程汉大：《英国法制史》，齐鲁书社，2001。

程汉大、李培峰：《英国司法制度史》，清华大学出版社，2007。

丛日云：《在上帝与凯撒之间——基督教二元政治观与近代自由主义》，生活·读书·新知三联书店，2003。

顾銮斋主编《西方宪政史》，人民出版社，2013。

蒋孟引：《英国史》，中国社会科学出版社，1988。

李筠：《论西方中世纪王权观——现代国家权力观念的中世纪起源》，社会科学文献出版社，2013。

李秀清：《日耳曼法研究》，商务印书馆，2005。

林悟殊：《古代日耳曼人》，商务印书馆，1981。

刘城：《英国中世纪教会研究》，首都师范大学出版社，1996。

马克垚：《英国封建社会研究》，北京大学出版社，2005。

孟广林：《英国封建王权论稿》，人民出版社，2002。

钱乘旦、许洁明：《英国通史》，上海社会科学院出版社，2012。

钱乘旦主编《英国通史》，江苏人民出版社，2016。

邵政达：《英国宗教史》，中国社会科学出版社，2017。

孙坚、于馥华：《彼岸世界的幻化：西方人信仰的嬗变》，长春出版社，2016。

王亚平：《修道院的变迁》，东方出版社，1998。

许列明：《沙漠教父的苦修主义》，上海人民出版社，2009。

阎照祥：《英国史》，人民出版社，2003。

阎照祥：《英国政治制度史》，人民出版社，2012。

杨邦兴：《日耳曼人大迁徙》，商务印书馆，1986。

杨昌栋：《基督教在中古欧洲的贡献》，社会科学文献出版社，2000。

郑红：《从国王的权力到国家的权力》，社会科学文献出版社，2015。

周光辉：《论公共权力的合法性》，吉林出版集团有限责任公司，2008。

三 专题论文

（一）英文

A. Ayton and V. Davis, "Ecclesiastical Wealth in England in 1086," *Studies in Church History* (24), 1987, pp. 47-60.

Alan Thacker, "Kings, Saints, and Monasteries in Pre-Viking Mercia," *Midland History* (10), 1985, pp. 1-25.

Anglo-Saxon Coins: *Studies Presented to F. M. Stenton*. R. H. M. Dolley (ed.), London: Edward Arnold, 1961.

Anglo-Saxon Myths: *State and Church, 400 - 1066*. Nicholas Brooks (ed.), London and Rio Grande: The Hambledom Press, 2000.

Anne L. Klinck, "Anglo-Saxon Women and Law," *Journal of Medieval History* (8), 1962, pp. 107-121.

Archbishop Theodore: *Commemorative Studies on His Life and Influence*. Michael Lapidge (ed.), Cambridge: Cambridge University Press, 1995.

Authority and Power: *Studies in Medieval Law and Government Presented to Walter*

Ullmann. B. Tierney and P. Linehan (eds.), Cambridge: Cambridge University Press, 1980.

Barbara Yorke, "The Bonifacian Mission and Female Religious in Wessex," *Early Medieval Europe* (7), 1998, pp. 145–172.

Bishop Athelwold: His Career and Influence. B. A. E. Yorke (ed.), Woodbridge: The Boydell Press, 1988.

C. E. Blunt, C. S. S. Lyon and B. H. H. Stewart, "Coinage of Southern England, 796–840," *British Numismatic Journal* (32), 1964.

Charles E. Tucher, "Anglo-Saxon Law: Its Development and Impact on the English Legal System," *Journal of Legal Studies* (127), 1991.

Clare Stancliffe, "Kings Who Opted Out," *Ideal and Reality in Frankish and Anglo-Saxon Society: Studies Presented to J. M. Wallace-Hadrill*. Patrick Wormald, Donald Bullough and Roger Collins Wormald (eds.), Oxford: Blackwell, 1983, pp. 154–176.

C. M. Johns and T. W. Potter, "The Canterbury Late Roman Treasure," *Antiquaries Journal* (65), 1985, pp. 312–355.

C. Hills, "The Archaeology of Anglo-Saxon England in the Pagan Period: A Review," *Anglo-Saxon England* (8), 1979, pp. 297–329.

D. Hill, "The Burghal Hidge: The Establishment of a Text," *Medieval Archaeology* (13), 1969, pp. 84–92.

D. N. Dumville, "The West Saxon Genealogical Regnal List and the Chronology of Wessex," *Peritia* (4), 1985, pp. 50–56.

D. W. Rollason, "Relic-Cults as an Instrument of Royal Policy, 900–1050," *Anglo-Saxon England* (15), 1986, pp. 91–103.

D. W. Rollason, "The Cults of Murdered Royal Saints in Anglo-Saxon England," *Anglo-Saxon England* (11), 1983, pp. 1–22.

Edward the Elder, 899–924. N. J. Higham and D. H. Hill (eds.), London and New York: Routledge, 2001.

E. E. Barker, "Two Lost Documents of King Æthelstan," *Anglo-Saxon England* (6), 1977, pp. 137–143.

E. J. Michael, "Climate, Nutrition and Disease: an Hypothesis of Roman-

British Population," *The End of Roman Britain*: *Papers Arising from a Conference*. P. J. Casey (ed.), British Archaeological Reports (71), 1979, pp. 231–251.

England Before the Conquest: *Studies in Primary Sources Presented to Dorothy Whitelock*. P. Clemoes and K. Hughes (eds.), Cambridge: Cambridge University Press, 1971.

European Towns: *Their Archaeology and Early History*. M. W. Barley (ed.), London: Academic Press, 1977.

H. M. Stenton, "The Historical Bearing of Place-Name Studies: The Place of Women in Anglo-Saxon Society," *Transactions of the Royal Historical Society* (25), 1943, pp. 1–13.

H. E. Walker, "Bede and the Gewissae: the Political Evolution of the Heptarchy and its Nomenclature," *Cambridge Historical Journal* (12), 1956, pp. 174–186.

H. E. Craster, "The Patrimony of St. Cuthbert," *English Historical Review* (69), 1954, pp. 177–199.

H. Edwards, "The Charters of the Early West Saxon Kingdom," *British Archaeological Reports* (198), 1988, pp. 243–253.

Ideal and Reality in Frankish and Anglo-Saxon Society: *Studies Presented to J. M. Wallace-Hadrill*. Patrick Wormald, Donald Bullough and Roger Collins Wormald (eds.), Oxford: Blackwell, 1983.

Janet L. Nelson, "Royal Saints and Early Medieval Kingship," *Studies in Church History* (10), 1973, pp. 39–44.

J. Stephens, "On Remains Found in an Anglo-Saxon Tumulus at Taplow, Buckinghamshire," *Journal of the British Archaeological Association* (40), 1884, pp. 61–71.

Kings, Currency, and Alliances: *History and Coinage of Southern England in the Ninth Century*. Mark A. S. Blackburn and David N. Dumville (eds.), Woodbridge: The Boydell Press, 1998.

Learning and Literature in Anglo-Saxon England. Michael Lapidge and Helmut Gneuss (eds.), Cambridge: Cambridge University Press, 1985.

M. A. Meyer, "Patronage of the West Saxon Nunneries in Late Anglo-Saxon Eng-land," *Revue Benedictine* (91), 1981, pp. 332-358.

M. A. Meyer, "Queens, Converts and Conversion in Early Anglo-Saxon Eng-land," *Revue Benedictine* (109), 1999, pp. 90-116.

M. A. Meyer, "Women and the Tenth-century English Monastic Reform," *Revue Benedictine* (87), 1977, pp. 34-61.

Margaret Clunies Ross, "Concubinage in Anglo-Saxon England," *Past and Pres-ent* (108), 1985, pp. 3-34.

Mary Bateson, "Origin and Early History of Double Monasteries," *Transactions of the Royal Historical Society* (13), 1899, pp. 137-198.

Medieval Women. D. Bake (ed.), Cambridge: Studies in Church History,1978.

M. Hunter, "Germanic and Roman Antiquity and the Sense of the Past in Anglo-Saxon England," *Anglo-Saxon England* (3), 1974, pp. 29-50.

M. J. Enright, "The Sutton Hoo Whetstone Sceptre: A Study in Iconography and Cultural Milieu," *Anglo-Saxon England* (11), 1983, pp. 119-134.

Myth, Rulership, Church and Charters. Julia Barrow and Andrew Wareham (eds.), London: Ashgate Publishing Limited, 2008.

M. Werner, "The Liudhardmedalet," *Anglo-Saxon England* (20), 1992, pp. 27-41.

Nicholas Banton, "Monastic Reform and the Unification of Tenth-Century Eng-land," *Religion and National Identity.* S. Mews (ed.), Cambridge: Cam-bridge University Press, 1982, pp. 71-85.

N. Brooks, "England in the Ninth Century: The Crucible of Defeat," *Transla-tions of the Royal Historical Society*, 5th series, 1979.

N. Nelson, "Customary Rents," *Oxford Studies in Social and Legal History.* P. Vinogradoff (ed.), Oxford: Claredon Press, 1910, pp. 188-201.

Oxford Studies in Social and Legal History. P. Vinogradoff (ed.), Oxford: Clarendon Press, 1910.

Pastoral Care in Late Anglo-Saxon England. Francesca Tinti (ed.), Wood-bridge: The Boydell Press, 2005.

P. Stafford, "The King's Wife in Wessex, 800-1066," *Past and Present* (91),

1981, pp. 3-27.

P. Stafford, "Queens, Nunneries and Reforming Churchmen: Gender, Religious Status and Reform in Tenth-and Eleventh-century England," *Past and Present* (163), 1999, pp. 3-35.

Politics and Ritual in Early Medieval Europe. Janet L. Nelson (ed.), London and Ronceverte: the Hambledon Press, 1986.

Religion and National Identity. S. Mews (ed.), Cambridge: Studies in Church History, 1982.

Robin Fleming, "Monastic Lands and England's Defence in the Viking Age," *English Historical Review* (100), 1985, pp. 247-265.

R. Smith, "Anglo-Saxon Remains," *Victoria County History: Essex (I)*, 1903, pp. 315-331.

R. S. Kinsey, "Anglo-Saxon Law and Practice Relating to Mints and Moneyers," *British Numismatic Journal* (29), 1958-1959, pp. 12-40.

S. Ridyard, "Monk-Kings and the Anglo-Saxon Hagiographic Tradition," *Haskins Society Journal* (6), 1994, pp. 13-27.

Steven Bassett, "Churches in Worcester Before and After the Conversion of the Anglo-Saxons," *Antiquaries Journal* (69), 1989, pp. 225-256.

The Early Church in Wales and the West. N. Edwards and A. Lane (eds.), Oxford: Oxford University Press, 1992.

The End of Roman Britain. Michael E. Jones (ed.), Ithaca, New York and London: Cornell University Press, 1976.

The Origins of Anglo-Saxon Kingdoms. Steven Basset (ed.), Leicester: Leicester University press, 1989.

The Medieval World. P. Linehan, J. L. Nelson and M. Costambeys (eds.), London and New York: Routledge, 2018.

U. Powell, "The 'Three Oders'of Society in Anglo-Saxon England," *Anglo-Saxon England* (23), 1994, pp. 128-129.

Wessex and England from Alfred to Edgar. David N. Dumville (ed.), Woodbridge: The Boydell Press, 1992.

William A. Chaney, "Anglo-Saxon Church Dues: A Study in Historical Continuity,” *Church History*（32），1963，pp. 268-277.

William A. Chaney，“Paganism to Christianity in Anglo-Saxon England,” *The Harvard Theological Review*（53），1960，pp. 197-217.

William Hunt. *History of the English Church from its Foundation to the Norman Conquest，596-1066.* London：*Macmillan* Publishers Limited，1907.

（二）中文

陈国申：《从传统到现代：英国地方治理变迁》，博士学位论文，华中师范大学，2008。

陈太保：《盎格鲁-撒克逊时期基督教对王权的影响》，《长春师范大学学报》（人文社会科学版）2009 年第 3 期。

陈太保：《盎格鲁-撒克逊时期英国王权的兴起》，《廊坊师范大学学报》（社会科学版）2009 年第 1 期。

陈太保：《中世纪中前期英国的法律与王权》，硕士学位论文，天津师范大学，2006。

陈文海：《中世纪教廷"封圣"问题研究——对"封圣"过程的非宗教层面考察》，《中国社会科学》2002 年第 4 期。

程汉大：《盎格鲁-撒克逊时代的英国政治制度》，《山东师范大学学报》（哲学社会科学版）1993 年第 6 期。

崔洪建：《盎格鲁-撒克逊时期英国货币制度形成初探》，《北方论丛》2013 年第 6 期。

崔洪建：《试论中世纪英国货币铸造管制——以铸币权为中心的考察》，《历史教学》2016 年第 12 期。

崔洪建：《中世纪英格兰国王的铸币收益》，《贵州社会科学》2016 年第 8 期。

崔洪建：《中世纪英国货币流变与政治经济变迁初探》，《海南师范大学学报》（社会科学版）2014 年第 4 期。

崔洪建：《中世纪英国铸币师群体研究（973—1158）》，《贵州社会科学》2015 年第 6 期。

葛海燕：《英国中古中期首席主教之争》，博士学位论文，山东大学，2022。

顾銮斋：《在王权与教权之间——论欧洲中古后期教会学者的政治理论及

其体系》，《文史哲》2019 年第 1 期。

客志松：《天主教封圣程序演变述析》，硕士学位论文，东北师范大学，2018。

李筠：《论西方中世纪王权观》，博士学位论文，中国政法大学，2008。

李建军：《从贵妇到修女——西欧中世纪贵族妇女修道院因初探》，博士学位论文，首都师范大学，2007。

李建军：《从修道生活试析中世纪英国贵族妇女的社会地位》，《都师范大学学报》（社会科学版）2005 年第 5 期。

李建军：《西欧中世纪贵族妇女修道的动机》，硕士学位论文，首都师范大学，2004。

李隆国：《教诲和谐：从对主教威尔弗里德事件的叙述看比德的写作特色》，《世界历史》2010 年第 6 期。

蔺志强：《13 世纪英国的国王观念》，《世界历史》2002 年第 2 期。

林中泽：《试论古代中世纪西方圣徒崇拜的社会功能》，《世界历史》2012 年第 6 期。

刘城：《英国教会：从双重纳税义务走向单一纳税义务》，《世界历史》2002 年第 6 期。

刘城：《中世纪欧洲的教皇权与英国王权》，《历史研究》1998 年第 1 期。

马克垚：《英国盎格鲁－撒克逊时期国王赏赐土地的问题》，《北京大学学报》1963 年第 1 期。

孟广林：《中世纪前期的英国封建王权与基督教会》，《历史研究》2000 年第 2 期。

邵政达：《中世纪英格兰教俗关系的变迁》，《南都学坛》（人文社会科学学报）2015 年第 3 期。

苏静：《试论基督教在古代英国的传播（公元 2 世纪到公元 8 世纪）》，硕士学位论文，山西大学，2006。

孙立田：《盎格鲁－撒克逊时期英国封建制度的产生与发展》，《徐州工程学院学报》（社会科学版）2013 年第 2 期。

孙银钢：《盎格鲁－撒克逊法探析》，博士学位论文，华东师范大学，2013。

孙银钢：《盎格鲁－撒克逊时期英格兰的世俗贵族等级》，《世界历史》2014 年第 6 期。

孙银钢：《论盎格鲁-撒克逊晚期英格兰的遗嘱文本——以 9—10 世纪的 5 份遗嘱为例》，《大庆师范大学学报》2013 年第 2 期。

孙银钢：《试论盎格鲁-撒克逊英格兰的社会等级》，硕士学位论文，华东师范大学，2009。

王宪生：《英国早期的基督教及其影响》，《郑州大学学报》（哲学社会科学版）1992 年第 3 期。

王兴业：《对盎格鲁-撒克逊人播迁不列颠的历史研究》，硕士学位论文，华东师范大学，2005。

王亚平：《试论 10、11 世纪西欧修道院改革运动》，《东北师范大学学报》（哲学社会科学版）1991 年第 6 期。

王亚平：《试论西欧中世纪封建王权的"合法性"》，《史学集刊》2004 年第 4 期。

王亚平：《中世纪基督教教会对世俗政治的影响》，《经济社会史评论》2018 年第 3 期。

王迎双：《圣卜尼法斯述评》，硕士学位论文，东北师范大学，2011。

吴旭阳：《盎格鲁-撒克逊时代刑事法律研究》，硕士学位论文，华东政法学院，2002。

咸鸿昌：《盎格鲁-撒克逊时代英国法制初探》，《山东师范大学学报》（哲学社会科学版）1997 年第 5 期。

徐晨超：《盎格鲁-撒克逊人基督教化研究》，博士学位论文，华东师范大学，2013。

徐晨超：《国王在英法早期改宗基督教中的作用比较》，《绍兴文理学院学报》2012 年第 6 期。

徐晨超：《7 世纪大瘟疫与盎格鲁-撒克逊民族传统葬俗的复兴》，《贵州社会科学》2014 年第 11 期。

许锦光：《基督教在盎格鲁-撒克逊英格兰的传播及影响（596—750）》，硕士学位论文，南京大学，2011。

杨国慧：《盎格鲁-撒克逊习惯法研究》，硕士学位论文，天津师范大学，2007。

曾尔恕：《盎格鲁-撒克逊史英国的法律制度初探》，《内蒙古大学学报》（哲学社会科学版）1989 年第 1 期。

张建辉：《盎格鲁-撒克逊时期英格兰的中央司法治理》，《河南师范大学学报》2016 年第 3 期。

张建辉：《盎格鲁-撒克逊时期英格兰王权的形成》，《贵州社会科学》2017 年第 1 期。

张建辉：《盎格鲁-撒克逊文明与英格兰早期王国的建立》，《历史教学》（下半月刊）2015 年第 8 期。

张建辉：《惠特比宗教会议及其对英国的影响》，《浙江万里学院学报》2011 年第 3 期。

张建辉：《英国盎格鲁-撒克逊时期的基督教及政教关系》，硕士学位论文，内蒙古师范大学，2005。

张建辉：《英国盎格鲁-撒克逊时期的政教关系》，（哲学社会科学版）2010 年第 3 期。

张日元：《论中世纪晚期英国的圣徒崇拜》，《史学集刊》2006 年第 2 期。

张日元：《圣徒崇拜在中世纪英格兰的兴起》，《岱宗学刊》2006 年第 1 期。

张炜：《威斯敏斯特建筑群与中世纪英王加冕礼》，《经济社会史评论》2018 年第 3 期。

张延平：《〈盎格鲁-撒克逊编年史〉述评》，硕士学位论文，哈尔滨师范大学，2012。

张学明：《英王威廉一世、威廉二世及亨利一世与英国教会之关系》，《西学研究》2003 年第 1 辑。

图书在版编目(CIP)数据

　　盎格鲁-撒克逊王权与教会关系研究／唐秋香著．
北京：社会科学文献出版社，2025.6.--ISBN 978-7-
5228-4870-9

　　Ⅰ.K561.31

　　中国国家版本馆 CIP 数据核字第 20252PK116 号

盎格鲁-撒克逊王权与教会关系研究

著　　　者／唐秋香

出 版 人／冀祥德
责任编辑／白纪洋
责任印制／岳　阳

出　　　版／社会科学文献出版社·历史学分社 (010) 59367256
　　　　　　地址：北京市北三环中路甲 29 号院华龙大厦　邮编：100029
　　　　　　网址：www.ssap.com.cn
发　　　行／社会科学文献出版社 (010) 59367028
印　　　装／三河市东方印刷有限公司

规　　　格／开　本：787mm × 1092mm　1/16
　　　　　　印　张：15.5　字　数：256 千字
版　　　次／2025 年 6 月第 1 版　2025 年 6 月第 1 次印刷
书　　　号／ISBN 978-7-5228-4870-9
定　　　价／89.00 元

读者服务电话：4008918866